Paul Horn

Geschichte der persischen Literatur

Paul Horn

Geschichte der persischen Literatur

ISBN/EAN: 9783965062238

Auflage: 1

Erscheinungsjahr: 2018

Erscheinungsort: Treuchtlingen, Deutschland

Literaricon Verlag UG (haftungsbeschränkt), Uhlbergstr. 18, 91757 Treuchtlingen. Geschäftsführer: Günther Reiter-Werdin, www.literaricon.de. Dieser Titel ist ein Nachdruck eines historischen Buches. Es musste auf alte Vorlagen zurückgegriffen werden; hieraus zwangsläufig resultierende Qualitätsverluste bitten wir zu entschuldigen.

Printed in Germany

Cover: Miniaturmalerei, Divan von Hafiz, Persien, 1585, Abb. gemeinfrei

Geschichte

der

persischen Litteratur.

Von

Prof. Dr. Paul Horn.

Leipzig,
C. F. Amelangs Verlag.
1901.

Einleitung.

Der Einfluſs der Litteratur Persiens, zum mindesten der modernen, auf die übrige Welt ist ein bedeutender gewesen. Den muhammedanischen Völkern sind die Perser die Lehrmeister geworden, denen sie in allem einzelnen auf das genaueste nachgefolgt sind. Schon die Araber erlagen bald nach der Eroberung dem geistigen Übergewichte der von ihnen Besiegten, und den Türken ist es nicht anders gegangen. Die gesamte türkische Kunstpoesie — und nur diese rechnen sie ja selbst zur Litteratur — war bis vor 50 Jahren nichts als eine getreue Übertragung aus dem Persischen; erst um die Mitte des vorigen Jahrhunderts hat man in Konstantinopel mit den erstarrten, sog. klassischen Formen gebrochen und eine ganz neue Litteratur begründet, der die Zukunft gehört. Dem nüchternen Türken muſste die künstliche, phantastische persische Weise eigentlich von vornherein unsympathisch sein. Aber diese Litteratur hatte ihm einmal imponiert, so daſs er beschloſs, sie sich zum Vorbilde zu nehmen. Mit der Treuherzigkeit und Ehrlichkeit, die einen Grundzug seines Charakters bildet, hat er dann das, was er einmal angefangen hatte, auch durchgeführt. Trotzdem der türkische Geist ausgesprochen zu Thätigkeit, nicht zu Nachdenken und Spekulation neigt, hat er sich dem ihm direkt entgegengesetzten Empfinden des Persers angepaſst und so litterarische Werke geschaffen, die nur ihrer Sprache nach türkisch, ihrem geistigen Inhalte nach aber durch und durch persisch sind. Ein türkischer Dichter wagte Jahrhunderte lang nichts, wofür er nicht ein persisches Vorbild fand. Dieser enorme Einfluſs, den E. J. W. Gibb in seiner unlängst erschienenen Geschichte der osmanischen

Dichtkunst vortrefflich gezeichnet hat, liefert doch einen deutlichen Maſsstab für den Wert, den die persische Litteratur mindestens nach der Meinung von Orientalen besessen hat. Denn auch in den türkischen Reichen Zentralasiens und Indiens ist sie heimisch geworden, hier übernahm man zugleich ihre Sprache als diejenige der feinen Bildung. Und das ist bis in die moderne Zeit hinein so geblieben. Auch der gegenwärtige Emîr von Afghânistân hat sich von dem herrschenden Brauche nicht emanzipiert und bei seinem hohen Nationalgefühl seine Memoiren etwa ursprünglich auf Puschtû, d. i. Afghanisch, statt Neupersisch niedergeschrieben und diktiert, vergl. die Vorrede zu deren englischer Übersetzung (The Life of Abdur Rahman, Amir of Afghanistan, London 1900).

Aber selbst auf Europa hat Persiens Litteratur ihren Einfluſs erstreckt. Firdausî, Saadî, Hâfiz, Omar Chajjâm und wie sie alle heiſsen, sind weltbekannt, und ihre Werke in viele, einzelne in fast alle Kultursprachen übersetzt worden. Wieviel Goethe Persien verdankt, ist noch längst nicht so gründlich untersucht worden, wie es der Gegenstand wohl verdiente. In einem Aufsatze in «Nord und Süd» (Bd. 94, S. 377 ff.) habe ich einiges Hierhergehörige zusammengestellt. Auch das schöne west-östliche Divansgedicht «Selige Sehnsucht», mit dem Windelband seinen Vortrag zum Besten des Straſsburger Denkmals schlieſst (Straſsburger Goethevorträge, 1899 S. 113/4), weil es des Dichters Lebensauffassung so weihevoll und vollendet in platonischer Ideensymbolik zum Ausdruck bringt, ist persischem sufischen Empfinden entsprungen. Die Schluſsstrophen:

«Keine Ferne macht dich schwierig,
Kommst geflogen und gebannt, —
Und zuletzt, des Lichts begierig,
Bist du, Schmetterling, verbrannt! —

Und solang' du das nicht hast,
Dieses 'Stirb und werde!',
Bist du nur ein trüber Gast
Auf der dunklen Erde»

stellen sich neben Abû Saîd ibn Abul Cheirs Vers:

«Denn eh' er in das Licht nicht fährt, wird nie der Falter Feuer fangen»

(S. 149 unten) und zahlreiche andere, die diesen beliebten sufischen Gedanken wiederholen. Eine Ausgabe des west-östlichen

Divans eigens unter dem Gesichtspunkte des persischen Einflusses wäre sicherlich von Interesse.

Eine Geschichte dieser Litteratur zu schreiben, müfste also wohl eine lohnende Aufgabe sein, und in der That ist dies neuerdings bereits zweimal geschehen: Speziell für Orientalisten hat es 1896 Professor Ethé im «Grundrifs der iranischen Philologie» auf Grund jahrzehntelang zurückreichender Studien unternommen, während Professor Pizzi seine Storia della poesia persiana (Torino 1894) für einen allgemeineren Leserkreis berechnet hat. Das vorliegende Buch wendet sich gleichfalls an ein gröfseres Publikum und vermeidet daher alles gelehrte Beiwerk. Doch hofft es auch den Fachgelehrten zu Danke zu sein, da es auf die ästhetische Seite des Gegenstandes mehr Rücksicht nimmt, als dies Ethé in seinem gedrängten Abrisse möglich war. Beide, Ethés wie Pizzis Werke, sollen hier gleich ein für allemal summarisch zitiert sein. Pizzis Storia habe ich übrigens nicht vollständig durchgelesen, sondern nur für bestimmte, allerdings nicht wenige Abschnitte jedesmal eigens eingesehen. Die zahllosen Übersetzungsproben darin geben ihm, dem auch ein viel gröfserer Raum als mir zur Verfügung stand, einen grofsen Vorteil; der Übersetzer des gesamten Schâhnâmes, des Nibelungenliedes und anderer Dichtungen in italienische Verse konnte solche leicht bieten, was von nicht poetisch veranlagten Litterarhistorikern nicht zu verlangen ist. So befand ich mich stets in Verlegenheit, wenn ich keine Übertragungen in das Deutsche vorfand, die doch unerläfslich waren, um dem Leser eine Vorstellung der geschilderten Originale zu vermitteln. Ich habe dann wohl oder übel selbst in die Lücke springen müssen, meine derartigen notgedrungenen Reimereien tragen keinen Namen, während die Übertragungen anderer stets durch Hinzufügung ihrer Verfasser kenntlich gemacht sind. Für die ältesten neupersischen Dichter liegen eine Reihe Verdeutschungen Ethés vor. Diese sind aber meist in etwas langatmigen Metren abgefafst, so dafs der Leser glauben mufs, die Originalpoesieen seien schwerfällig, während sie im Gegenteil gerade kurz und meist graziös sind. Um ihre Prägnanz und Pointiertheit ein wenig zu veranschaulichen, habe ich daher in diesen Fällen öfter selbst von neuem übersetzt, bin aber dabei sicherlich oft genug in die Scylla hineingeraten, um der Charybdis zu entgehen. Das Vorhandensein oder Fehlen von Übertragungen hat sogar bisweilen den Ausschlag dafür gegeben, ob ein Autor ausführlicher oder weniger ausführlich behandelt wurde. Das durfte auch um deswillen geschehen, weil meine Aufgabe ja nicht darin bestand, jeden einzelnen Namen und Titel zu buchen, vielmehr wollte ich ein Gesamtbild der persischen Litteratur entwerfen, wie sie sich in einer Reihe ihrer hervorragendsten Vertreter darstellt. Dazu eignen sich einige Gattungen der persischen Poesie nicht zur Übersetzung; sie würden in ihr allen Reiz, der ihnen im Original anhaftet, verlieren und dann nach unserem Geschmacke fade, ja ungenieſsbar sein. Aus diesem Grunde sollten allerdings Leute, welche diesen ursprünglichen Reiz nicht noch zwischen den Zeilen einer Übertragung zu erkennen oder wenigstens zu ahnen vermögen, lieber nicht über persische Litteratur schreiben. Bloſses allgemeines ästhetisches Gefühl thut es nicht. Wenn der Verfasser einer vielgerühmten «Geschichte der Weltlitteratur» es für Hâfiz' «Ideenlosigkeit schon charakteristisch findet, daſs dieser seinen Dîwân einfach nach dem Alphabet geordnet habe» (das war doch — übrigens gar nicht nach den Anfangs- sondern nach den Endbuchstaben, dem Reim — die allgemeine Sitte, um das Auffinden der einzelnen Gedichte zu erleichtern) oder wenn er Dschâmîs Vorliebe für den Rätselstil nicht begreifend, diesen Dichter für den Schöpfer von «Geschmacklosigkeiten» hält, die einer ganzen Richtung seit alters her angehören, so ist das blamabel. Ein Blinder kann andere Blinde nur in die Irre führen, und zwar um so schlimmer, je selbstbewuſster er auftritt.

Wenn ich auf gleichartige Erscheinungen in einer europäischen, vor allem in der deutschen Litteratur verweisen konnte, so war mir dies immer besonders angenehm. Man wird mehrmals ganz schlagende Beispiele für die Thatsache finden, daſs der menschliche Geist in den räumlich entferntesten Gegenden genau auf das Nämliche verfällt, hauptsächlich, sobald er zu tüfteln anhebt. Und «Haare gespalten» (die Redensart ist bei uns schon mittelhochdeutsch, in Persien zeitlich noch älter) hat man hüben wie drüben. In naiven, einfachen Verhältnissen erhält sich dagegen meist die besondere Eigenart der verschiedenen Zonen und Völker. Die Übereinstimmungen und Beziehungen zwischen der persischen Dichtung und der romanischen des Mittelalters, welche Pizzi im neunten Kapitel seines Buches mit groſser Breite aufzuweisen versucht hat und deren Vermittelung er hauptsächlich den Kreuzzügen zuschreiben möchte, sind zumeist doch nicht charakteristisch genug, um als Entlehnungen gelten zu können, soweit sie in einzelnen Fällen nicht ausdrücklich als solche nachzuweisen sind. Besonders wenn man an die zahlreichen Analogieen denkt, die über jeden Verdacht einer Wanderung erhaben sind, wie Rustem und Sûdâbe gegenüber Hildebrand und Kriemhild (S. 90), Hildebrand und Hadubrand neben Rustem und Suchrâb (S. 87), Brunhild und Bânû Guschâsp (S. 112), Ferîd-eddîn Attârs Reise der Vögel und Bunyans Pilgerfahrt (S. 159), das Buchstabenweglassen (S. 53) oder Figurendichten (S. 54) u. a. m. Zudem ist, wie mir ein so kompetenter Romanist wie Professor Gröber versichert, die «neue Kunstrichtung» in der Troubadourpoesie, auf die Pizzi soviel Wert legt, bereits älter als die Kreuzzüge oder mindestens mit ihnen gleichaltrig, und damit fällt der Hauptstützpunkt der ganzen Theorie.

Die Perser rechnen als Poesie nur die Kunstdichtung. Neben dieser hat es von jeher auch eine Volkspoesie gegeben, die dann allerdings vielfach von ihrer kunstmäfsigen Schwester beeinflufst worden ist. Ich habe sie leider beiseite lassen müssen, da es mir zu sehr an Material fehlte. Dafs sie einer eigenen Behandlung und Erforschung wert wäre, steht aufser Zweifel. Manches Altnationale mag sich in ihr erhalten haben, das in der Kunstdichtung gleich zu Anbeginn beseitigt worden ist. Für das Türkische sind hier die Arbeiten G. Jacobs sehr dankenswert (zuletzt «Die türkische Volkslitteratur», Berlin 1901).

Mit Litteraturangaben bin ich sparsam gewesen, nur die allerwichtigsten Werke, und auch von ihnen zumeist blofs die in deutscher Sprache, habe ich verzeichnet. Desgleichen sind nur die vorhandenen deutschen Übersetzungen angemerkt worden, solche in fremden Sprachen nicht; so erklärt es sich, dafs die Namen mancher hochverdienter ausländischer Gelehrter, wie West, Schefer, Jackson u. a., gar nicht genannt sind.

Längenbezeichnungen der Vokale schienen mir notwendig, da orientalische Worte bei uns häufig sehr falsch ausgesprochen werden. Der Gedanke, dafs der Leser den Helden der altpersischen Sage Sam etwa als Abkürzung von Samuel auffassen und demgemäfs Săm statt Sâm lesen könnte, oder Ähnliches war mir doch zu ärgerlich. Z in Namen ist wie französisches z, s, ss oder ç wie deutsches ß, th wie englisches th, h in Schâh, Allâh etc. leicht hörbar auszusprechen.

Man scheidet die Sprache Persiens in drei Epochen: Altpersisch, mittelpersisch und neupersisch. Da in jeder von ihnen litterarische Werke abgefaſst worden sind, so könnte man also auch die persische Litteratur in die gleichen drei Perioden einteilen. Es verlohnt sich jedoch nicht, der an innerem Werte wie äuſserem Umfange die beiden anderen weit überragenden neupersischen Epoche besondere alt- und mittelpersische an die Seite zu stellen; wir begnügen uns vielmehr mit einer Zweiteilung und behandeln demgemäſs in einem ersten Abschnitte die alt- und mittelpersische, in einem zweiten die neupersische Litteratur. Altpersisch sind — abgesehen von vereinzelten Nachrichten der Alten über medische und achämenidisch-persische Schriftwerke — im Osten das Awesta, im Westen die Keilinschriften der achämenidischen Groſskönige, mittelpersisch die sassanidische, neupersisch die Litteratur seit der arabischen Eroberung bis zur Gegenwart. Die fast fünfeinhalb Jahrhunderte vom Tode des Achämeniden Darius III. (330 v. Chr.) bis zum ersten Aufkommen des Sassaniden Ardeschîr I. (ca. 212 n. Chr.) fallen aus, da uns aus ihnen nichts von national-persischem Schrifttum erhalten ist.

Straſsburg i. E., Juli 1901.

Prof. Dr. **Paul Horn.**

Inhalt.

Seite

Einleitung V

Erstes Buch.

Die alt- und mittelpersische Litteratur.

Erstes Kapitel. Das Awesta 1
Zweites Kapitel. Die altpersischen Keilinschriften und die Pech-
lewî-Litteratur 34

Zweites Buch.

Die neupersische Litteratur.

Erstes Kapitel. Die Anfänge bis zu Firdausî 45
Zweites Kapitel. Firdausî 81
Drittes Kapitel. Die Lyrik 114
Viertes Kapitel. Die religiöse, besonders die mystische, sowie die
moralische Poesie 145
Fünftes Kapitel. Die romantische Erzählungsdichtung 177
Sechstes Kapitel. Die Hofdichtung 194
Siebentes Kapitel. Das Drama 201
Achtes Kapitel. Die Prosa 212
Index 223

ERSTES BUCH.

Die alt- und mittelpersische Litteratur.

ERSTES KAPITEL.

Das Awesta.

Die auf uns gekommenen Reste des ältesten persischen Schrifttums, das Awesta und die Keilinschriften der achämenidischen Grofskönige, sind für eine Behandlung in einer Litteraturgeschichte im landläufigen Sinne wenig geeignet. Nur ein geringer Bruchteil des mäfsig starken Foliobandes, welchen das Awesta, die Bibel der Zoroastrier, auch in der neuesten Prachtausgabe Geldners ausmacht, ist eigentlich litteraturgeschichtlich verwertbar, wie so zahlreiche ganze Schriften des Alten Testaments.

Die Liturgieen einer Kirche, ihre kanonischen Gebete und Formeln, ihr Ritualkodex gehören unter gewöhnlichen Verhältnissen nicht in eine Darstellung der Litteratur eines Volkes. Und aus solchen Texten besteht fast das gesamte Awesta. Es müfste denn ihr Wert, abgesehen von dem fachlichen Zwecke, schöngeistig, poetisch oder stilistisch so hoch, ihr Einflufs auf das übrige Schrifttum ihres ganzen Volkes so bedeutend gewesen sein, dafs sie, wie z. B. Luthers Bibelübersetzung, einen Markstein in diesem überhaupt bilden. Beim Awesta ist nun das erste nur in einem recht bescheidenen Mafse der Fall, trotzdem hat es aber nach Form und Inhalt einen starken Einflufs auf die spätere Litteratur ausgeübt. Wir müssen ihm daher, zumal uns aufser ihm keine gleichzeitigen Schriftwerke erhalten geblieben sind, in unserer Darstellung einen Platz einräumen, der ihm unter anderen Umständen nicht zukommen würde.

Das Wort Awesta wird «Grundtext» bedeuten. Dazu gehört ein «Kommentar» Zend. Die Zusammenstellung Zendawesta hat das «und», welches ursprünglich beide Begriffe miteinander verband, weggelassen, so daſs man nun statt vom Awesta fälschlich vom Zendawesta, statt von Awestasprache oder Awestagrammatik von Zendsprache und Zendgrammatik sprechen hört. Da der «Kommentar» in mittelpersischer, der «Grundtext» in altpersischer Sprache abgefaſst ist, so sind solche Bezeichnungen für die Sprache und Grammatik des Awestas falsch, sie haben sich aber so eingebürgert, daſs man ihnen auch in wissenschaftlichen Werken begegnet.

Das Awesta ist das heilige Buch der Religion Zoroasters. Wann deren Stifter Zarathuschtra — so lautet die einheimische Form seines Namens, der etymologisch ziemlich nüchtern den Besitzer irgendwie beschaffener, etwa «alter Kamele» bedeuten wird — gelebt hat, ist unbestimmt. Daſs er eine historische Persönlichkeit gewesen ist, wird heute nicht mehr bestritten. Man hat ihn früher gleich Buddha in ein Gebilde des Mythus auflösen wollen, aber dafür steht Zoroaster in der Überlieferung in zu greifbarer Gestalt vor uns. Er redet persönlich zu uns in seinen uns erhaltenen Gâthâs (Liedern), so packend und zugleich so menschlich, wie nur ein Wesen von Fleisch und Bein zu reden vermag. Nach einer Berechnung, die sich auf die Überlieferung der Pârsen, d. h. der Mitglieder der noch heute bestehenden zoroastrischen Kirche, stützt, wäre der Prophet im Jahre 660 v. Chr. geboren und 583 erschlagen worden. Diese Chronologie ist aber schon an sich sehr anfechtbar, auſserdem sprechen auch wichtige innere Gründe gegen sie.

Es kann nämlich kaum zweifelhaft sein, daſs auch die achämenidischen Perser Zoroastrier gewesen sind. Ahuramazda, «der weise Herr», ist augenscheinlich das Erzeugnis dogmatischer Spekulation eines einzelnen Mannes, nicht ein Gebilde naiven Volksglaubens. In den Gâthâs sind die beiden Worte Ahura und Mazda noch nicht zu dem untrennbaren Eigennamen des obersten Gottes verschmolzen wie im jüngeren Awesta und auch in den Keilinschriften der Achämeniden. Die «anderen Götter» oder «alle Götter» stehen in diesen letzteren neben Ahuramazda wie Mithra, Anâhitâ u. a. im späteren Awesta. Seit Zoroasters Auftreten, wo diese Verhältnisse anders lagen, mufs also bereits eine geraume Zeit verflossen sein. In sein durchgeistigtes, philosophisches System hatten die populären, alten Volksgötter nicht hineingepafst, er hatte sie mit bewufster Absichtlichkeit aus ihm verbannt und durch Abstraktionen ethischer Ideen ersetzt. Nach den Berichten der Alten sollen die Perser aufser der gesamten medischen Kultur auch die Religion dieses vor ihnen herrschenden Volkes übernommen haben. Dafs das junge, kraftvolle Naturvolk seine Laufbahn mit der Aufgabe seiner eigenen Religion begonnen habe, ist schwer glaubhaft; die Perser werden eben, wie wohl bereits die Meder, von Hause aus Anhänger der Lehre Zoroasters gewesen sein, allerdings nicht in der ursprünglichen Form ihres Stifters, sondern mit den bald notwendig gewordenen Zugeständnissen an die breiten Massen.

Dazu ist die Sprache der Gâthâs im Verhältnis zu der des übrigen Awestas und der altpersischen Keilinschriften, die miteinander etwa auf einer zeitlichen Stufe stehen könnten, eine sehr altertümliche. Dieser Unterschied läfst sich ebenfalls nur bei Annahme eines längeren Zwischenraumes erklären. Rückt man nun aber die traditionellen Daten auch nur etwa um ein Menschenalter hinauf, so ist nicht abzusehen, warum man dies nicht gleich um ein Jahrhundert oder mehr thun sollte — der Wert der Überlieferung ist dann jedenfalls erschüttert. Ein anderes Ansehen könnten die Dinge freilich gewinnen, wenn sich nachweisen liefse, dafs die Gâthâs in einem ziemlich gleichzeitigen anderen Dialekte wie das übrige Awesta abgefafst wären, oder dafs Zoroaster vielleicht mit Absicht in ihnen sich einer altertümlichen, ehrwürdigeren, zum Teil mit einer besonderen Terminologie erst von ihm selbst geschaffenen Sprache bedient habe, die von der Ausdrucksweise seiner Zeit bedeutend abwich. Etwa wie — nur in geringerem Umfange — unsere heutige Predigtsprache aus Luthers Bibelübersetzung noch gern so manche Worte und Formen anwendet, die der Gegenwart eigentlich unverständlich sind, oder wie Muhammed im Koran gelegentlich seltene, unbekannte Worte gebraucht hat, um durch das Fremdartige, Unverstandene eine gröfsere Wirkung zu erzielen. Dieser Nachweis ist aber bisher noch nicht versucht worden. Für einen Zoroaster in der Zeit, welche die Tradition annimmt, fehlen uns nicht nur die Beweise, sondern auch schon die Wahrscheinlichkeit; wir können ihn uns nur ein oder mehrere Jahrhunderte früher denken.

Was uns heute vom Awesta vorliegt, ist nur ein geringer Bruchteil des ursprünglichen Werkes. Nach der Überlieferung, an der in dieser Beziehung zu zweifeln wir keine Veranlassung haben, bestand das Awesta in sassanidischer Zeit aus 21 Büchern, den sog. Nasks. Einer von diesen, der Vendidâd, ist uns ziemlich vollständig erhalten, von anderen besitzen wir nur noch Bruchstücke, zum Teil allerdings recht ansehnliche. Der ganze Kanon ist nun nicht etwa einundzwanzigmal so umfangreich wie der Vendidâd gewesen, sondern kleiner, da der Vendidâd den durchschnittlichen Umfang eines Nasks wohl bedeutend überschritten hat. Indes die Sassaniden besafsen das vollständige Awesta selbst nicht mehr. Durch Alexander den Grofsen hatte der Zoroastrismus einen schweren Schlag erlitten. Die bis dahin vorhanden gewesene Sammlung der religiösen Schriften war bei der macedonischen Eroberung in Verfall geraten, mag nun der Prachtkodex des heiligen Buches bei dem Brande von Persepolis wirklich mit in Flammen aufgegangen sein, wie die Sage berichtet, oder nicht. Einer der arsacidischen Vologeses soll dann eine erste Neusammlung angeordnet haben, der sich unter dem Sassaniden Ardeschîr I. (226—241 n. Chr.) eine zweite mit späteren Nachträgen seitens verschiedener von dessen Nachfolgern anschlofs. Wiederum ward aber der Boden Persiens von einem fremden, andersgläubigen Volke überflutet: die Araber eroberten das Land, und der Islâm verdrängte den Zoroastrismus. Die Perser wurden im Laufe der Zeit so fanatische Gegner ihrer einstigen Nationalreligion, dafs sie die eignen Landsleute, welche dieser treu geblieben waren, aufs strengste verfolgten und sie schliefslich fast insgesamt zur Auswanderung nach Indien drängten. In diesen harten Zeiten des Glaubensmartyriums ist dann das sassanidische Awesta zum gröfsten Teile wieder verloren gegangen; nur der Torso, der uns heute noch vorliegt, etwa ein Viertel des damaligen, hat sich erhalten. Warum gerade er? Augenscheinlich, weil er das notwendigste Rituale des offiziellen Gottesdienstes enthielt.

Da haben wir den Jasna, die Liturgie für den feierlichen Gottesdienst bei der Darbringung des Haoma-(sprich Hauma-) Opfers; den Vîspered, eine stets mit dem Jasna verbundene

Liturgie für besondere Feste; die Jaschts, Gebete zur Verehrung der einzelnen Genien; den Vendidâd, das Gesetzbuch für die Priesterschaft; endlich unter dem Titel «Kleines Awesta» eine Sammlung von Gebeten, wie sie der zoroastrische Laie im täglichen Leben braucht. Das ist der offizielle Kanon, neben dem dann in mittelpersischen Schriften noch zahlreiche Fragmente aus dem sassanidischen Awesta erhalten sind.

Neben den liturgischen und kirchlich-juridischen Partieen, aus denen die erwähnten auf uns gekommenen Stücke stammen, hat das alte Awesta auch inhaltlich mehr weltliche Teile besessen, welche die Wissenschaften, wie Philosophie, Medizin etc., behandelten. Aus ihnen ist uns leider gar nichts erhalten, und nur wenig aus den historischen Abschnitten, die mit den verschiedenen Rechten (Kriminal-, Zivil-, Kriegsrecht etc.) zusammen ein grofses Kapitel «Gesetz» bildeten. Ihm gehören die meisten in spätere Schriften eingestreuten awestischen Bruchstücke an.

Die ältesten Stücke des Awestas sind die 17 Gâthâs («Lieder») des Religionsstifters Zoroaster selbst. Auf Grund ähnlicher indischer Verhältnisse nimmt man an, dafs diese Gâthâs ursprünglich gewissermafsen als Leitsätze von Prosareden oder Predigten gedient haben, als deren Kern sie zunächst allein erhalten blieben, bis sie schliefslich zu einzelnen Gedichten vereinigt wurden. Da sie in einer viel altertümlicheren Sprache als das übrige Awesta abgefafst sind, so war ihr Verständnis schon früh stark geschwunden. Jedenfalls wird man sie auch in alter Zeit nicht ohne Kommentar verstanden haben, ihr philosophisch-spekulativer Inhalt hat einen solchen für viele Stellen immer erfordert. Eine Gâthâ so zu übersetzen, dafs der Leser einen ästhetischen Genufs empfinde, ist vielleicht unmöglich. Bisher hat es wenigstens noch niemand vermocht. Neben dem beständigen Ringen mit dem Sinne geht die Schwierigkeit, einen gleichwertigen und zugleich flüssigen Ausdruck für den meist abstrakten Inhalt zu finden. Überall hört man den lehrhaften Ton des philosophierenden Theologen, der dogmatisierende Verstand hat das Wort. Die Erkenntnis Ahuramazdas geschieht mittelst des Verstandes, wissen und die rechte Religion wählen, also Zoroastrier sein, ist eins. So ist es denn kein Wunder, wenn der Dichter in den Hintergrund tritt. Die Gâthâs sind zwar in metrischer Form abgefafst, also gedichtet, aber Zoroaster ist kein Dichter. Nicht jeder Philosoph ist zugleich ein Poet wie Friedrich Nietzsche. Wir bewundern in den Gâthâs das tiefe sittliche Gefühl, den Glaubensmut, die Erhabenheit des ethischen Standpunkts ihres Verfassers, aber Poesie sind sie nicht oder doch nur eine recht hausbackene. Die metrische Form mag in ihnen sehr kunstvoll sein, das können wir aber nicht genügend beurteilen oder empfinden. Ihr Prinzip, das auf bloſser Zählung der Silben beruht, gleichgiltig, ob diese lang oder kurz sind, fällt uns zu wenig ins Ohr, so daſs wir aus ihm keinen scharfen rhytmischen Eindruck zu gewinnen vermögen. Dazu ist auch das Accentsystem noch nicht völlig deutlich aufgehellt. Bisweilen sind syntaktisch zusammengehörige Worte durch verschiedene Einschübe so weit voneinander getrennt oder scheinen es doch zu sein, daſs es schwer denkbar ist, der Hörer habe beim mündlichen Vortrage den Sinn erfassen können. Indes könnte dies auch gerade für eine sehr kunstvolle äuſsere Form im Aufbau der einzelnen Strophen sprechen und hat im Sanskrit Parallelen. Die Meinung, Zoroaster sei ein Dichter gewesen, erweist sich jedenfalls bei unbefangener, nicht voreingenommener Lektüre seiner Gâthâs als irrig.

Überall offenbart sich ein bis aufs höchste gesteigertes Pflichtgefühl. Gâthâ 44, Vers 5, zu Ende, fragt Zoroaster den Ahuramazda:

»Wer schuf die Morgenröten samt Mittag und Nacht?«

In der nächsten Zeile will er von ihnen noch etwas sie näher Bestimmendes aussagen, und was ist es, was er zu erwähnen weiſs?

»Die den Verständigen zur Arbeit mahnen.«

Ein Dichter hätte wohl etwas anderes von der schon an sich poetischen Morgenröte zu sagen gehabt, selbst wenn er nicht gleich eine rosenfingerige in ihr zu sehen brauchte. Und auch nur zu dem Verständigen, dem Einsichtigen spricht sie! Sonst finden sich übrigens gerade in demselben Liede einige schwungvollere Stellen. Wie unplastisch ist ferner die Schilderung der Hölle in Vers 20 der unten folgenden Gâthâ, und sie ist noch die ausführlichste von allen. Paradies und Hölle werden in den Gâthâs oft genug erwähnt, es heiſst dann aber immer nur ganz allgemein, die Seele des Frommen werde in ewiger Freude, die des Sünders in ewigem Leide weilen. Dem philosophierenden, fortwährend mit dem Verstande operierenden Moralisten geht dichterische Phantasie vollkommen ab. Das Rind genieſst im Zoroastrismus eine hohe Wertschätzung. Zoroaster hat ihm, wohl der altarischen Mythologie folgend, einen eigenen «Schöpfer» und eine besondere «Seele» gegeben, die er redend und handelnd auftreten läſst; sie zufrieden zu stellen, ist er eifrig bestrebt. Aber beide, «Seele» und «Schöpfer», sind bei ihm doch wieder nur mehr zu philosophischen, poetisch phantasielosen Konstruktionen geworden. Dem Rinde, dem «edelsten der Tiere», hat der Prophet eine besondere Gâthâ (Nr. 29) gewidmet. Es klagt hier vor Ahuramazda wegen übler Behandlung durch den Landmann, in dessen Dienst es sich vertrauensvoll begeben habe. Schlieſslich wird ihm Zoroaster zum Schirmherrn bestellt. Die rührende Naivetät der ganzen Scene wird auch hier durch die lehrhafte Art und Weise der Deduktion abgeschwächt.

Wirklich selten sind Stellen, wo die Natur etwas zum Durchbruch kommt. Hierher gehören einige Notschreie des an seinem schlieſslichen Erfolge bisweilen verzweifelnden Religionsstifters, wie Gâthâ 46, 2:

> «Ich weiſs, daſs ich arm bin, o Mazda,
> Daſs ich nur wenig Vieh und Leute habe.
> Ich klage dir's, schaue es an, o Ahura!
> Leihe mir Hilfe, wie sie der Freund dem Freunde leiht,
> Erfülle gerecht des frommen Sinnes Fleh'n.»

Die Gâthâs «Zoroasters Psalmen» zu nennen, ist jedenfalls kein glücklich gewählter Ausdruck. Mit den Schöpfungen der jüdischen Psalmisten ist der Begriff der höchsten poetischen Vollendung in Ausdruck wie Form untrennbar verbunden, die man in den Liedern des persischen Propheten vergebens sucht.

Wir lassen als Probe einer ganzen Gâthâ die 31ste in deutscher Übersetzung folgen. Mit einer allgemeinen Paraphrase wäre es nicht gethan, da es darauf ankommt, eine Vorstellung von der Weise des Originals zu erwecken. Die Übersetzung darf daher nicht etwa einen gefälligen, eleganten Eindruck machen wollen, den das Urbild nicht besitzt. Was dennoch Zoroaster mit der Sprache eines einfachen Hirtenvolkes geleistet hat, wie er sie zu ihr bisher wohl ganz ungewohnten Diensten gemeistert hat, das können wir nur ahnen. Im einzelnen ist in der folgenden Übertragung manches streitig.

1\. «Euerer[1] Gebote eingedenk
Künden wir Worte, unerhört
Denen, die nach der Drudsch[2] Geboten
Des Ascha[3] Geschöpfe bedräuen,
Aber denen hocherfreulich,
Die dem Mazda ihr Herz geweiht.

2\. Weil nun der Seele
Der bessere Pfad nicht deutlich ist,
So komme ich zu euch allen
Als Richter, wie Ahura Mazda
Mich kennt, zwischen beiden Parteien,
Auf daſs wir nach Aschas Gebote leben.

3\. Wie du durch deinen Geist und dein Feuer
Und durch Ascha zwischen zwei Gegnern[4] die Entscheidung fällst,
Daſs es als Offenbarung gelte für die Richtenden[4],
Das sage, damit wir es wissen, o Mazda,
Mit der Zunge deines Mundes,
Auf daſs ich alle Lebenden bekehre.

4\. Wenn Ascha zu erbitten ist
Und Mazda Ahura[5]
Nebst Aschi[6] und Armaiti[7],
Dann will ich aufrichtigen Sinnes erflehen
Mir machtvolle Herrschaft,
Durch deren Kraft wir die Drudsch überwinden.

5\. Das sage mir, daſs ich's begreife,
Was ihr mir durch Ascha Bestes geben wollt,
Damit ich's erkenne durch den guten Geist

---

[1] Des Ahura Mazda und der Genien.

[2] Der Dämon der Lüge.

[3] Der Genius des ewigen Rechts und der Wahrheit. Häufig wird aber die Personifikation in den Gâthâs gar nicht empfunden; Ascha ist oft nur eine ethische Idee, wie auch eigentlich Aschi (Vers 4) und andere erst später lebendig gewordene Gottheiten.

[4] So nach der Überlieferung. Es soll sich um ein Gottesurteil mittelst Feuers handeln, durch welches die Wahrheit der Lehre Zoroasters augenfällig bewiesen werden soll.

[5] Wörtlich «die Mazda-Ahuras», Plural der Majestät. In den Gâthâs wechseln Ahura und Mazda noch häufig untereinander als Bezeichnungen für den höchsten Gott, oder dieser heiſst auch Mazda Ahura.

[6] Genie des Segens.

[7] Genie des frommen Gehorsams, später der Erde.

Und im Herzen bewahre, was mein Lohn sein wird,
Und was nur immer, o Mazda Ahura,
Nicht sein und was sein wird.

6. Dem wird das Beste zu teil werden,
Der da weiſs und richtig kündet
Das Wort des Heils[1],
Der Wahrheit und Unsterblichkeit,
Nämlich Mazdas Reich (wird ihm zu teil),
Das durch frommen Sinn sich mehrt.

7. Der zuerst den Gedanken faſste,
Mit Licht die Räume zu füllen,
Das (war) in seiner Weisheit der Schöpfer Aschas,
An dem (Ascha) der Fromme eine Stütze haben soll;
Mehre es[2], Mazda, durch (deinen) Geist,
O Ahura, der du stets der Gleiche bleibst.

8. So erkannte ich dich gleich zu Anfang,
Mazda, als verehrungswürdig in meinem Geiste,
Als Vater des frommen Sinns[3],
Wie ich dich mit dem Auge schaute,
Als den wahren Schöpfer Aschas,
Den Herrn über die Thaten der Welt.

9. Bei dir war Armaiti,
Bei dir war auch der Schöpfer des Rindes[4] (und) der Verstand[5],
Als du ihm (dem Rinde), o Mazda Ahura,
Den Weg ins Belieben stelltest,
Entweder dem Landmann zu dienen
Oder dem, der nicht Landmann ist.

10. Da erwählte es (das Rind) von diesen beiden
Sich den arbeitsamen Landmann
Als rechtschaffenen Herrn,
Den Förderer des frommen Sinns.
Nicht wird, o Mazda, der Nichtlandmann[6],
Auch wenn er sich darum müht, guten Andenkens teilhaftig.

---

[1] Bisweilen auch als Genie personifiziert (Haurwatât), ebenso wie die Unsterblichkeit (Amertât) und Wahrheit (Ascha) in der folgenden Zeile.

[2] Dein Reich (Vers 6), deine gute Schöpfung.

[3] Auch personifiziert (Vohumanô).

[4] S. oben Seite 7.

[5] Der himmlische Verstand, wieder eine Abstraktion. Armaiti erscheint hier als Genie der Erde, welche dem Rinde wohlgesinnt ist.

[6] Der Nomade.

11. Seit du zuerst, Mazda, uns
Und die Geschöpfe schufst, mit Gewissen
Und Verstand, durch deinen Geist,
Seit du das Leben mit einem Leibe umgabst,
Seit du die Thaten und Worte (schufst),
Wodurch nach freiem Willen einer seinen Glauben bezeugen mag —

12. (Seitdem) erhebt seine Stimme
Der Trugredende wie der Wahrheitredende,
Der Wissende wie der Unwissende,
Nach seinem Herzen und Sinn;
Aber der nach rechter Einsicht Suchende
Fragt im Geiste, wo der Irrtum sei.

13. Was Offenkundiges einer erwägt
Oder was Geheimes, o Mazda,
Oder wer für eine kleine Schuld
Die höchste Buſse eintreibt(?),
Das mit klarem Auge beobachtend
Genau siehst du alles.

14. Danach frage ich dich, Ahura,
Was kommt und kommen wird,
Was als Haben gilt,
Von den Buchungen für die Frommen,
Und was, o Mazda, für die Lügner (Ketzer),
Und wie es zählt, wenn abgerechnet wird.

Zoroaster hat hier eine kaufmännische Vorstellung in sein System eingeführt: Ahuramazda führt über die Thaten der Menschen Buch, die guten verzeichnet er als «Haben», die bösen als «Soll». Die gegenseitige Aufrechnung beider entscheidet über das Schicksal der Seele. Nach Herodot (1, 137) durften die persischen Könige keinen ihrer Diener wegen eines Vergehens mit dem Tode bestrafen, ehe sie nicht seine bösen Thaten ihnen gegenüber mit den guten abgewogen hatten; waren die letzteren in der Überzahl, so muſste Begnadigung eintreten. Die Idee eines solchen Schuldbuchs der Seele ist dann auch in das Alte Testament übergegangen. Der kaufmännische Sinn des Persers kommt in dieser Anschauung charakteristisch zur Geltung und zu seinem Rechte. Er konnte sich gegebenenfalls fragen, ob er nicht vielleicht noch ein «Soll» riskieren könne, wenn er glauben mochte, es mit reichlichen «Habens» bilanzieren zu können. Welche Rolle kaufmännische Vorstellungen im Leben des Persers spielten, sehen wir auch in der Phraseologie schon des Schâhnâmes, wo wir häufig Ausdrücke finden, wie «er lief den Zinsen nach und gab das Kapital preis», «mein Kapital war Blut und die Zinsen Leid», «der Handel (Bazar) ward hitzig» (d. h. die Sache ward ernst) und viele ähnliche.

15. Ich frage dich danach, welche Strafe
Den (trifft), der dem Lügner Macht schafft[1],
Dem Üblesthuenden, o Ahura,
Der nicht seinen Lebensunterhalt findet,
Ohne zu vergewaltigen des Landmanns
Vieh und Leute, des frommen.

16. Ich frage dich danach, wie der,
Welcher redlich die Macht von Haus,
Gau und Land[2]
Durch Rechtschaffenheit zu mehren strebt,
Wie er dir gleich, o Mazda Ahura,
Werde und durch welches Thun?

17. Glaubt unter beiden der Fromme
Oder der Lügner (Irrlehrer) das Maſsgebliche?
Der Wissende sage es dem Wissenden,
Nicht betrüge der Unwissende (jemanden).
Sei denn du, o Mazda Ahura, uns
Der Offenbarer des frommen Sinns.

18. Keiner von Euch höre
Auf des Lügners Worte und Befehle;
Denn er wird Haus, Dorf,
Gau und Land bringen
In Not und Tod.
Darum erschlagt sie mit der Waffe!

Zoroaster haſst die seiner Religion Widerstrebenden gründlich, aber zunächst will er sie nur innerhalb seiner Gemeinde selbst ausrotten. Zu religiösen Kriegszügen gegen Andersgläubige fordert er nicht auf. «Leid verheiſse ich dem, der uns Leid bereitet» (Gâthâ 46, 18) zeigt seine mehr defensive Gesinnung. Mehrere den Ungläubigen Verderben drohende Gâthâstellen beziehen sich auf das Schicksal der Seele nach dem Tode, nicht bereits auf irdische Verhältnisse. Die achämenidischen

[1] Durch jede böse That mehrt sich die Macht des Bösen, des Lügners, also der Gegner Ahuramazdas.

[2] D. i. der zoroastrischen Gemeinde.

Perser erscheinen durchaus tolerant gegen fremde Religionen. Die Zerstörungen altgriechischer Tempel datieren erst nach der Verbrennung von Sardes, Datis hat im Auftrage des Großkönigs Weihgeschenke für Delos gestiftet (Herodot 6, 97). Erst unter den Sassaniden, wo der Klerus gelegentlich hohen politischen Einfluß gewann, finden wir gewaltsame Bekehrungsversuche, besonders gegenüber den Armeniern.

19. Gehört werde, wer da kennt das Rechte,
Der kundige Arzt der Welt, o Ahura,
Der der Rede mächtig ist und zungenbegabt,
Die Wahrheit zu beweisen (bereit)
Durch dein rotes Feuer[1], o Mazda,
Zur guten Entscheidung zwischen beiden Parteien.

20. Wer den Frommen kränkt,
Dem soll künftig in Leid beschieden sein
Ein langes Leben und in Finsternis,
In Hunger, unter Drohworten;
An den Ort des Lügners[2] wird ihn
Infolge seiner Thaten sein (böses) Gewissen führen.

21. Mazda Ahura spende
Wohlfahrt und Unsterblichkeit
Aus seinem Schatze, und Gerechtigkeit,
Schutz seines Reiches,
Ausbreitung des frommen Sinns
(Dem), der ihm mit Gedanken und Thaten anhängt.

22. Klar ist dies dem Frommen,
Als einem, der wissenden Sinnes ist,
Der den Ascha samt dem guten Chschathra[3]
Mit Wort und That fördert.
Er (dieser Fromme) ist dir, Mazda Ahura,
Der wirksamste Gehilfe.»

Die logische Verbindung einer jeden Strophe mit der ihr vorhergehenden ist nicht immer ersichtlich. Besonders zwischen Vers 8 und 9 ist eine Lücke im Gedankengange. Auffällig ist auch, daß keine Antworten Ahuramazdas auf Zoroasters Fragen erfolgen. Manchmal kann man diese («ich Ahuramazda war es»,

---

[1] Die Feuerprobe (vgl. oben Vers 3), zu der sich Zoroaster erboten haben soll.

[2] Die Hölle, von der in dem ganzen Verse die Rede ist.

[3] Personifikation des Reiches Ahuramazdas.

oder ein Ja) allerdings zwischen den Zeilen lesen, aber oft ist dies unmöglich (z. B. Vers 3, 14, 16). Auch in anderen Gâthâs bleiben die Antworten auf direkt ausgesprochene Fragen aus. Wir werden uns dies damit zu erklären haben, dafs diese Antworten in der prosaischen Predigt gegeben wurden, die man nicht mit überlieferte, und deren Leitsätze die Gâthâstrophen waren.

Wenn Zoroaster nach seinen Gâthâs kein Dichter war, so mufs er doch ein hinreifsender Redner gewesen sein, und in der That klingt uns aus seinen Liedern eine hohe Rhetorik vernehmlich entgegen. «Der Rede mächtig und zungenbegabt» nennt er sich selbst in Vers 19 oben. Ohne diese Gabe hätte er seiner Lehre nicht ein grofses Reich erobern können. Und zu seinen Lebzeiten mufs der Sieg seiner Religion entschieden gewesen sein. Denn nur eine ganz aufserordentliche Persönlichkeit konnte ihr diesen erringen, nicht etwa eine noch unausgebaute Kirche. Dazu war seine Lehre zu wenig auf weite Kreise berechnet, die Reaktion gegen ihre vornehme, tiefe Innerlichkeit trat auch nur zu bald ein. Die Analogie des Christentums, das erst nach seines Stifters Tode durch dessen Anhänger allmählich seine weite Ausbreitung gewann, pafst für den Zoroastrismus nicht.

Im jüngeren Awesta wird nun der Phantasie mehr Rechnung getragen. Da sitzen Ascha, der fromme Sinn und die anderen Abstraktionen Zoroasters in greifbarer Gestalt auf goldenen Thronen. Aschi, der wir in Vers 4 oben als einer Genie, jedoch ohne jeden charakteristischen äufseren Zug begegnet sind, tritt nun auf:

«In einer schönen Maid Gestalt,
Strotzend von Kraft, von prächt'gem Wuchs,
Mannbar, mit hochgeschürztem Kleid,
Aus edelem Geschlecht entstammt» (Jascht 13, 107).

Sie ist eine segenspendende Göttin von Fleisch und Blut geworden und spielt als solche eine wichtige Rolle. Wo sonst in den Gâthâs das Wort *aschi* vorkommt, hat es immer nur die Bedeutung «Belohnung, Segen»; die Verkörperung dieser Idee zu einem weiblichen Wesen ist hier also noch ganz im Entstehen begriffen. Ein hübsches jüngeres Gebilde ist auch die schöne Jungfrau, unter welcher sich die guten Thaten eines Menschen dessen Seele nach dem Tode vorstellen; natürlich fehlt daneben das häſsliche Gegenstück nicht, die gemeine, verkommene Dirne, welche die bösen Thaten darstellt. Die «Seele des Rindes» klagt in den Gâthâs beweglich mit Gründen zu Ahuramazda, an einer späteren Stelle (Bundehesch 4, 2) schreit sie ihre Not kurz so laut hinaus, als wenn tausend Männer auf einmal schrieen. Der persische Geist verlangte solches. Zoroasters gesamtes System war ihm zu abstrakt. Wie er die populären alten Götter Mithra, Hauma, Werethragna, Tischtrija, die Frawaschi's (die Schutzgeister der Seelen) und wie sie alle heiſsen, welche der Prophet verdrängt hatte, wieder aufnahm, so forderte er allenthalben Anregung für seine Phantasie und wollte an Stelle der durchgeistigten Gebilde Zoroasters körperliche, sein Auge und heiteres Gemüt erfreuende Gestalten sehen. Zwar steht auch jetzt noch Ahuramazda hoch über allen anderen Gottheiten, aber der Monotheismus, zu dem Zoroaster die altarische Religion ausgebildet hatte — da das Gute in ihr von vornherein für den schlieſslichen Sieg bestimmt ist, so kann man im Grunde auch gar nicht einmal von einem Dualismus sprechen — dieser Monotheismus ist doch arg erschüttert, es sind wieder andere Götter neben Ahuramazda getreten, die dieser sogar gelegentlich um Beistand angehen muſs. Es ist hier nicht der Ort, die zoroastrische Religion im Zusammenhange zu schildern; eine kurze, für weitere Kreise berechnete Darstellung findet der Leser neuerdings in der «Christlichen Welt» vom 7. und 14. März 1901.

Die plastischen Göttergestalten des jüngeren Zoroastrismus konnten nun auch Dichter begeistern, und so finden wir in dem nachzoroastrischen Awesta manche wirklich poetischen Stellen. Allerdings sind sie auch hier nur in der Minderzahl. Wir dürfen eben nicht gleich von Hause aus zu hohe Anforderungen stellen.

Gebete wie das folgende (Jasna 26, 8—10) sind sehr häufig:

«Aller frommen Lehrer Frawaschis (Schutzgeister) verehren wir.
Aller frommen Schüler Frawaschis verehren wir.
Aller frommen Männer Frawaschis verehren wir.
Aller frommen Frauen Frawaschis verehren wir.
Aller frommen konfirmierten Knaben Frawaschis verehren wir.
Aller frommen Landsleute Frawaschis verehren wir.
Aller frommen Nichtlandsleute Frawaschis verehren wir.
Der frommen Männer Frawaschis verehren wir.
Der frommen Frauen Frawaschis verehren wir.

Alle guten, hilfreichen Frawaschis der Frommen verehren wir, seit Gajô-Maretan (dem ersten Menschen) bis zu dem sieghaften Sauschjant (dem künftigen Weltheilande).»

Wohlgemerkt, gehen dieser einförmigen Litanei schon sieben genau gleichgebaute Verse vorher. Nun, diese Gebete sollen gar nicht gedankenreich sein. Das ist für den Zweck, zu dem sie bestimmt sind, nicht notwendig. Die Verse müssen unter bestimmten Zeremonien recitiert werden, jede einzelne Gruppe der hier genannten Frawaschis mufs zu ihrem Rechte kommen, d. h. ausdrücklich mit Namen genannt werden (dies «mit Namen nennen» spielt im zoroastrischen Kult eine wichtige Rolle). Ein wirklich tiefes, schönes Gebet ist für einen Rosenkranz, der so und so oft abzubeten ist, zu gut. In solcher Erwägung dürfen wir von diesen mechanischen Formeln, die im übrigen ihrer Bestimmung durchaus angemessen sind, schon an sich nicht zu viel verlangen, in eine Litteraturgeschichte gehören sie zudem nicht hinein. Indes treten sie indirekt doch zur Litteratur in Beziehung.

Stereotype Wiederholungen sind für das zoroastrische Rituell charakteristisch. Die hohen sittlichen Anforderungen, wie sie der Stifter der Religion an seine Anhänger gestellt hatte, waren für den täglichen Gebrauch des Durchschnittsmenschen viel zu schwer. Die guten Gedanken, Worte und Werke, welche beständig von dem Zoroastrier gefordert wurden, wurden in ein äufserliches, hochehrbares Zeremoniell gekleidet. Sehr früh hat die zoroastrische Kirche eine auffallende Vorliebe für Schematisieren und Einteilen angenommen. Wenn Zoroaster selbst rhetorisch ausmalt, wie der Fromme Haus, Gau und Land fördere, dagegen der Lügner (d. i. der Nichtzoroastrier) dem Hause, Dorfe, Gaue und Lande Verderben bringe (s. oben Gâthâ 31, Vers 16 und 18), so kann die spätere Priesterschaft es sich nicht versagen, hieraus eine ständige Stufenfolge zu machen, die dann auch in dem hierarchischen Priesterstaate ihren Platz findet. Die durch den Ritus vorgeschriebene «Anrufung mit Namen» erklärt die oben angeführte einförmige «Wir verehren-Litanei» genügend; das in ihr sich aussprechende Prinzip macht sich dann aber auch anderweitig geltend, wo es gar nicht nötig wäre. In einem Kapitel des Vendidâd heifst es, das Honorar des Arztes betreffend:

«Einen Hausherrn soll er heilen um den Wert eines kleinen Stieres, einen Dorfherrn soll er heilen um den Wert eines mittleren

Stieres, einen Gauherrn soll er heilen um den Wert eines starken Stieres, einen Distriktsherrn soll er heilen um den Wert eines Viergespanns. Die Frau eines Hausherrn soll er heilen um den Wert einer Eselin, die Frau eines Dorfherrn soll er heilen um den Wert einer Kuh, die Frau eines Gauherrn soll er heilen um den Wert einer Stute, die Frau eines Distriktsherrn soll er heilen um den Wert einer Kamelin etc. etc.»

Und solche Wort für Wort getreuen Wiederholungen finden sich unzähligemal im Awesta, selbst in den poetischen Partieen; sie sind für dasselbe geradezu charakteristisch.

Im Mithra-Jascht heiſst es (Vers 5):

«Er komme uns zur Hilfe her,
Er komme uns zur Förd'rung her,
Er komme uns zur Freude her,
Er komme uns zur Gnade her,
Er komme uns zur Heilung her,
Er komme uns zum Siege her,
Er komme uns zur Heiligkeit,
Er komm' uns zur Gerechtigkeit,
Der starke, mächt'ge, löbliche,
Verehrte, unbetrügliche
In dieser ganzen ird'schen Welt,
Mithra, der Weitgebietende.»

Hier wird Mithras Wirken ganz systematisch rubriziert, von der äuſseren Hilfe in Leibesnöten an bis zur Unterstützung der Seele, nichts wird vergessen.

Von seinen Feinden heiſst es in demselben Jascht (Vers 39, 40):

«Mit Adlerfedern ihre Pfeil',
Von wohlgespannten Bogens Sehn'
Geschnellt, zwar fliegen sie dahin,
Doch nicht erreichen sie ihr Ziel,
Weil voller Grimm und voller Zorn
Und nicht begütigt ab sie lenkt
Mithra, der Weitgebietende.

Und ihre wohlgeschärften Speer',
Sie fliegen aus der Hand dahin,
Doch nicht erreichen sie ihr Ziel,
Weil voller Grimm und voller Zorn etc.

Und ihre Schleudersteine auch,
Sie fliegen aus der Hand dahin,
Doch nicht erreichen sie ihr Ziel,
Weil voller Grimm etc.

Und ihre Schwerter, wohlgezückt,
Sie fallen auf der Menschen Köpf',
Doch nicht erreichen etc.

Und ihre Keulen, wohl geschwungen,
Sie fallen auf der Menschen Köpf',
Doch nicht erreichen sie etc.»

Gewifs haben wir es hier mit der allgemein poetischen Figur des Refrains zu thun, aber dieser überwuchert den eigentlichen Text völlig. Man war die Wiederholungen aus dem Rituell gewöhnt und konnte sich nun auch in mehr weltlicher Lyrik nicht genug daran thun. Und dieser Unempfindlichkeit gegen schon einmal Gehörtes begegnen wir in der gesamten awestischen Poesie.

Die Tiere sind schön schematisch in fünf Klassen eingeteilt (die im Wasser, die unter der Erde, die fliegen, die schnell laufen und die auf Klauen gehen — letztere zwei Arten umfassen die auf der Erde; bisweilen ist die Einteilung auch etwas anders); daher erscheint «fünfartig» auch in der Poesie als das ständige Beiwort der Tierwelt. Die Einteilungsmanie erstreckt sich auf alle möglichen Gebiete. Im Jascht an den Tischtrija-Stern (den Sirius) heifst es:

«Den Tischtrija verehren wir,
Den Stern voll Glanz und Majestät,
Nach dem die Wasser sehnen sich» —

weil er nämlich den Regen bringt. Die Diaskeuasten des Awestatextes können sich nun die vortreffliche Gelegenheit nicht entgehen lassen, die Wasser, welche sich nach dem Tischtrija sehnen, noch genauer zu bezeichnen und fügen aus einer anderen Stelle ein:

«Die stehenden und die fliefsenden, die der Quellen und die der Flüsse, die der Kanäle und die der Zisternen.»

Nun erst geht es wieder metrisch weiter. Solche stumpfsinnigen Einschübe lassen natürlich das Awesta häufig noch langweiliger erscheinen, als es oft genug schon ohnedem ist. Wenn man sie ganz hinwegdenkt, wird man vielfach einen günstigeren Eindruck gewinnen, obschon auch trotzdem noch vieles recht Unpoetische bleibt. Die Diaskeuasten störten dergleichen Prosazusätze nicht, weil sie sich nicht mehr bewufst waren, dafs sie damit metrische Stücke verunzierten. Erst europäische Gelehrsamkeit hat die Verse wieder entdeckt.

Ja, selbst die Neues schaffende Phantasie wird mitten in ihrer Thätigkeit in die Schablone hineingezwängt. Der Dichter hat die hübsche Hyperbel gefunden, dafs der mythische Fisch Kara mit seinen scharfen Augen jeden nur haarbreiten Wirbel im Weltmeere bemerke (Jascht 14, 29 und 16, 7). Zu einer solchen Weitsichtigkeit müssen nun aber Parallelen auch auf der Erde und in der Luft aufgesucht werden, der ursprüngliche Gedanke mufs noch durch andere Gebiete hindurchgehetzt werden, womöglich jedesmal mit einer Steigerung. So kann denn der Hengst in finsterster Nacht neun Meilen weit ein Pferdehaar auf dem Erdboden erkennen und sogar unterscheiden, ob es aus der Mähne oder aus dem Schwanze stammt. Das ist echt persische Übertreibung, wie sie im Awesta noch selten ist; ähnlich vermag im Schâhnâme Rustems Rachsch eine schwarze Ameise zwei Meilen weit auf dem Erdboden zu erkennen. Der Geier endlich sieht neun Länder weit aus der Luft ein handgrofses Stück Aas auf dem Boden liegen, ja sogar eines, das so winzig wie eine blinkende Nadel oder nur deren Spitze ist. Nun ist aus dem Gedanken alles herausgezogen, was herauszuziehen war, der Dichter ist also befriedigt.

Bei verschiedenen Völkern findet sich die sinnige Sage, dafs aus dem Blute Erschlagener oder auf dem Grabe Verstorbener Blumen erblüht seien (im Persischen gehört hierher z. B. die Blume «Sijâwuschblut»). Im Pârsismus wird auch dieser Gedanke schleunigst schematisiert: aus jedem einzelnen Körperteile des toten Urstiers sprossen Pflanzen hervor, so aus den Hörnern die Erbse, aus der Nase der Lauch u. s. w.

Wie musterhaft korrekt arbeitet des Dichters Einbildungskraft, wenn er dichtet (Jascht 5, 101):

«Tausend Kanäle hat der See (der sagenhafte Wourukascha),
Und tausend Abflüsse hat er.
Und jeder einzelne Kanal
Und jeder einzelne Abflufs
Ist vierzig Tagereisen lang
Für einen Reiter gut zu Pferd.
An jedem einzelnen Abflufs,
Da steht ein wohlgefügtes Haus
Mit hundert hellen Fenstern drin,
Mit tausend schöngeformten Säulen,
Zehntausend starken Pfeilern.»

Die Epik liebt bestimmte formelhafte Wendungen, aber in der zoroastrischen überschreiten solche Wiederholungen auch wieder alles Mafs. In dem mittelpersischen Prosaepos des Zarêr-Buches lesen wir unmittelbar hintereinander:

33. »Darauf sprach Dschâmâsp: 'Wenn es Eurer Majestät gefällt, so stehet auf vom Erdboden und setzet Euch wieder auf den königlichen Thron; denn es mufs geschehen, wenn es geschehen mufs, auch wenn ich es nicht gesagt hätte.' 34. König Wischtâsp aber erhob sich nicht und sah sich auch nicht um. 35. Da sprach der reisige Heerführer, der tapfere Zarêr, indem er hinzutrat: 'Wenn es Eurer Majestät gefällt, so stehet auf vom Erdboden und setzet Euch wieder auf den königlichen Thron; denn ich werde morgen kommen und mit dieser meiner Kraft 15 Myriaden der Chioniten töten.' 36. König Wischtâsp aber erhob sich nicht und sah sich auch nicht um. 37. Da sprach zu ihm Pâtchusrav, der Held der Mazdaverehrer, indem er hinzutrat: 'Wenn es Eurer Majestät gefällt, so stehet auf vom Erdboden und setzet Euch wieder auf den königlichen Thron; denn ich werde morgen kommen und mit dieser meiner Kraft 14 Myriaden der Chioniten töten.' 38. König Wischtâsp aber erhob sich nicht und sah sich auch nicht um. 39. Da sprach zu ihm Fraschôkart, der Sohn des Königs Wischtâsp, indem er hinzutrat: 'Wenn es Eurer Majestät gefällt, so stehet auf vom Erdboden und setzet Euch wieder auf den königlichen Thron; denn ich werde morgen kommen und mit dieser meiner Kraft 13 Myriaden der Chioniten töten.' 40. König Wischtâsp aber erhob sich nicht und sah sich auch nicht um. 41. Da sprach zu ihm der tapfere Held Spanddât, indem er hinzutrat: 'Wenn es Eurer Majestät gefällt, so stehet auf vom Erdboden und setzet Euch wieder auf den königlichen Thron; denn ich werde morgen kommen, und bei der Herrlichkeit des Hormizd und bei der Religion der Mazdaverehrer und bei dem Leben Eurer Majestät schwöre ich den Eid, dafs ich keinen Chioniten lebend aus diesem Kampfe entkommen lassen will.' 42. Da stand König Wischtâsp auf und setzte sich wieder auf den königlichen Thron.« (W. Geiger, Das Yātkār-i Zarīrān, in den Sitzungsberichten der philos.-philol. und histor. Klasse der k. bayr. Akad. der Wissenschaften 1890, S. 57).

Also fünfmal hintereinander fast wörtlich die gleichen zwei Verse, und auch im Folgenden lautet 43 fast genau wie 42, und 52, 57, 71 stimmen zusammen, von anderen, geringeren Wiederholungen zu schweigen.

In der übrigen mittelpersischen Prosa findet sich Ähnliches in dieser Weise nicht; die auch hier gelegentlich stereotyp erscheinenden Formeln sind anderer Art.

Wenn wir dann in der neupersischen Poesie sehen, dafs es

hier jedem späteren Dichter gestattet ist, Bilder und Formen, welche frühere geschaffen haben, ganz unbefangen zu wiederholen, ohne daſs man ihm darum den Vorwurf mangelnder Originalität macht, so kann man dies zwar mit jener zoroastrischen Neigung nicht unmittelbar in Zusammenhang bringen, aber die Parallele ist doch auffällig. Firdausî scheut sich nicht, in seinem Schâhnâme in ähnlichen Situationen genau die nämlichen Wendungen zu wiederholen. Rustem schwingt sich auf sein Roſs Rachsch «wie ein trunkener (brünstiger) Elefant» (956, 1516), 14 Verse später stöſst der Turanier Kâmôs lauten Kampfruf aus «wie ein trunkener Elefant», wieder 19 Verse darauf thut Rustem das Gleiche. Wie oft dieses Bild überhaupt in dem Epos vorkommt, läſst sich kaum zählen. Gewiſs ist dies bis zu einem gewissen Grade allgemein episch, aber so häufige Wiederholungen wie der Perser läſst sich nicht leicht ein anderer bieten. Die ganze persische Dichtkunst der letzten Jahrhunderte schreitet in den von den Alten ausgetretenen Geleisen einher; etwas Neues kann kaum noch gesagt werden, wenn man nicht gänzlich neue, bisher ungewohnte Bahnen einschlägt. Und dennoch hört man die altvertrauten «Rubinlippen», «Zuckermünder» u. a. immer von neuem gern wieder. Bei der geistigen Beweglichkeit des Persers ist dies ein auffälliger Zug; eine gewisse Naivität des Gemüts ist ihm trotz aller Verschlagenheit immer eigen gewesen.

Unter den Gebeten und Liturgien des Jasna, dem die bereits mitgeteilte Litanei (S. 14/15) angehört, sticht angenehm das neunte, an Haoma [1]) gerichtete Lied hervor, das als eines der gelungensten Stücke awestischer Hymnik gelten kann. Das Metrum ist achtsilbig, wie es die Übersetzung nachzubilden sucht:

1. Einstmalen um die Morgenzeit
Haoma zum Zarathuschtra trat,
Der's heil'ge Feuer schürte an,
Dazu die Gâthâs rezitiert'.

Der fragte ihn: «Wer bist du, Mann,
Wie in der ganzen ird'schen Welt
Ich niemals einen schönern sah
All meine Lebenstage lang?»

---

[1] Gesprochen Hauma. Personifikation des beim Opfer verwendeten Rauschtranks, des indischen Sômas.

2. Drauf dieser mir[1] erwidernd sprach,
Haoma, der fromm den Tod verscheucht:
»Ich bin, o Zarathuschtra mein,
Haoma, der fromm den Tod verscheucht.

Drum sammle, Spitamide[2], mich
Und presse mich zum Tranke aus,
Sing Lieder mir zum Preise, wie
Propheten früher schon gethan.«

3. Da fragte Zarathuschtra ihn:
»Wer hat als erster, Haoma, dich
Den ird'schen Wesen ausgepreſst?
Welch' Gnade ward ihm drob zu teil
Und was beschieden ihm als Lohn?«

4. Drauf dieser mir erwidernd sprach,
Haoma, der fromm den Tod verscheucht:
»Wiwanhant hat als erster Mensch
Den ird'schen Wesen mich gepreſst,
Zu teil ward diese Gnad' ihm drob
Und dies beschieden ihm zum Lohn,

Daſs ihm als Sohn geboren ward
Jima, der herdenreiche Fürst,
Aller Geschöpfe Herrlichster,
Der Menschen Sonnenähnlichster.

In dessen Reiche Mensch und Tier
Unsterblich war, auch Pflanz' und Wasser
Verdorrte nicht, versiegte nicht,
Daſs nie an Speise Mangel war.

5. In Jimas Reich, des Reisigen,
Gab weder Kält' noch Hitze es,
Nicht Greisenalter oder Tod,
Nicht Teufelssinn entsproſsnen Neid.

Wie fünfzehnjährig an Gestalt
Schritt Sohn und Vater gleich dahin,
Solange herrschte, herdenreich,
Jima, der Sohn des Wiwanhant.«

6. Da fragte Zarathuschtra ihn:
»Wer hat als zweiter, Haoma, dich,
etc.« (V. 3.)

[1] Als wenn Zoroaster selbst gesprochen hätte.
[2] Zoroasters Geschlecht.

7. Drauf dieser mir erwidernd sprach,
Haoma, der fromm den Tod verscheucht:
«Âthwija hat als zweiter Mensch
etc. (V. 4).

Dafs ihm als Sohn geboren ward
Thraetaona[1] aus dem Heldenstamm,

8. Der Dahâka, den Drach', erschlug,
Mit Mäulern drei'n und Köpfen drei'n,
Den schwarzgeäugten, tausendlist'gen,
Den überstarken Teufelsunhold,

Der Menschen frevlerischen Feind,
Den allerstärksten Unhold, den
Der böse Ahriman erschuf,
Der frommen Menscheit zum Verderb.»

9. Da fragte Zarathuschtra ihn:
«Wer hat als dritter, Haoma, dich
etc.» (V. 3.)

10. Drauf dieser etc.
Haoma, der etc.
«Held Thrita hat als dritter Mensch
etc. (V. 4).

Dafs ihm als Söhne sind gebor'n
Kersâspa und Urwâchschaja,
Der erste ein Prophete fromm,
Der zweit' ein hoher thatenreicher,
Gelockter Jüngling, keul'bewehrt.

11. Den hürnen Drachen schlug er tot,
Der Rosse und auch Menschen frafs,
Den gelben, giftgeschwollenen,
Auf dem herumflofs gelbes Gift

In Klafter Höhe, ekelhaft.
Kersâspa kochte sich auf ihm
Im Eisenkessel Mittagbrot.
Da brach dem Unhold aus der Schweifs,

Er schnellte unterm Kessel vor
Und gofs das heifse Wasser aus,
Dafs bafs erschreckt beiseite sprang
Der mannesmut'ge Held Kersâsp.»

12. Da fragte Zarathuschtra ihn:
«Wer hat als vierter, Haoma, dich
etc.» (V. 3.)

---

[1] Gesprochen Thraitauna.

13. Drauf dieser etc. (V. 4).
«Purschâspa hat als vierter mich
etc. etc.

Dafs ihm als Sohn geboren ward'st,
Wahrhaft'ger Zarathuschtra, du,
Aus Puruschâspas Haus der Feind
Der Teufel, Ahuras Prophet.

14. Berühmt in Airjanem Waedschô[1]
Hast, Zarathuschtra, du zuerst
Ahuna-wairja[2] rezitiert
Viermal, wie's heil'ger Brauch verlangt[3].

15. In Erdenlöcher zwangest du
Die Teufel, zu verkriechen sich,
Die eh'dem sich in Menschenleib
Auf dieser Erde tummelten.

Der du der Stärkste, Mächtigste,
Der Thätigste, Behendeste,
Der Allersiegeshaftigste
Von beider Geister Schöpfung wardst.»

Hierauf folgen noch allgemeine Anrufungen des Haoma, der mannigfache Gnaden verleiht. Das Lied ist für die Kenntnis der alten Mythen wertvoll; die meisten der erwähnten Heroen erscheinen auch in den späteren Sagen wieder. Die Episode, wie Kersâspa sich auf dem giftigen Wurme sein Mittagessen kocht, ist eine der reizendsten des ganzen Awestas.

Wir haben in dem Liede eine strophische Gliederung, auch die einzelnen Abschnitte sind in sich vierzeilig geordnet. Einzelne spätere Einschiebsel lassen sich deutlich als solche erkennen. Der interessante Hymnus gehört eigentlich nicht in den liturgischen Jasna hinein, sondern stammt vielmehr ursprünglich aus den Jaschts, den Lobliedern auf einzelne Gottheiten, die unsere beste Quelle für die Kenntnis der Mythologie bilden.

Als eine Art Epos kann man Jascht 19 bezeichnen, der eine Geschichte der «Majestät» enthält. Es ist dies ein eigenartiger persischer Begriff: Ein Herrscher bedarf der «Majestät», einer himmlischen Weihe, die sich aller Welt sichtbar in seiner

[1] Sprich Waidschô. Das sagenhafte Stammland der Arier.
[2] Das heiligste Gebet der Zoroastrier.
[3] Dazu die Glosse: Jedesmal mit lauterer Stimme.

äufseren Macht und in seinen Erfolgen kundgiebt. Fehlt sie ihm, so steht es mit seiner Legitimität übel, er kann sich auf die Dauer nicht halten. Gewöhnlich kann man sie dem, welchem sie verliehen ist, schon äufserlich ansehen; so sagt die Göttin Aschi einmal von Zoroaster (Jascht 17, 22): «Deinem Leibe ist Majestät verliehen.» Eine derartige abstrakte Vorstellung pafst durchaus in den Ideenkreis Zoroasters, sie wird wahrscheinlich auf ihn selbst zurückgehen. Gâthâ 51, 18 sagt er:

«Diesen Glauben erwählt Dschâmâspa
Hwôgwa, (und) des Besitzes Majestät,
In Gerechtigkeit, (und) das Reich (des Ahuramazda)
(Und) des (guten) Geistes gute Entscheidungen.»

Der «Besitz» ist die irdische Macht, die dem zum Zoroastrismus übergetretenen Dschâmâspa, König Wischtâspas Wezier, nun zur Belohnung zugefallen ist, im Gegensatz zu Ahuramazdas unsichtbarem Reiche; daran haftet eine Majestät. Anderweitig kommt das Wort in den Gâthâs nicht vor. Im 19. Jascht erscheint die Majestät schon mehr und mehr verkörpert, entweder als Vogel oder sie taucht in unbestimmter Gestalt in das Wasser unter und bleibt in ihm verborgen. Im späteren mittelpersischen Roman von Ardeschîr, dem Begründer des Sassanidenreiches, hat sie die Gestalt eines «sehr dicken Widders» angenommen. In der zitierten Gâthâstelle steht die Mehrzahl «Majestäten», wie auch sonst noch einigemal im jüngeren Awesta. Vielleicht hat man diese «Majestäten», womit übrigens gar nicht eine ausgesprochene Vielheit gemeint zu sein braucht, erst später in die verschiedenen Arten, wie die «königliche», die «arische», die «siegreiche», die «göttliche», geschieden, die dann erscheinen.

In historischer Zeit war die Anschauung, dafs, wer König sein wolle, die Weihe durch die unsichtbare Majestät besitzen müsse, in Persien ganz populär. Zur Sassanidenzeit haftete sie an der Dynastie, Usurpatoren wie Bechrâm Tschôbîn oder Bistâm konnten darum nicht die nötige Unterstützung im Volke finden. Mit «der Herrlichkeit Jehovas» im Alten Testament hat die zoroastrische Majestät eine gewisse Ähnlichkeit, doch scheinen beide durchaus unabhängig voneinander zu sein.

Die «königliche» oder die «Herrschermajestät» besitzt zunächst Ahuramazda selbst. Vermittelst ihrer hat er seine gute Schöpfung geschaffen und durch sie wird er auch dereinst das jüngste Gericht herbeiführen. Ferner haben sie die sieben Ameschaspands, sowie alle anderen göttlichen Wesen, aber auch die «Heilande», die grofsen Propheten Ahuramazdas, wie sie bereits vor Zoroaster aufgetreten sind und noch ein letzter am Ende der Welt erscheinen wird.

Von dieser Majestät, die ihren himmlischen Besitzern natürlich für alle Ewigkeit anhaftet, gesellt sich nun sozusagen ein Ableger auch sterblichen Menschen bei, aber immer nur einem nach dem anderen, nicht etwa mehreren zugleich, und ihre Geschichte schildert der Jascht. Der Talisman, an dessen Besitz sich Weltherrschaft und Glück knüpfen, wird aber seinem Inhaber nicht zum Fluch, wie der Schatz der Nibelungen, er vernichtet ihn nicht, wenn er sich seiner unwürdig zeigt, sondern verläfst ihn einfach und giebt ihn allerdings damit dem Verderben preis. Wer zu ihrem Besitze nicht berechtigt ist, dem gelingt es überhaupt nicht, die Majestät in seine Gewalt zu bekommen. Der Jaschtdichter hat sich nicht zu einer ethischen Vertiefung der Sage aufgeschwungen, wie Grillparzer bei seinem «Goldenen Vliefs», sondern er hat sich damit begnügt, eine einfache historische Darstellung zu bieten.

25. «Die starke Herrschermajestät,
Die Mazda schuf, verehren wir,
Die hochgelobte, wirksame,
Die heilbegabte, fähige,
Von andern Wesen unerreicht.

26. Die da nachfolgte
Dem ersten König Hauschjanha
Auf seiner langen Lebenszeit,
So dafs auf Erden er beherrscht'
Die Teufel wie die Menschen all',
Die Zaubrer wie die Hexen all',
Despoten, Kavis, Karapans[1].
Der zu zwei Dritteilen erschlug
Die Teufel in Mâzenderân,
Die Lügenbrut in Warena[2].

27. (Vers 25.)

28. Die da nachfolgte
Dem reis'gen Tachmô-urupi,

---

[1] Alles Feinde der zoroastrischen Religion.
[2] Soll Gîlân sein.

So dafs auf Erden er beherrscht'
Die Teufel und die Menschen all',
Die Zaubrer und die Hexen all'.

29. So dafs er überwältigte
Die Teufel und die Menschen all',
Die Zaubrer und die Hexen all',
Dafs er den bösen Geist bezwang
Und auf ihm ritt wie auf 'nem Rofs,
Wohl ganze 30 Jahre lang
Um beide Enden dieser Erd'.

30. (Vers 25.)

31. Die da nachfolgte
Jima, dem herdenreichen Fürst,
Auf seiner langen Lebenszeit,
So dafs auf Erden etc. (V. 28).

32. Der vor den Teufeln sicher stellt'
Besitz und dessen Niefsung auch,
Die Herden und ihr Futter auch,
Die Speise und die Lust daran.
In dessen Reich dem Essenden
Niemals an Essen Mangel war;
Unsterblich waren Mensch und Tier,
Und Pflanz' und Wasser nie versiegt'.

33. Nicht Kälte gab noch Hitz' es da,
Nicht Greisenalter oder Tod,
Nicht Teufelssinn entsprofsnen Neid[1],
In seinem Reich, das ohne Trug,
Bis zu der Zeit, wo selbst er an
Unwahrer, lügnerischer Red'
Gefallen fand und sie erkor.

34. Als er an lügnerischer Red'
Gefallen fand und sie erkor,
Da sah die Majestät man fliehn
Von ihm in eines Vogels Leib.
Wie nicht mehr sah die Majestät
Jima, der herdenreiche Fürst,
Der Liebling, floh er ruhelos,
In Ängsten vor dem bösen Feind
Und irrte auf der Erd' umher.

35. Zum ersten[2] wandt' die Majestät
Von Jima sich, dem Fürsten, ab

[1] Diese drei Zeilen sind aus Jasna 9,5 (oben S. 21) eingedrungen.
[2] Das erste Drittel, später ebenso einzeln das zweite und dritte.

Und wich so von Wiwanhants Sohn
In's Vogels Wâreghna Gestalt[1].
Die Majestät ergriff sich da
Mithra, der Weitgebietende,
Der alles hört, mit 1000 Sinnen.

36. Zum zweiten wandt' die Majestät
Von Jima sich, dem Fürsten, ab
Und wich so von Wiwanhants Sohn
In's Vogels Wâreghna Gestalt.
Die Majestät ergriff sich da
Der Sprofs aus Åthwijânschem Stamm,
Dem Heldenhause, Ferîdûn.

[37. Hier ist Jasna 9,8 (s. oben S. 22) eingeschoben.]

38. Zum dritten wandt' die Majestät
Von Jima sich, dem Fürsten, ab
Und wich so von Wiwanhants Sohn
In's Vogels Wâreghna Gestalt.
Die Majestät ergriff sich da
Der mannesmut'ge Kersâspa,
Dafs von den starken Menschen er
Nach Zar'thuschtra der stärkste ward,
Ob seiner hohen Manneskraft.

39. Die starke, hehre Manneskraft,
Die Manneskraft verehren wir,
Die niemals schläft, stets auf dem Sprung,
Auch auf dem Ruhsitz immer wacht,
Die dem Kersâspa folgte nach.

40. Der Dahâka, den Drach', erschlug,
Der Rosse und auch Menschen frafs,
etc. (Jasna 9, 11 oben S. 22).

41. [Der] den Gandarwa mit goldner Fers' [erschlug],
Der offnen Rachens lief umher,
Den frommen Wesen zum Verderb;
[Der] die 9 Bastarde Pathanas [erschlug],
Die Bastarde des Niwika,
Die Bastarde Dâschtajânis;
[Der] Hitâspa mit der Mütz' von Gold [erschlug]
Und Warschawa, des Dâna Sohn,
Pitauna auch, den Hexenfreund.

---

[1] In ihm verkörpert sich auch der Genius des Siegs. Nach der Überlieferung der Rabe, doch gewifs eher ein Raubvogel; nach Moses von Choren fiel auf Ardeschîr vorbedeutend der Schatten eines Adlers.

Vers 40 und 41 gehören augenscheinlich eigentlich nicht hierher, die in Klammern eingeschlossenen Worte sind unmetrisch. Verschiedene der genannten mythologischen Persönlichkeiten kommen anderweitig im Awesta nicht mehr vor.

42. Der Arzôschamana erschlug,
Mit starker Manneskraft begabt,
Den Starken, volksbeliebten . . .
Den Raschen, immer wachen Schleicher,
Der nie von vorn kam(?) . . .
. . . .[1]

43. Der den Snâvidhka noch erschlug,
Von hürnem Stamm, aus Stein die Hand.
Snâvidhka faſste solchen Plan:
'Ein Knabe bin ich, noch nicht groſs;
Doch werde ich dereinstmals groſs,
Mach' ich die Erde mir zum Rad,
Den Himmel mach' zum Wagen ich;

44. Den heil'gen Geist hol' ich herab
Aus seinem lichten Paradies
Und schlepp' den bösen Geist heraus
Aus seinem finstern Höllenschlund.
Die müssen mir den Wagen ziehn,
Der gute und der böse Geist —
Wenn mich zuvor nur nicht erschlägt
Kersâsp, der Mannesmutige.'
(Und richtig) erschlug ihn der mannesmutige Kersâspa *(unmetrisch)*.
So büſste er sein Leben ein
Und ward des Leibes ledig so.

Snâvidhkas üppige Phantasie ist allerliebst, ebenso auch die schelmische Art, mit welcher der Dichter die ganze Episode behandelt.

Nunmehr wird die Majestät als die «unerreichbare» bezeichnet. Der Drache Dahâka versucht, sich ihrer zu bemächtigen — der nichtarische Usurpator möchte seine Herrschaft über Irân legitimieren —, aber das Feuer des Ahuramazda rettet die Majestät vor ihm, die sich nun in den sagenhaften See Wourukascha flüchtet, wo sie die Wassergottheit «Das Kind der Wasser» sich einfängt. Ahuramazda wünscht jedoch, daſs die Majestät wieder an einen Menschen komme. Der Turanier Franrasjan

[1] In diesem Verse ist vieles ganz unsicher und nur geraten.

(Efrâsijâb) unternimmt das Abenteuer, sie aus der Tiefe des Sees herauszuholen. Dreimal taucht er nackend in das Wasser hinunter; da er aber kein Arier ist, so scheitern seine Bemühungen. Damit ist die Epoche der ersten grofsen persischen Dynastie, der Pêschdâdier, abgeschlossen. Die Majestät hat sich schliefslich in den Hilmend in Sîstân geflüchtet, von wo die neue Dynastie der Kajanier ihren Ausgang nimmt. Auf sie geht nun die «königliche» Majestät wieder über, immer vom Vorgänger auf den Nachfolger, bis auf Zoroaster und den Herrscher seiner Zeit, den König Wischtâspa. Hier bricht die Erzählung ab. Die «siegreiche» Majestät erwartet im See Kansaja in Sîstân den einstigen Weltheiland, der mit seinen Helfershelfern das Reich Ahuramazdas endgültig aufrichten wird. Nach späterer Sage wird die jungfräuliche Mutter dieses Weltheilandes durch ein Bad in jenem See ihren Sohn empfangen.

Der Jascht klingt schliefslich in die folgende Prophezeiung aus:

96. Ascha vernicht' die arge Drudsch,
Aus übler Finsternis entstammt;
Vernichtet wird der böse Geist,
Der gute wird vernichten ihn;
Vernichtet wird das Lügenwort,
Das wahre wird vernichten es;
Es wird Haurwât und Amertât[1]
Hunger und Durst vernichten beid',
Es wird Haurwât und Amertât
Vernichten Durst und Hunger bös',
Die Flucht ergreift dann Ahriman,
Der Übles wirkt, ohnmächtiglich.»

Ein vollendetes Kunstwerk ist unser Jascht in der vorliegenden Form nun zwar nicht. Die Komposition ist vielfach locker, und vieles ist nachträglich hineingeschachtelt. Im Grunde ist das Stück aber einheitlich und stellt eine schöne Probe altpersischer Dichtkunst dar, die sichtlich einen freieren Flug nimmt, wenn sie sich von der Theologie losmacht. Dafs einer und derselbe Dichter die Snâvidhka-Episode und die letzte Strophe gedichtet habe, ist kaum zu glauben. Die sicherlich überwiegend priesterlichen Dichter des Awesta haben im allgemeinen wenig Humor gehabt.

---

[1] Die Genien der Fülle und Unsterblichkeit.

Dafs dem zoroastrischen Poeten der Natursinn nicht abging, zeigen einzelne Stellen wie die folgende (Jascht 8, 33), wo es von dem Regengenius Tischtrija heifst:

«Die Nebel treibt zusammen er,
Dafs heil'ge Wolken bilden sich,
Und vor den Winden fährt er hin.
Dann bläst dahinter, ihnen nach,
Der starke, gottgeschaff'ne Wind,
Läfst regnen, hageln das Gewölk
Weit über Flur und über Feld,
Über die sieben Weltteil' hin.»

Vom Vogel Wâreghna heifst es hübsch (Jascht 14, 19 f.):

19. «Der obenauf gesprenkelt ist
Und unten wollig ist am Bauch,
Der aller Vögel Schnellster ist
Und aller Flieger Hurtigster.

20. Allein von den Geschöpfen all'n
Erreicht den Pfeil im Fluge er,
Sei er auch noch so gut geschnellt.
Er fliegt auf Raub beim ersten Grau'n
Der Morgenröte früh hinaus,
Die Nachtkost suchend nicht bei Nacht,
Die Tagkost suchend nicht bei Tag.

21. Er streift im Flug der Berge Klüft',
Er streift im Flug der Firnen Höhn,
Er streift im Flug der Thäler Tiefen,
Er streift im Flug der Bäume Wipfel,
Auf Vogelstimmen lauschend stets.»

Ein Stück häuslichen Lebens im alten Irân schildert uns Jascht 17, 6 f.:

6. «Schön duftet es in dessen Haus,
In das Aschi, die Gütige,
Die Hilfbereite, setzt den Fufs,
Zu langem Bleiben aufgelegt.

7. Besitzungen besitzen sie (ihre Günstlinge),
Mit duft'gen Speisekammern drin,
Diwans, mit Decken schön belegt,
Und andrer prächt'ger Hausrat drin.

9. Mit Decken sind da schön belegt
Die Diwans, herrlich parfümiert,
Von schöner Arbeit, Kissen drauf,
Mit Gold verziert die Füfse.

10. Die Gattinnen erwarten sie
Auf den Diwanen hingestreckt,
Geputzt, mit Spangen reich geschmückt,
Vierkant'ge Ohrgehänge tragend
Und goldgefaſste Edelstein'.

11. Die Töchter sitzen da, am Fuſs
Mit Spangen, Gürtel um den Leib,
Schlankfingrig, schöngewachsenen Leibs,
So lieblich von Gestalt zu schau'n,
Daſs, wer sie sieht, sie auch begehrt.»

Leider ist im einzelnen sehr vieles unsicher, man kann aus den Versen aber doch auf einen hohen Kulturstand schlieſsen.

Aus dem Vîspered und dem «Kleinen Awesta» brauchen wir hier keine Proben zu geben; beide sind ganz in der Weise des Jasna und der Jaschts gehalten, doch wenig originell.

In den rituellen Vendidâd finden sich einige Stücke eingestreut, die von den sie umgebenden trockenen Gesetzesvorschriften vorteilhaft abstechen.

Das formvollste Kapitel des ganzen Buches ist das zweite, die Geschichte Jimas.

1. Zar'thuschtra fragte Ahura:
«Ahura Mazda, heiligster
Geist, Schöpfer dieser ird'schen Welt,
Gerechter. Wem zuerst hast du
Dich von den Menschen offenbart,
Ahuramazda, noch vor mir?
Wen hast den Glauben du gelehrt,
Den mazda-zarathuschtrischen?»

2. Da sagte Ahuramazda:
«Jima, dem Schönen, Herdenreichen,
Ihm hab', o Frommer, ich zuerst
Mich von den Menschen offenbart,
O Zarathuschtra, noch vor dir.
Ihn hab' den Glauben ich gelehrt,
Den mazda-zarathuschtrischen.»

3. Ich sprach zu ihm, Zarathuschtra,
Ich, nämlich Ahuramazda:
«Sei du, herrlicher Jima, mein
Prophet und Glaubensmissionar.»
Drauf Jima mir erwiderte,
Der Treffliche, Zarathuschtra:

«Nicht pass' noch bin geschickt ich als
Prophet und Glaubensmissionar.»

4. Ich sprach zu ihm, Zarathuschtra,
Ich, nämlich Ahuramazda:
«Wenn du mir, Jima, nicht willst sein
Prophet und Glaubensmissionar,
So fördre doch die Schöpfung mein,
Und mehre mir die Schöpfung mein,
Und diene als Beschützer ihr,
Und wach' als Schirmer über ihr.»

5. Drauf Jima mir erwiderte,
Der Treffliche, Zarathuschtra:
«Ich fördre dir die Schöpfung dein,
Ich mehre dir die Schöpfung dein,
Ich diene als Beschützer ihr
Und wach' als Schirmer über ihr.»

6. Da bracht' ich ihm zwei Werkzeuge,
Ich, nämlich Ahuramazda.
Das eine, einen goldnen Stab(?),
Das andr' ein goldverzierter Dolch(?).

7. Jima betreibt die Regierung seines Reiches *(in Prosa)*.

8. Und es verflossen über Jimas Herrschaft 300 Jahre
(in Prosa).
Da wurde ihm die Erde voll
An kleinem und an grolsem Vieh,
An Menschen, Hunden, Vögeln,
An roten, hellen Feuern.
Nicht fanden Platz nun weiterhin
Das Vieh und nicht die Menschen mehr.

9. Da that dem Jima dies ich kund:
«Trefflicher Jim', Wiwanhants Sohn,
Voll wurde diese Erde jetzt
An kleinem und an grolsem Vieh,
An Menschen, Hunden, Vögeln,
An roten, hellen Feuern.
Nicht finden Platz noch weiterhin
Das Vieh und nicht die Menschen mehr.»

10. Da zog Jima den Sternen zu,
Nach Süden, auf der Sonne Bahn.
Er bohrte in die Erd' hinein
Mit seinem goldnen Stabe
Und ritzte sie mit seinem Dolch.

«Geliebte, heilige Erde,
Reg dich und heb dich auseinand',
O Mutter du von Mensch und Vieh.»

11. So spaltet' Jima diese Erd',
Dafs sie ein Drittel gröfser ward,
Als sie zuvor gewesen war.
Auf ihr nun fanden Platz das Vieh,
Die Herden und die Menschen,
Nach ihrem Wunsche und Begehr,
Wie jedem sein Begehren war.

Nach 600 und 900 Jahren wiederholen sich dieselben Vorgänge, Jima vergröfsert die Erde noch zweimal um je ein Drittel. Natürlich ist der Wortlaut dieser beiden Episoden genau der gleiche wie in der ersten obigen.

Der Ackerbau ist ein echt zoroastrisches Thun, das den Teufeln, den ahrimanischen Dämonen, sehr peinlich ist.

«Wenn's Korn aufgeht, so schwitzen sie,
Wenn man es worfelt, husten sie,
Wenn man es mahlt, so jammern sie,
Wenn man es bäckt, so farzen sie»

schildert Vendidâd 3, 32 sehr drastisch die Wirkungen.

Aus den rituellen Partieen des Vendidâd Proben zu geben, ist hier nicht der Ort. Zwar sind sie durchweg in dialogischer Form abgefafst (Zarathuschtra befragt den Ahuramazda), litteraturgeschichtlich sind sie aber darum ebensowenig wie der jüdische Pentateuch oder das deutsche Bürgerliche Gesetzbuch.

Eine deutsche Übersetzung des Awestas ist ein dringendes Bedürfnis, da diejenige Spiegels (3 Bände, Leipzig 1852—1863) veraltet ist. Neuere Übertragungen einzelner Teile haben besonders Bartholomae und Geldner geliefert, doch sind diese meist in gelehrte Zeitschriften verstreut und Nichtfachleuten schwer zugänglich. Vgl. indes Bartholomae, Arische Forschungen, 3 Hefte, Halle 1882—1887 (u. a. Jasna 28, 29, 30, 44, Jascht 1, 19), Geldner, Studien zum Awesta, Strafsburg 1882 (Eine Anzahl kleinerer Jaschts u. a.), sowie «Drei Yasht aus dem Zendawesta» (14, 17, 19), Stuttgart 1884.

ZWEITES KAPITEL.

Die altpersischen Keilinschriften und die Pechlewî-Litteratur.

Daſs auch die alten Perser des Westens eine nationale Litteratur besessen haben, können wir aus den Nachrichten der Griechen schlieſsen. Ktesias, Herodot, Chares von Mitylene teilen Erzählungen mit, die auf unmittelbare persische, zum Teil auch medische Überlieferung zurückgehen. Wie weit allerdings diese Erzählungen etwa gar schon in gebundener, epischer Form schriftlich aufgezeichnet waren, können wir nicht wissen, doch spricht nichts gegen eine derartige Annahme. Persische Phantasie ist in ihnen allen zu erkennen.

Erhalten sind uns aus achämenidischer Zeit nur Felsinschriften der Könige, deren Bedeutung nicht auf der litterarischen Seite liegt. Als Siegesurkunden reden sie eine stolze Sprache, das Selbsbewuſstsein der Groſskönige, der Herrscher der Welt, spricht aus ihnen. Der Stil ist einfach aber grandios, wahrhaft lapidar, die Sprache edel. Ein Einfluſs der Redeweise der babylonisch-assyrischen Inschriften, aus deren Schriftzeichen ja auch die achämenidische Keilschrift gebildet war, läſst sich übrigens nicht verkennen. Die oftmalige Wiederholung bestimmter Sätze, die wir aus dem Awesta kennen, findet sich auch hier; z. B. kehrt der folgende Befehl des Darius I. an seinen Feldherrn, so oft er einen solchen gegen Empörer aussendet, stets fast wörtlich wieder:

«Da (war) ein Perser Namens X., mein Diener. Den sandte ich nach Y., also sprach ich zu ihm: 'Ziehe hin! Das Heer, das abgefallen ist (und) sich nicht (mehr) mein nennt, das schlage!' Darauf zog X. fort.»

Würde man alle Wiederholungen in den Inschriften weglassen, so würde ihr Umfang auf weit über die Hälfte zusammenschrumpfen.

Ganz in awestischem Stile, fast wie ein Glaubensbekenntnis, klingt das viermalige «welcher schuf» in der öfter vorkommenden Formel:

«Ein groſser Gott (ist) Ahuramazda, welcher jenen Himmel schuf, welcher diese Erde schuf, welcher den Menschen schuf, welcher die Freude schuf für den Menschen.»

Charakteristisch heifst es dann aber weiter:

«Der den Darius zum König machte, zum einzigen König unter vielen, zum einzigen Gebieter unter vielen» —

der König von Gottes Gnaden gehört mit in das Glaubensbekenntnis hinein.

Die nationale Einigung Persiens durch die Sassaniden, welche nach der Griechenepoche ganz ausgesprochen wieder an die alte Religion des Landes anknüpften, hat dann der litterarischen Thätigkeit einen lebhaften neuen Anstofs gegeben. Von den Parthern blieb der Name für die Sprache dieser Periode, Pechlewî, d. i. Parthisch, wofür sich neuerdings auch die zuerst von Salemann gebrauchte Bezeichnung «Mittelpersisch» eingebürgert hat. Der Stil der in dieser Sprache geschriebenen Litteratur schien auf den ersten Blick höchst kompliziert, infolge des merkwürdigen Schriftprinzips, unter dem sie in Erscheinung tritt. Mit den Schriftzeichen, die aus dem aramäischen Alphabete gebildet worden sind, entnahm man zugleich eine ziemliche Anzahl aramäischer Worte und verwandte sie als Ideogramme für die entsprechenden persischen. So schrieb man aramäisches *lahmâ* («Brot»), sprach aber persisch *nân* («Brot»). Traten Flexionsendungen an solche Ideogramme, so fügte man diese persisch an, schrieb also *lahmâ-ân* («Brote») und sprach *nân-ân*. Lange Zeit hat man das wahre Wesen dieser Mischung von Aramäischem und Persischem verkannt, obgleich eine ganz deutliche Nachricht darüber bei Ibn Mokaffa vorlag, und sich also das sassanidische Persisch als ein Kauderwelsch vorgestellt, das man am besten mit dem Rotwelschen vergleichen mag. Wenn der vagabundierende Handwerksbursche oder der gartende Landsknecht im 17. Jahrhundert sagte: «Wenn mich meine *Leissling*-e *nopel* be-*sefel*-n, d. h. wenn mich meine Ohren nicht betrügen», so war das genau wie Pechlewî. Die (kursiv gedruckten) in die deutsche Sprache eingesprengten rotwelschen Worte, mit deutschen Endungen und Präfixen etc. versehen, entsprechen genau den aramäischen Worten im Pechlewî und ihrer Behandlung in der fremden Umgebung. Vielleicht würde die Analogie des Rotwelschen die Anhänger jener wunderlichen Theorie über das Mittelpersische noch in ihrer Meinung bestärkt haben, es scheint aber niemand auf sie verfallen zu sein. Man hat wohl bei ihr eher an die einstige Überflutung des Deutschen durch französische

Lehnwörter (etwa in der Sprache Friedrichs des Groſsen) und Ähnliches gedacht. Allmählich hat man aber, besonders auf Grund alter Nachrichten, erkannt, daſs die fremden Elemente im Pechlewî eben nur graphisch verwendet sind, und so liest man einen mittelpersischen Text heute rein persisch.

Die Sache ist auch gar nicht so ungeheuerlich, wenn man den Ort in Betracht zieht, an dem sie erscheint. Im Achämenidenreiche war das Aramäische die Kanzleisprache. Man hat für sie natürlich auch eine aramäische Schrift verwendet, denn die Keilschrift grub man nur auf Stein (auch Siegeln) ein. Die spätere sassanidische, ebenfalls aramäische Schrift ist nun sicherlich aus der älteren abgeleitet worden. Wie die achämenidischen Perser die Keilschrift der Assyrer nachbildeten, so werden sie, oder vielleicht schon vor ihnen die Aramäer selbst, von diesen auch das Prinzip entlehnt haben, ganze fremdsprachliche Worte als Ideogramme zu übernehmen, sie aber in der eigenen Sprache auszusprechen. Wie sumerisches — oder wie man es nennen will — *patesi* («Statthalter») im Babylonisch-Assyrischen zwar geschrieben aber doch *ischakku* gesprochen, oder *inak* («er machte») geschrieben aber *episch* gesprochen wurde, so schrieben die Perser aramäisches *lahmâ* («Brot») und sprachen es persisch *nân* aus. Dies geschah wohl schon im altpersischen Aramäisch. Der Zusammenhang zwischen mittelpersischem und altpersischem Aramäismus — wenn man so sagen darf — ist zwar mangels altpersischer Urkunden aus der königlichen Kanzlei nicht handgreiflich nachzuweisen — vielleicht beschert uns Ägypten noch solche — er ist aber äuſserst wahrscheinlich. Zur Arsaciden- oder gar zur Sassanidenzeit hätte man auf das sonderbare Ideogrammsystem sicher nicht mehr verfallen können.

Aus dem Mittelpersischen sind uns nur Prosaschriften erhalten. Ihr Stil ist einfach, die älteste neupersische Prosa kann direkt als Fortsetzung der mittelpersischen gelten. Man kann einen Pechlewîtext, natürlich unter Berücksichtigung der eingetretenen lautlichen Veränderungen, Wort für Wort in das Neupersische übertragen, und er bleibt verständlich — da das Neupersische uns als lebende Sprache noch greifbar naheliegt, so empfiehlt sich dieses Verfahren überhaupt prinzipiell dem Pechlewî gegenüber — ein Verhältnis, das zwischen Alt- und Mittelpersisch in solchem Umfange durchaus nicht besteht.

Leider ist der weitaus gröfste Teil der auf uns gekommenen mittelpersischen Litteratur theologisch, und, wir sagen nicht darum, aber doch immerhin meist recht nüchtern und langweilig.

Eines der wichtigsten Werke aus ihr ist der Bundahischn (Bundehesch), der wertvolle alte, kosmogonische und andere Sagen enthält, die fast alle auf jetzt meist verloren gegangene Awestatexte zurückgehen. In der mittelpersischen, wenig eleganten Prosa klingt alles noch lehrhafter, als oft bereits im Awesta. Dabei tritt in dieser gesamten späteren geistlichen Litteratur überall das Bestreben hervor, im Awesta gegebene Andeutungen weiter auszuspinnen, und dies geschieht dann gewöhnlich in der uns bereits bekannten schematisierenden Weise. So werden z. B. aus den fünf zoroastrischsten resp. fünf unzoroastrischsten Orten des Vendidâd im Minochired zehn. Der mythische dreibeinige Esel im Meere ist nach der Schilderung des Bundehesch ein frommes Monstrum, das einer geradezu blödsinnigen Phantasie entstammt ist — wenn eine alte Sage vorhanden gewesen ist, so mufs diese hier gründlich mifsgedeutet worden sein.

Hübscher ist das Buch von Artâ Wîrâfs Himmel- und Höllenreise. Doch ist es auch rein theologisch; für ganz äufserliche, nur rituelle Sünden, wie Sprechen während des Essens, barfufs Umherlaufen (dies ist streng verboten, weil der Pârse sich durch Hineintreten in Schmutz religiös verunreinigt), werden schreckliche Strafen verhängt. Die Verdammten in der Hölle sind dicht zusammengedrängt, aber doch fühlt sich jeder einzelne völlig verlassen und ganz allein, ein Tag dünkt ihn so lang wie 1000 Jahre. Unter anderen läfst Ahuramazda den Zoroaster die Seele Kersâspas in ihrer Pein sehen; durch Schilderung der Leiden der Sünder erbaulich auf die Lebenden zu wirken, war priesterliche Taktik.

Rein lehrhaft sind eine Anzahl Schriften des guten Rats, an deren Spitze der Minochired («der Geist des Verstandes») steht. Es handelt sich hier um Belehrung über religiöse wie auch weltliche Dinge. Das gleiche Thema behandeln der Saddar («100 Kapitel»), Dâtistân-i dênîk («religiöse Entscheidungen») u. a. Als bewährte Ratgeber erscheinen der weise Ôschnar, der aus dem Awesta nur dem Namen nach bekannt ist und später als Minister des Kai Kâôs galt, sowie der weit berühmtere Wesier Chosrô Anuschîrwâns, Buzurgmichr. Diese Schriftgattung ist bei den Persern stets sehr beliebt gewesen. Sie hat dann auch bei den Arabern grofsen Anklang gefunden, die zahlreichen sehr alten arabischen «Adab»-Bücher über «gutes Benehmen und Anstand» gehen auf persische Vorbilder zurück. Und auch bei den Persern selbst ist die Adab-Litteratur immer populär geblieben.

Zu diesem Genre gehört auch das Rätselbuch des Zauberers Acht und des Jôscht Frijân, das ebenfalls eine in dem uns erhaltenen Awesta nur ganz kurz angedeutete Episode weiter ausführt. Von den 33 (im Awesta 99) Rätseln, die Jôscht sämtlich richtig rät, sei hier eines erwähnt, das einen altiranischen Weiberkenner oder wenigstens einen, der dies sein wollte, zum Erfinder hat. Eine verheiratete Frau, die noch nie gelogen haben soll, erklärt unter Androhung des Todes, wenn sie nicht die Wahrheit sage, dem Weibe liege mehr an schönen Kleidern und den ehelichen Freuden im allgemeinen, als an ihrem Manne im besonderen. Komisch ist hier auch die Ausrede, durch ein plötzlich eingetretenes natürliches Bedürfnis am Weiterraten verhindert zu sein, und dieser Entschuldigungsgrund wird als durch den Usus gebilligt anerkannt. Das Rätselaufgeben scheint eine beliebte Unterhaltung gebildet zu haben. Manche Rätselfragen erinnnern an solche im Awesta, wie: Wo ist es auf dieser Erde am schönsten? Die Antworten sind keineswegs immer geistreich. Auch im Schâhnâme finden sich einzelne Rätselepisoden, und im späteren Neupersischen werden uns dann noch Rätsel anderer Art begegnen.

Wenn sich dann auch eine Sammlung von «Briefmustern», wie sie späterhin sehr beliebt wurden, bereits im Pechlewî vorfindet, so ist dabei zu bemerken, dafs diese Schrift nicht alt ist, also keinesfalls als frühes Vorbild gedient haben kann.

Sonst ist uns von der weltlichen mittelpersischen Litteratur leider nur wenig erhalten. Einen epischen Charakter haben die Bücher von Zarêr und Ardeschîr. Doch sind beide ebenfalls Prosawerke. Und zwischen Prosa und gebundener Form ist wohl schon in alter Zeit ein starker Unterschied in der Ausführung gewesen. Wenigstens läfst hierauf die älteste neupersische Prosa schliefsen. In dieser herrscht nämlich eine strenge Nüchternheit, der Schriftsteller läfst seiner Phantasie nie die Zügel schiefsen, wie dies in der Poesie überall der Fall ist. Dafs aber auch der sassanidische Litterat bereits die Phantasie besaſs, die wir bei dem neupersischen Dichter dann gleich so überreich entwickelt vorfinden, das beweisen einzelne Stellen in der sonst so gemessenen mittelpersischen Prosa.

«Und das Heer des Reiches von Îrân war so zahlreich, daſs das Getöse bis zum Himmel emporstieg, und das Stampfen der Füſse bis zur Hölle drang. Siebzig Tage lang wurde es nicht hell (wegen des Staubes, den das Heer aufwirbelte), und die Vögel fanden kein Nest, auſser wenn sie sich auf den Köpfen der Pferde oder auf den Spitzen der Lanzen oder auf dem Gipfel eines hohen Berges niedersetzten. Vor Staub und Dampf konnte man Tag und Nacht nicht unterscheiden.»

Das ist echt persische Übertreibung. Desgleichen:

«Wenn er mit dem Schwerte nach vorwärts schlug, so tötete er zehn Feinde, und wenn er es zurückzog, elf (sieben auf einen Streich ist dem Perser zu bescheiden).»

Doch ist dergleichen immerhin nur spärlich. Im Awesta finden sich solche Hyperbeln höchstens in der weit gröberen Weise, daſs es heiſst, einzelne Helden hätten 100, 1000, 10000 erschlagen, was übrigens die spätere Zeit ebenfalls beibehalten hat.

«Das ist die Wahrheit ganz gewiſs,
Daſs Teufelsdiener ich erschlug,
Soviel ich Haar' am Kopfe trag'» (Jascht 5, 77)

ist kein besonders originelles Bild; zu diesem Genre gehören Zählungsweisen wie: gute Werke soviel wie Blätter am Baume, Sandkörner in der Wüste, Tropfen beim Regen (Saddar 8, 2). Bilder, wie die Finsternis sei mit der Hand zu greifen (Bundehesch 28, 47), der Gestank lasse sich mit Messern durchschneiden (Minochired 7, 31), werden auch schon auf das Awesta zurückgehen. Die hübsche Schilderung des hürnenen Drachen in Jasna 9, 11 (s. oben S. 22) gewinnt durch die spätere schematische weitere Ausführung (seine Zähne waren so lang wie Kersâsps Arm, sein Ohr länger als 14 Schilfgräser [?], sein Auge groſs wie ein Rad, sein Horn hoch wie ein Baumast) durchaus nicht.

Vergleiche sind in der alt- und mittelpersischen Kunst der Darstellung nicht gerade zahlreich, doch in genügender Menge vorhanden, um ihnen einige Bemerkungen hier widmen zu können.

Charakteristisch für den Zoroastrismus, der die Viehzucht begünstigt, ist das Bild eines sich vor dem Wolfe ängstigenden

Schafes. So fürchten die Teufel den Geruch eines gestorbenen Frommen derartig, wie das Schaf den Wolf (Vendidâd 19, 33), die Erde erschrickt beim Fall eines Meteors wie ein Schaf, das der Wolf anfällt (Bundehesch 30, 18). Der Wolf spielt auch eine Rolle in einem leider im einzelnen unklaren Vergleiche (Vendidâd 13, 8). Die böse Brut des Lügenunholds vernichtet ein Frommer durch gute Thaten noch im Keime so gründlich, wie wenn ein «vierbeiniger Wolf das Kind aus dem Leibe der Mutter herausrisse» (Vendidâd 18, 38). Echt zoroastrisch sind auch der Ackerbau wie die Gründung einer Familie. Daher sehnt sich die brach liegende Erde nach Bebauung

«Wie eine schöngewachs'ne Maid,
Die lange Zeit blieb kinderlos,
Nach einem braven Mann sich sehnt» (Vendidâd 3, 26).

«Wer diese Erde baut und pflanzt,
Von rechts nach links, von links nach rechts,
Dem spendet reiche Fülle sie,
Wie wenn ein Freund dem teuren Freund,
Auf schwell'ndem Diwan hingestreckt,
Den Sohn zusendet oder ein Geschenk» (Vendidâd 3, 25) —

die Schlufszeile ist nicht ganz klar. Anâhitâ umgiebt schirmend alles Mazdajasnische wie eine Hürde (?) die Herde (Jascht 5, 90); den Srauscha hegen die Frommen so sorgsam, wie ihre Schäferhunde (Jascht 11, 7); ein edles Kamel steht da und schaut um sich wie ein souveräner Fürst (Jascht 14, 13).

Aus dem Kriegsleben: Die Frawaschis streiten für ihre Schützlinge

«Gleichwie ein wackrer Wagenkrieger
Um wohlerworbenen Besitz
Waffenumgürtet kämpft und ficht» (Jascht 13, 67)

und fliegen eilig zu ihnen hernieder wie «ein wohlbefiederter Vogel» (Vers 70). Werethragna schirmt ein Haus wie ein gewaltiger Adler (seine Fittiche ausbreitet), oder Regenwolken hohe Berge umhüllen (Jascht 14, 41).

Der Tischtrija-Stern eilt am Firmamente dahin

«Gleichwie ein Pfeil im Himmelsraum,
Den Erechscha, der Schütz', entsandt,
Der Meisterschütz' der Arier,
Vom Berge Airjôchschuta aus
Fern nach dem Chwanwantberge hin.»

Desgleichen entflieht der Leichendämon beim Hersagen der Gâthâs wie ein von der Sehne geschnellter Pfeil und wird elend wie welkes Gras (Vendidâd 9, 46). Wer einem Ketzer Hauma oder geweihte Opfergaben giebt, «der thut nichts Besseres, als wenn er ein Heer von 1000 Rossen gegen mazdajasnische Niederlassungen heranführte, dafs es die Männer erschlage und das Vieh fortschleppe» (Vendidâd 18, 12); wer einen Häretiker, den man glücklich in Fesseln gelegt hat, wieder freiläfst, «der thut nichts Besseres, als wenn er einen skalpierte» — beides sind niederträchtige Handlungen (Vendidâd 18, 10); wer mit einem Weibe während der Periode Umgang hat, thut nichts Besseres, als wenn er seines Sohnes Leiche im Feuer briete (Vend. 16, 17). Dagegen ist das Geschenk eines Hühnerpaars soviel wie ein Palast aus 100 Säulen, 1000 Balken, 10 000 Fenstern(?) wert (Vend. 18, 28). Hauma droht mit seinem Zorn, dem

«Der du vom Pressen fern mich hältst,
Wie einen Dieb, des Haupt verfiel» (Jasna 11, 3) —

die Haumapflanze erfüllt ihren Zweck nur, wenn ihr Saft ausgeprefst und zum Opfer getrunken wird, also nicht, wenn man sie ungeprefst aufhebt, wie man einen zum Tode verurteilten Dieb in Gewahrsam hält. Ein Frommer wirkt durch seine korrekte Handlungsweise so wohlthätig, «wie der Wind aus Süden, der die ganze irdische Welt fördert, mehrt und zunehmen läfst» (Âfrîngân[1] 4, 6); der Mazdaglaube nimmt alle bösen Gedanken, Worte und Werke aus des Frommen Herzen hinweg, wie ein starker Südwind den Himmelsraum durchfegt (Vend. 3, 42), oder er überragt alle anderen Religionen derartig, wie der See Wourukascha alle anderen Seen[2], ein Hauptstrom seine kleineren Nebenflüsse, ein grofser Baum die kleineren überschattet, der Himmel die Erde überwölbt (Vend. 5, 23—25). Ein Ahunawairja-Gebet wirkt auf Ahriman wie ein Wurf mit einem Quadersteine, ein anderes Gebet wie eine Folterung mit flüssigem Erze (Jascht 17, 20); Ahuramazdas Worte vernichten im Herzen alle bösen Gedanken, Worte und Werke wie das Feuer trockenes Holz (Jasna 71, 8). Der Leichendämon schmiegt sich unter die Fufssohlen oder

[1] Aus dem «Kleinen Awesta».
[2] Dieser alle Wasser aufnehmende See erscheint auch in einem unverständlichen Vergleiche Vend. 21, 4.

Zehen eines Toten so eng, als wäre er ein Fliegenflügel (Vend. 8, 69, 70); Mithras Leib strahlt wie der leuchtende Mond, sein Antlitz glänzt wie das des Tischtrija (Jascht 10, 142, 143); wie die Sonne siegreich über den Elburz heraufkommt, so überwindet Mithra, wenn man zu ihm betet, des Ahriman Willen (Jascht 10, 118). Das Gemüt ist in Unruhe wie eine vom Winde getriebene Wolke (Jasna 9, 32); wer das Ahunawairja-Gebet verstümmelt betet, dessen Seele wird Ahuramazda vom Paradiese fernhalten, soweit wie an Länge und Breite die Erde ausmacht (Jasna 19, 7).

Der Hund wird Vendidâd 13, 44 ff. der Reihe nach mit acht Ständen und Berufen, wie dem Priester, Krieger, Bauern, Diebe, einer Kurtisane etc., verglichen. Darunter finden sich verschiedene hübsche Züge, leider sind aber hier wieder viele Worte, auf deren Bedeutung es ankommt, unklar.

Der Hang zu grotesker Übertreibung führt auch zu so völlig nüchternen Vergleichen, wie: Der starke Tischtrija bindet die Hexe Mißwachs so fest, wie nur 1000 Männer von größter Stärke einen einzigen binden können (Jascht 8, 55); ein Treubrüchiger wirkt in der Gemeinde soviel Unheil, wie nur 100 Ketzer wirken können (Jascht 10, 2); Ahuramazdas Namen schützen den Frommen so gewaltig, wie wenn 1000 Männer sich rings um Einen zum Schutze aufstellten (Jascht 1, 19), desgleichen die Frawaschis wie 100, 1000 oder 10000 Krieger (Jascht 13, 71).

Diesen awestischen Vergleichen reihen sich ganz gleichartig solche aus der Pechlewîlitteratur an.

Nach Saddar 18, 9 ist der Seele des Gestorbenen, welche die Richterbrücke zu überschreiten hat, wie einem Menschen in einer Einöde zu Mute, der sich vor wilden Tieren fürchtet. Seine Stadt ist ganz nahe, nur durch einen Fluß ist er von ihr geschieden, aber die Brücke ist eingestürzt. Und nun sagt er fortwährend: ‘Ach, wenn die Brücke doch gangbar wäre!’ Oder wer eine bestimmte vorgeschriebene Zeremonie nicht ausübt, der gleicht einem Fremden, welcher in eine Stadt kommt und keine Unterkunft findet — so findet jener auch keinen Platz im Paradiese (Saddar 5, 8). Das Glück dieser Welt ist wie eine Wolke an einem Regentage, vor der man an keinem Berge untertreten kann (man muß das Wetter schutzlos über sich ergehen lassen; Minochired 2, 99). Bei Ausübung einer gewissen

Zeremonie wird die Sünde von der Seele hinweggenommen, gleichwie ein starker Herbstwind alles fortfegt (Saddar 62, 2; vgl. Minochired 52, 19 — schon awestisch). Der Held Zarêr stürzt sich auf die Feinde, wie wenn das Feuer in ein Röhricht einbricht und der Wind es dabei anfacht. Artâ Wîrâf und seine sieben Schwestern gleichen einer Thür mit ihren Querbalken; nimmt man die Thür weg, so fallen die Balken zusammen. Der Verstand sitzt im ganzen Körper wie der Fufs im Schuh (Minochired 48, 10). In einer uns erhaltenen theologischen Disputation zwischen einem abgefallenen Zoroastrier mit einem zoroastrischen Mobed erklärt dieser letztere jede einzelne These durch einen Vergleich aus dem Leben.

Doch die angeführten Beispiele genügen. Ich habe die gelungeneren und ausgeführten Vergleiche, die im Awesta vorkommen, nebst einigen späteren, die mir gerade zur Hand waren, hier ausführlicher besprochen, weil sie zur Technik der Darstellung gehören, und man sie bisher noch nicht unter diesem Gesichtspunkte berücksichtigt hat. Da das Awesta uns nicht überreichlichen Stoff bietet, aus dem wir uns ein Bild der dichterischen Entwicklung seiner Zeit machen können, so sind alle Einzelzüge wertvoll. Wir lernen den altpersischen Schriftsteller aus den Vergleichen als einen guten, wenn auch bisweilen nüchternen Beobachter der Aufsendinge kennen.

Im Ardeschîr-Roman ist die Episode des ersten Zusammentreffens des Prinzen Schâpur mit Mitraks Tochter am Brunnen besonders nett geschildert, eine Scene, die man auch gern bildlich dargestellt hat. Bis zur gebundenen epischen Form war hier der Schritt nicht mehr grofs. Ob ihn die Perser damals gethan haben, wissen wir wieder nicht, die Wahrscheinlichkeit ist aber eher dafür als dagegen. In den uns erhaltenen Texten haben sich allerdings bisher keine Spuren metrischer Stücke entdecken lassen. Der spätere Dichter Fachreddîn aus Gurgân, der Verfasser des Epos «Wîs und Râmîn» (s. unten), sagt, er habe für sein Werk die neupersische Bearbeitung einer Pechlewîschrift benutzt, welche weder Metrum noch Reim aufgewiesen habe, die beide man damals noch nicht gekannt hätte. Er charakterisiert (wohl auch auf die Autorität dieser Vorlage hin) das Pechlewî richtig als eine Sprache, die sich schwer lesen lasse und deren Verständnis, auch wenn man die Leseschwierigkeiten überwunden habe, immer noch recht mühsam sei. Nun, wenn auch wohl keinen Reim, so können die Mittelperser doch schon Metra gehabt haben, darauf scheinen noch heute übliche Volkslieder hinzudeuten, die nicht nach der Quantität, sondern in awestischer Weise bloſs nach der Silbenzahl gebaut sind. Das Volk hat hier das Uralte, Nationale erhalten, das die Kunstpoesie völlig aufgab. Denn die in der neupersischen Litteratur seit Anfang an gebräuchliche, streng durchgeführte metrische Form, welche Längen und Kürzen berücksichtigt, ist erst von den Arabern entlehnt worden.

Sicher ist, daſs es Darstellungen der persischen Geschichte gegeben hat. Eine offizielle war das Chodhâinâmak, das «Herrscherbuch», das im 8. Jahrh. durch Ibn Mokaffa in das Arabische übersetzt ward. Original wie Übertragung sind leider verloren gegangen, doch haben sich Auszüge und Bruchstücke der letzteren in anderen Werken erhalten, in welche sie aufgenommen waren. Wie Baron von Rosen gezeigt hat, hat auch der mit Ibn Mokaffa etwa gleichzeitige Kesrawî manche alte iranische Sagen für eine weitere Verbreitung überarbeitet, freilich wohl mit ziemlicher Willkür. Daſs unter Chosrô I. chronologische Aufzeichnungen über die einzelnen persischen Könige vorhanden waren und weitergeführt wurden, wissen wir durch den griechischen Schriftsteller Agathias, der von solchen «königlichen Schriften» berichtet. Wie die Thaten Zarêrs und Ardeschîrs sind auch diejenigen anderer Helden romanhaft dargestellt worden, doch ist von diesen nichts Zusammenhängendes auf die Nachwelt gekommen.

Auch in nachsassanidischer Zeit haben die Pârsen ihre nationale Litteratur noch fortgesetzt, zuerst in Pechlewî, später in neupersischer Sprache. Aus dieser Litteratur sei hier nur das poetische «Zerduschtbuch», eine Geschichte Zoroasters nach der Legende, aus dem Jahre 1278 n. Chr. genannt.

Die neueste deutsche Übersetzung der altpersischen Keilinschriften stammt von Weiſsbach und Bang (Leipzig 1893).

Von Pechlewî-Übersetzungen seien hier noch genannt: Justi, Der Bundehesch (Leipzig 1868); Nöldeke, Geschichte des Artachšîr i Pâpakân — der oben erwähnte Ardeschîr-Roman (Beiträge zur Kunde der indogermanischen Sprachen, Bd. 4, S. 22 ff., Göttingen 1879); Salemann, Die Geschichte vom Schachspiel (Mélanges asiatiques tirés du bulletin de l'académie impériale des sciences de St. Pétersbourg, Tome IX, S. 222 ff., St. Petersburg 1886).

ZWEITES BUCH.

Die neupersische Litteratur.

ERSTES KAPITEL.

Die Anfänge bis zu Firdausî.

Die arabische Eroberung hemmte zunächst für einen längeren Zeitraum jede weitere Entwicklung persischen Schrifttums. Die Sprache des Korans ward auch für litterarische Erzeugnisse alleinherrschend. Die neuen Herren besafsen selbst einen regen Sinn für Dichtkunst, sie hatten einen reichen Schatz eigener Poesien aus der Wüste mitgebracht. Arabisch zu lernen ward für die Neubekehrten unerläfslich, da der Koran nur in der Ursprache beim Gottesdienste zur Verwendung kommen konnte. Wer sich den neuen Machthabern noch besonders empfehlen wollte, dichtete nun auch in ihrer Sprache, und bald überflügelten die Perser bei ihrer natürlichen Begabung hierin ihre Besieger. Sie eigneten sich deren poetischen Stil an und handhabten ihn binnen kurzem mit vollster Sicherheit. Die persische Fähigkeit, Fremdes mit Geschick aufzunehmen und ihm dann eine Gestalt zu geben, die es schliefslich wieder als etwas Eigenes erscheinen läfst, äufserte sich auch in der Poesie. Sie gossen ihren Geist in die fremden Formen und belebten diese in einer Weise, wie es deren Urheber selbst nicht vermocht hatten. So wurden die Perser bald die unbestrittenen Meister der Dichtkunst im muhammedanischen Orient.

Was die Perser den Arabern zu geben hatten, war der Inhalt ihrer älteren weltlichen Litteratur, vor allem die Sagen ihrer

Vorzeit. Schon die vormuhammedanischen Beduinen haben mit Vorliebe persische Geschichten und Märchen gehört. Einer der Gegner des Propheten fand unter dessen Augen für seine Erzählungen aus der iranischen Heldensage ein dankbares Publikum, zog sich aber dadurch die Rache Muhammeds zu. Ibn Mokaffa übersetzte das Chodhâinâme, das berühmte Buch über die Geschichte der persischen Könige, sowie das ursprünglich indische Fabelbuch des Bidpai in das Arabische u. a. m. Dieser als arabischer Schriftsteller hochgefeierte Mann war ein geborener Perser, der, wie alle seine litterarisch thätigen Landsleute, vom Zoroastrismus zum Islâm übergetreten war. Es ist erstaunlich, wie viele der allerberühmtesten arabischen Prosaisten auch in der Folgezeit persischer Abkunft gewesen sind. Professor Browne hat die folgenden zusammengestellt (Journal of the Royal Asiatic Society of Great Britain and Ireland, 1899, S. 49/50): Die Grammatiker Sîbawaihi (eigentlich Sêbôje) und Kisâjî, die Koranausleger Zamachscharî und Baidâwî, die Historiker Tabarî, Ibn Kutaiba, Dînawarî, Hamza, Belâdhorî, Bîrûnî, die Philosophen und zugleich Mediziner Râzî, Ibn Sînâ (Avicenna) und Ghazzâlî, die Astronomen Omar Chajjâm (den bekannten Dichter) und Naçîreddîn aus Tûs (der aber auch schon sehr viel in persischer Sprache geschrieben hat). Was bleibt da noch viel von grofsen Namen als National-arabisch übrig? Später, als das Persische dann auch in der Wissenschaft völlig durchgedrungen war, galt es als besonders gelehrt, wenn jemand Arabisch zu schreiben verstand. Oder wer Persisch schrieb, prunkte wenigstens in den Vorreden seiner Bücher mit seinen arabischen Kenntnissen.

Die arabische Prosaschriftstellerei hat so aus Persien einen lebhaften Anstofs erfahren, besonders auch das bereits oben erwähnte, bald sehr beliebte Genre der Adab-Litteratur ist damals in sie eingeführt worden.

Die Perser übernahmen dagegen, sozusagen, in Bausch und Bogen die Metrik der Araber, bildeten aber einzelne Formen in durchaus selbständiger Weise weiter aus. Namentlich beschränkten sie als ein Gegengewicht gegen die sehr schwankende Quantität der persischen Wörter häufig den beliebigen Wechsel einer Länge oder Kürze an einer und derselben Stelle, der im Arabischen erlaubt war. Eine völlige Neuschöpfung, jedoch im Anschlufs an eine weitverbreitete volkstümliche Liedform, war das Rubâî (der «Vierzeiler»), das bald eine aufserordentliche Beliebtheit erlangte. Mehrere, nicht nur ein Wort im Endreim zu verwenden (wie z. B. Wein des Lebens, Pein des Lebens) ist ebenfalls eine persische Erfindung. Ein Gedicht setzt sich aus Beits (Doppelzeilen) zusammen, jedes Beit besteht aus zwei Miçrâ's (Zeilen), dieselben können miteinander reimen, brauchen es aber nicht.

Nach neupersischer Sage sollen allerdings Dichtkunst und Reim aus dem Gespräche zweier Liebenden hervorgegangen sein, indem dem Sassanidenfürsten Bechrâm (V.) Gôr (420—438 n. Chr.) und seiner Geliebten Dilârâm sich Rede und Wechselrede unwillkürlich zu Rhythmus und Reim gefügt hätten — ein schöner Gedanke, den Goethe im zweiten Teile seines Faust in dem reimenden Liebesgespräche Fausts und Helenas wieder verwertet hat. Da Bechrâm als Prinz am Hofe des arabischen Fürsten Mundir in Hîra gelebt hat, so läfst die Überlieferung seine Gedichte sogar in der Mehrzahl arabisch sein, ein sichtlich späterer Zug der Sage. Dieser volkstümlichen, gemütvollen Auffassung von der Entstehung des ersten Gedichtes steht eine andere gegenüber, welche die ersten Dichter unter Hofleuten sucht, die um Geld und Gunst hoher Herren willen die ihnen von der Natur verliehene Gabe ausübten. Unter dem Sassaniden Chosrô Parwêz (590—628 n. Chr.) soll der berühmte Sänger und Dichter Bârbed gelebt haben, den sich die Sage ganz wie einen der späteren neupersischen Improvisatoren vorstellt, welchen ihre Kunst hohen Lohn einträgt.

Transoxanien und Chorâsân waren die Länder, in denen sich das dichterische Schaffen nach der arabischen Eroberung zuerst und zumeist regte. Der Sieg der Abbassiden über die Omaijaden machte dem bis dahin stark niedergehaltenen Persertume Luft, das iranische Element, das sich hier am kräftigsten gehalten hatte, gewann wieder das Übergewicht. Als Prinz Mamûn, der spätere Chalif, im Jahre 809 in Merw einzog, soll ihn ein gelehrter Perser Namens Abbâs mit einer Kasside begrüfst haben, dem ersten längeren Gedichte, das überhaupt in neupersischer Sprache verfafst worden sei. In der Verdeutschung Ethé's lautet der Anfang:

«Der du hochbeglückt den Scheitel aufgereckt zum Sternenzelt
Und die Hände gnadenspendend ausgebreitet ob der Welt,

Ja, du schickst zum Chalifat dich, wie zum Auge die Pupille,
Zierst den Glauben, wie durchs Auge erst das Antlitz Schmuck erhält.»

Echt höfisch heifst es dann im weiteren Verlauf:

«Vor mir hat in dieser Weise keiner je solch Lied gesungen,
Da noch fern von solcher Sangart sich die Perserzunge hält;
Darum sang ich just dies Lied dir, dafs doch endlich Glanz und Schimmer
Durch den Lobpreis deiner Hoheit auch auf diese Sprache fällt.»

Doch werden einige neupersische Zeilen bereits dem vielleicht schon um ein Jahrhundert älteren Grammatiker und Lexikographen Abû Hafç aus Soghd zugeschrieben, es mag also an gelegentlichen derartigen Versuchen seit den frühesten Zeiten nicht gefehlt haben. Unter den Tâhiriden, der ersten wieder nationalpersischen Dynastie in Chorâsân, finden wir dann zu Nîschâpûr den Dichter Hänzäle («Koloquinthe») und etwas später in Sîstân am Hofe der Çaffâriden, welche die Tâhiriden ablösten, Machmûd-i Warrâk («den Kopisten» oder «Papierhändler») aus Herât, Fîrûz-i Maschrikî («Fîrûz aus dem Osten») und Abû Sâlik aus Gurgân. Von allen diesen Vieren sind uns nur versprengte Verszeilen erhalten, und zwar in Anthologieen oder auch nicht selten in — Wörterbüchern. Eine grofse Menge der persischen Dichter hat es nämlich nicht zu einem Dîwân, oder wie wir sagen würden, einer Ausgabe ihrer gesammelten Gedichte gebracht. Ihre Verse wurden, so weit man sie der Aufbewahrung für wert hielt, in Anthologieen aufgenommen, deren bisher älteste uns erhaltene allerdings erst aus dem Anfange des 13. Jahrhunderts stammt. Früher noch als Anthologieen hat man in Persien Reimwörterbücher verfafst. Bei der Vieldeutigkeit der arabischen Schrift, die den Persern zugleich mit der Religion ihrer Besieger aufgezwungen war, ergab sich schon früh das Bedürfnis, die richtige Form seltener Worte festzustellen. Als Belege wählte man Verse, weil in diesen das Metrum einen gewissen Schutz gegen Verschreibungen bot. Die Zitierung von Versen behielt man darum dauernd in der Lexikographie bei. Gerade die Belegverse in den Wörterbüchern sind nun häufig sehr wertvoll, weil sie bisweilen ältere, ursprünglichere Lesarten enthalten, die in den jüngeren uns vorliegenden Fassungen der betreffenden Dichtwerke beseitigt sind. Natürlich ist es oft schwer oder geradezu unmöglich, nach auseinandergerissenen, zusammenhangslosen Zitaten sich ein Bild von der Eigenart eines Dichters zu machen — als wenn wir Goethe oder Schiller blofs aus dem Grimmschen Wörterbuche kennen lernen sollten. Auch können Dichter der Anthologieen das Unglück gehabt haben, dafs ihre besten Leistungen nicht aufgenommen worden sind, weil sie dem, der die Blumenlese zusammenstellte, nicht gefielen oder nicht bekannt waren. Wir lernen sie daher nur durch minderwertigere kennen und beurteilen sie nach diesen. Doch läfst sich dies nicht ändern und fällt auch für unseren Zweck nicht so schwer in das Gewicht, da wir ja längst nicht jeden einzelnen Namen hier zu buchen beabsichtigen. Und für die grofsen Meister fehlt es uns nicht an Material. v. Hammer hat einmal einen solchen Wörterbuchdichter, der diesen Titel mit vollstem Rechte verdient, aus seinen zerstreuten Fragmenten hergestellt (Juwelenschnüre Abul Maanis, 1822). Dieser Abul Maânî, von dem wir sonst gar nichts wissen, hat seine Poesie gänzlich in den Dienst der Lexikographie gestellt, indem er zu selteneren Wörtern Verse dichtete, die dann als Belege weiter überliefert wurden. Häufig hat er auf diese Weise ganz fehlerhaften Verschreibungen zu einem künstlichen Leben verholfen. Ein seltenes Wort, das nur durch einen Vers Abul Maânîs oder auch eines Dichters Mîr Nazmî, der genau die gleiche Tendenz wie jener verfolgt hat, gestützt ist, kann nicht ohne weiteres als gesichert gelten. Besser steht es in dieser Hinsicht mit Schems-i Fachrî aus Isfahân, der sich für sein Wörterbuch (1344) ebenfalls selbst Belegverse dichtete.

Die Werke beliebter Dichter sind schon in älterer Zeit häufig abgeschrieben worden, die Vervielfältigung entwickelte sich zu einer besonderen Industrie. Leider ward dabei vielfach mehr auf Kalligraphie als auf guten Text gesehen, die Bibliotheken der Fürsten und Grofsen besonders, denen es auf Liebhaberausgaben ankam und die solche bezahlen konnten, bewahrten eine Menge «sehr ansehnlicher, schön geschriebener aber zugleich recht fehlerhafter» Kopieen, wie ein orientalischer Kenner selbst beobachtet hat. Der Dichter hielt sich wohl selbst einige Exemplare seiner Werke auf Lager; der Verfasser des Târîch-i guzîde (1330 n. Chr.) bittet z. B. einmal einen von ihm sehr geschätzten Poeten, ihm eine neue Sammlung seiner Gedichte zu verehren, da ihm sein eigenes Exemplar gestohlen worden sei. Die Autoren wurden auch damals schon um Geschenkexemplare angebettelt.

Schon in den ältesten Proben der neupersischen Poesie finden wir charakteristische Züge, welche ihr für immer verblieben sind. Hänzäles Vierzeiler:

«Mein Lieb im Feuer Raute brennt,
Dafs sie der böse Blick nicht schänd',
Und hat doch Raut' in Glut schon lang:
Den Schönheitsfleck auf roter Wang'[1]» —

weist schon die spätere geläufige Bildersprache der Erotik auf, die Pointe könnte auch nach ein paar hundert Jahren nicht feiner sein, und Dschâmî hat sie in der That wiederholt (S. 126). Sturm- und Drangperioden, Flegeljahre, die künstlerischen Höhen vorausgehen, haben wir im Neupersischen nicht; schon in den uns erreichbaren ersten Anfängen lassen sich die einstigen Gipfel greifbar und korrekt erkennen.

«Nach einem Leu'n gelüstet's deinen Herrn —
Ihn zu befried'gen wag' dein Leben gern.
Macht, Gunst und Rang daraus dir werden kann,
Wenn nicht, ein schöner Tod als tapfrer Mann» (Hänzäle).

«Dem Falken gleichet, wunderbar! der Pfeil,
Dem jede Beute sicher wird zu teil.
Der Adler selbst mufst' ihm die Fiedern leih'n,
Zum Dank raubt er ihm nun die eigne Brut in Eil'» (Fîrûz).

«Mit deinen Wimpern nicht das Herz mir stiehl!
Du that'st es doch, treibst mit mir noch dein Spiel:
Lohn willst du gar, dafs du mein Herz entwandt?
Ein Dieb, der Lohn noch will, das ist zu viel!» (Abû Sâlik).

Alles, auch die hier nicht übersetzten, erhaltenen Zeilen Machmûd-i Warrâk's, Kleinigkeiten, aber doch jede mit einer originellen, wenn auch etwas gesuchten Pointe.

Nach der Auffassung des Persers soll der Dichter vor allem durch seine Phantasie auf diejenige seiner Hörer oder Leser wirken. «Poesie ist die Kunst, aus Vorstellungen der Phantasie

[1] Rautenkörner ins Feuer zu werfen, galt als wirksames Mittel gegen den bösen Blick, den der Orientale aufserordentlich fürchtet. Den Schönheitsfleck der (eigentlich des) Geliebten vergleicht der Dichter mit einem Rautenkorne, das auf der feurigen Wange verbrennt, sie hat also Raute und Feuer gar nicht nötig.

geeignete Schlüsse zu ziehen, so dafs infolgedessen etwas Kleines grofs und etwas Grofses klein scheint oder Gutes wie böse und Böses wie gut aussieht. Durch Einwirkung auf die Phantasie erweckt der Dichter Empfindungen von Verdrufs oder Lust, und wirkt so je nachdem niederdrückend oder erhebend, was ihm einen Einflufs auf wichtige Dinge verleiht.» Diese Definition des Dichters Arûdî (12. Jahrhundert) ist nun eigentlich keine solche, sondern sie schildert nur die Hauptwirkungen, welche der Perser von der Poesie verlangt. Der Perser ist ein Kind des Augenblicks, seine rege Einbildungskraft sucht fortwährend nach neuen Eindrücken. Einem solchen, in überraschender, bestechender Form vorgetragen, giebt er sich sofort hin. Wäre er nicht seit Urewigkeit in den despotischen Orient gebannt gewesen, er wäre seinem Naturell nach wohl noch in höherem Grade ein «politisches Geschöpf» geworden als der Grieche. Eine falsche Auffassung von dieser Beweglichkeit seines Geistes hat die Utopieen jener griechischen Philosophen hervorgerufen, die in dem Staate des grofsen Sassaniden Chosrô I. den Musterstaat gefunden zu haben glaubten. Sie hatten Äufserungen des persischen Naturells nach ihren eigenen Anschauungen ausgelegt. Der absolute Despotismus hat jedoch in dem Perser von jeher jegliches politische Talent erstickt, sein Geist hat sich daher mit verstärkter Kraft auf anderen Gebieten zu bethätigen gesucht, und da hat vor allem die Dichtkunst seiner Phantasie eine reiche Anregung gegeben. So giebt es denn wohl in allen Zweigen der Wissenschaft — wennschon nicht in dem Mafse wie bei den Indern — auch poetische Kompendien neben Prosawerken, die doch dem Ernste des Gegenstandes eigentlich allein angemessen sind. Selbst die Rhetorik fand eine Zufluchtsstätte in der alles umfassenden Poesie, da sich zu ihrer Ausübung im täglichen Leben keine Gelegenheit bot. Der Kâdî hielt keine Anklage- und hörte keine Verteidigungsreden an, er fällte sein Urteil in kurzem Spruche nach Gutdünken. Und auch sonst wurden keine Reden gehalten, höchstens wurde etwas befohlen. So blieb denn der Redekunst nur die Litteratur als Tummelplatz übrig, und zwar trat sie in der Poesie als Sentenzenweisheit auf. Die guten Ratgeber, die teils als berühmte Weise der Vorzeit, teils in der Dichter eigenen Personen auftreten, befriedigen in schön gesetzten Diskursen das Bedürfnis nach oratorischen Leistungen, das bei dem gern sprechenden und nicht minder gern hörenden Perser an sich gar nicht gering ist. Das Übermafs an solchen guten Lehren, das dabei häufig geboten wird, erklärt sich sicherlich daraus, dafs eben in der Praxis des Lebens die Gelegenheit zu rhetorischen Übungen fehlte.

Arûdî ergänzt im Laufe seiner Abhandlung seine Definition der Poesie durch eine Schilderung der Eigenschaften, welche der Dichter haben müsse. Sehr charakteristisch ist hier die Forderung, in der Jugend unaufhörlich die Dichtungen anerkannter Meister zu lesen, sich an ihnen zu bilden und 30 000 Doppelverse direkt auswendig zu lernen. In einem Lande, wo so viele den gesamten Koran auswendig lernen, ist eine solche Anforderung an das Gedächtnis an sich nicht befremdlich. Ein Dichter fällt nirgends vom Himmel, die Meister müssen sich überall mehr oder weniger hart zur Vollendung durchringen, aber die schablonenhafte Vorbildung, welche der Perser vorschreibt, ist doch bezeichnend. Man kann es eben so gut lernen, ein grofser Dichter zu werden, wie etwa Arzt, Teppichweber oder sonst ein Handwerker. Wer die Poetik, Prosodie, Stilistik, Rhetorik beherrscht, Phantasie besitzt und dabei einige allgemeine Bildung hat, der kann eigentlich losdichten, es steht nichts im Wege, dafs er die Unsterblichkeit erlange. Etwas Neues zu schaffen, ist schliefslich nicht seine Aufgabe; die in langer Tradition bewährten Formen mit derselben Vollkommenheit wie die Vorgänger zu handhaben, genügt schon. «Finden, nicht erfinden» gilt als Maxim. Allerdings nahm es der Perser aber dabei doch immer ernst; einen «poetischen Trichter, die Dichtkunst und Reimkunst in sechs Stunden einzugiefsen», wie unseren Nürnberger, hat er nie für nützlich gehalten. Bismarck sagte, wie Busch in seinen «Tagebuchblättern» erzählt, von einem ihm zusagenden Zeitungsartikel, er müsse «Junge kriegen». In der neupersischen Poesie ist dies geradezu zur Parole geworden, nur dafs auch die ärgsten Trivialitäten hier immer von neuem wieder Junge gekriegt haben.

Es können eine grofse Anzahl persischer Dichter zwar die besten Zensurnoten für ihre Poesien beanspruchen, aber es sind doch nur Schülerarbeiten, keine Werke selbstschöpferischer Meister, und neben schönen, ausgereiften Früchten finden wir aufserordentlich viel Fallobst. Der, wenn man so sagen darf, landläufige Betrieb der Dichtkunst bewegte sich stetig in den altgewohnten Bahnen weiter. Als wenn bei uns Balladen nur in Schillerschem Pathos — so weit dies den Nachahmern eben zu Gebote stünde — oder nur hurre, hurre, hopp, hopp, hopp! wie die Lenore, Trinklieder nur *à la* Mirza Schaffy-Bodenstedt und so weiter jede andere Gattung bloſs in einer bestimmt ausgeprägten Weise gedichtet werden dürften. Wenn jemand etwas ganz Originelles bieten wollte, so muſste er entweder auf Künsteleien verfallen, wie z. B. Gedichte verfassen, in denen einzelne Buchstaben gar nicht vorkamen — was ja auch im Deutschen versucht worden ist[1] — oder noch schwieriger, wie Bẹdr-eddîn aus Dschâdschirm eine Kasside ohne jeden Buchstaben mit diakritischen Punkten dichten (damit verzichtete er auf den gröſsten Teil des Wortschatzes)[2]; oder wie Am'ak aus

---

[1] Herr Prof. Dr. Leo Meyer in Göttingen teilt mir die folgenden Titel derartiger in seinem Besitz befindlicher Schriften mit, die ich der Kuriosität halber hierhersetze: 1. Das lieblich und heilsam Labsälblein des Bethlehemittischen Stall-Kindleins Jesu . . . . mit gäntzlichem Auslaßen und Wegthuung eines sonst üblichen und wolbekandten Buchstabens (R). Aufgesetzt und behändiget von Joachim Müllner, 1676 (in Quart. Ohne Druckort). — Jöcher verzeichnet von demselben auch eine Predigt ohne o. — 2. Einige Gedichte ohne den Buchstaben R von Gottlob Wilhelm Burmann, 9. Ausgabe, Berlin 1796. — 3. Die Zwillinge. Ein Versuch, aus sechszig aufgegebenen Worten einen Roman ohne R zu schreiben; von Dr. Franz Rittler; 3. Auflage, Wien 1820. — 4. Unterhaltende Geduldsproben in kleinen Romanen, Novellen und Erzählungen, in welchen jedesmal ein bestimmter Buchstabe fortgelassen ist, nach der Reihenfolge des ganzen Alphabets von F. A. C. Keyser, Langensalza 1868. — 5. A literary Curiosity. A Sermon in Words of one Syllable only by a Manchester Layman, Manchester 1860.

Die Antwort, die der berühmte Dichter Dschâmî einmal einem Dichterlinge gab, der ihm ein schlechtes Ghazel ohne den Buchstaben a vorlas: «Hättest du doch auch die übrigen Buchstaben noch weggelassen!» mag wohl im allgemeinen für alle solche Kunststücke zutreffend sein.

[2] Diese Formen haben alle arabische Kunstnamen. So Awâtil («ohne Halsbänder») für Verse ohne Buchstaben mit diakritischen Punkten, Arâïs («Bräute») für solche nur mit diesen, Raktâ («gesprenkelt»), wenn fortgesetzt auf einen Buchstaben «ohne» einer «mit», Chaifâ («verschiedenäugig», d. h. mit einem blauen und einem schwarzen Auge), wenn desgleichen auf ein Wort «ohne» ein solches mit lauter Punktbuchstaben durch das ganze Gedicht hindurch folgt. Ich habe

Buchârâ, Kâtibî, Seijid Zulfikâr aus Schîrwân u. a. Mäthnäwîs oder Kassiden verfertigen, die sich nach zwei verschiedenen Metren skandieren liefsen; oder wie der eben genannte Zulfikâr bestimmte Worte oder Silben in den einzelnen Verszeilen kenntlich machen, die in sich wieder geschlossene Beits bildeten; oder wie Selmân aus Sâwe diese letztere Feinheit noch dadurch steigern, dafs aufserdem die Anfangsbuchstaben der Verse oder gewisse Buchstaben in ihnen die neuen Beits mitzuliefern hatten, die dann noch dazu alle möglichen Eigenheiten aufwiesen, so dafs z. B. bei Achlî aus Schîrâz einmal ein Vierzeiler zu stande kam, den man sowohl arabisch wie persisch verstehen konnte. Damit sind die Künsteleien und Raffiniertheiten der äufseren Formen aber noch längst nicht erschöpft, in Rückert-Pertschs «Grammatik, Poetik und Rhetorik der Perser» (Gotha 1874) findet man noch zahllose andere. Auch für das Auge konnte man dichten: Bäume mit Stamm und Ästen aus Verszeilen, Sonnenschirme mit Stützhölzern aus solchen stellte man her, ganz so wie dies bei uns eine Zeitlang, wohl zuerst nach Harsdörffers, «Des Spielenden», wie er in der «Fruchtbringenden Gesellschaft» hiefs, Vorgang Mode gewesen ist, und auch heute noch etwa am Charfreitag oder Totenfeste ein Zeitungsdichter sein Gelegenheitscarmen in Gestalt eines Kreuzes vorführt. Oder der Dichter mufste gleich Bushâk, Kârî und Schâjek, denen wir noch später begegnen werden, sich auf bisher dichterisch noch nie behandelte Stoffe wie Speisen, Kleider und Vagabondage werfen und sich so eine Spezialität gründen.

So heben sich denn aus der zahllosen Schar neupersischer Dichter nur verhältnismäfsig wenig wirklich originelle Geister heraus. Selbst unter hervorragenden Gedichten würde man blofs aufserordentlich wenigen ihren Verfasser ohne weiteres ansehen können, bei den allermeisten könnte man auf alle möglichen Namen raten. Wirkliche Individualitäten sind eben Ausnahmen. Ein Bild, eine hübsche Wendung, die einmal ein feiner Kopf ersonnen hat, erregt in gar nicht oder nur gering veränderter Gestalt aus dem Munde irgend welchen Dichterlings immer

mir aus einer St. Petersburger Handschrift (Kaiserl. öffentl. Bibliothek, Kh. 160) anonyme derartige Gedichte abgeschrieben, die aber recht fade sind. Bessere Proben derartiger Künsteleien finden sich in Rückert-Pertschs obengenanntem Buche.

wieder von neuem das Entzücken der Hörer. Allerdings soll man sich nicht ertappen lassen, wenn man mit fremdem Kalbe pflügt. Der königliche Verfasser eines berühmten Fürstenspiegels, Kâbûs, Herrscher von Gîlân (Ausgang des 11. Jahrhunderts), erlaubt dem Dichter, dem er ein besonderes Kapitel seines Buches widmet, nur wenn er einmal durchaus keinen eigenen Gedanken finde, einen fremden zu benutzen, doch so, dafs es niemand merke. Was er z. B. aus einer Satire entnehme, solle er in einer Lobkasside verwenden u. dgl. Später setzte man dann genau fest, wann eine Benutzung des geistigen Eigentums eines anderen als Plagiat zu gelten habe und wann nicht. Einen fremden Gedanken zu «schinden», d. h. ihn neu zu wenden, war ohne weiteres erlaubt. Im übrigen ist Kâbûs in seinen Anforderungen streng und verlangt vom Dichter Natürlichkeit, d. h. er solle Dunkelheit des Ausdrucks, entlegene Reime, Unwahrscheinlichkeiten und Übertreibungen vermeiden, Forderungen, die in der neupersischen Poesie sehr häufig auch von den gröfsten Meistern vernachläfsigt werden.

Nun heifst es zwar, die Perser hätten selbst sieben Allererste ausgeschieden, nämlich Firdausî, Enwerî, Nizâmî, Dschelâleddîn Rûmî, Saadî, Hâfiz und Dschâmî, also je einen Vertreter der Hauptformen, d. h. des Epos, der Kasside, der Romantik, der Mystik, der Ethik, der Lyrik und zu diesen als ein Universalgenie Dschâmî. Diese Auslese, die v. Hammer immer vertreten hat, und die dann auch bei Goethe mehrmals vorkommt (dem Kanzler F. v. Müller gegenüber hat er sogar die Äufserung gethan: «Die Perser hatten in fünf Jahrhunderten nur sieben Dichter, die sie gelten liefsen, und unter den verworfenen waren mehrere Canaillen, die besser als ich waren»), hat aber keinen kanonischen Wert. Von wem sie überhaupt stammt, weifs ich nicht. Etwa von v. Hammer? In seiner «Geschichte der schönen Redekünste Persiens» vom Jahre 1818 läfst dieser die «Sieben am Heptaklinion des poetischen Himmelsgelages den Nektar der Unsterblichkeit trinken» — das ist echt v. Hammerisch ausgedrückt. Ursprünglich sind es, wohl nach dem Vorbilde der sechs berühmten arabischen Beduinendichter, augenscheinlich nur sechs gewesen, Dschâmî ist ersichtlich erst nachträglich dazu gekommen. Dschâmî selbst kannte nur eine Dreiheit, in seinem «Frühlingsgarten» zitiert er den anonymen Vers:

«Drei der Propheten zählt die Poesie —
Ward gleich gesagt 'Nach mir kommt kein Prophet' —
Im Epos, der Kasside, im Ghazel:
Firdausî, Enwerî und Scheich Sa'dî» (v. Schlechta).

Bei jeder Gelegenheit und auf alles dichtete man. Jeder geistreiche Gedanke mufste in ein poetisches Gewand gekleidet werden, dadurch imponierte er erst. Und jeder traute sich diese Fähigkeit zu. Schon in des alten Asadî Reimwörterbuche finden sich eine Anzahl satirischer Verse über solche Unberufene. «Was hast du mit Tintenfafs, Schreibgriffel und Poesie zu thun? Geh und nimm Axt, Säge, Beil und Pickel zur Hand!» oder «Geh und treibe das Handwerk deines Vaters, sammle Brennholz und lies Mist auf!» oder «Wer mit Webschiff und Haspel hantiert, woher soll der etwas von Laute, Harfe und Melodieen verstehen?» Auch gekrönte Häupter machten Verse, die Anthologieen überliefern solche (allerdings wenig glaublich) sogar von Schâh Machmûd von Ghazna. Und wunderbar! den grimmen Krieger und Welteroberer wandelt die Poesie zum sanften Salondichter um, der wie alle schlecht und recht ebenfalls das beliebte Süfsholz raspelt. Unter solchen Umständen mufste schliefslich jeder Gedanke schon einmal ausgesprochen sein, man begreift die Klage späterer Dichter, es gäbe nichts Neues mehr zu sagen und zu besingen. Wer viel persische Poesie liest, wird auch bei manchem gefeierten Poeten bald keinen Gedanken mehr finden, der ihm nicht schon früher einmal irgendwo begegnet wäre.

Da suchte man denn notgedrungen einen Vorgänger, dem man eine Idee abgeguckt hatte, noch zu überbieten. Der Dichter Umâra hatte gedichtet:

«In meinen Liedern möchte ich verborgen sein,
Dafs ich, wenn du sie singst, küfste die Lippen dein.»

Chaffâf («der Schuster») wünschte nun, das Fieber zu sein, das sein Liebchen befallen habe, damit er als eine Fieberpustel ihre Lippen küssen könne. Gewifs werden nicht wenig Perser der Ansicht sein, dafs Chaffâf den Umâra an Geistreichigkeit übertrumpft habe.

Oder welche der beiden folgenden Pointen ist feiner? Wenn Rûdakî sich im Alter die grauen Haare färbt und zur Entschuldigung dieser Koketterie sagt:

«Der Trauer Farb' ist schwarz, drum ist es klar,
Warum ein Alter schwarz sich färbt sein Haar»

oder wenn Kisâjî für das gleiche Thun als Grund angiebt:

«Ich fürchte, mach' ich jünger als ich bin, mich nicht,
Sucht Altersweisheit man bei mir — und find't sie nicht.»

Was für ein Vergnügen der Perser an solchen Sächelchen empfindet, zeigen seine Urteile über sie. Zu würdigen vermochte sie allerdings häufig nur ein Publikum, das eine ähnliche ästhetische Vorbildung genossen hatte wie die Dichter selbst, für das gemeine Volk waren sie Kaviar. Darum konnte ein grofser Teil der persischen Poesie von vornherein nie populär werden. Von dem oben erwähnten Dichter Fîrûz sagt ein persischer Litterarhistoriker: «Seine Verse sind süfser als ein verstohlener Kufs, und lieblicher als das Licht der Augen», während er Hänzäle folgendermafsen charakterisiert: «Die Zartheit seiner Ausdrucksweise mahnt an das Wasser des Kautharquells (im Paradiese) und an krystallhelles Nafs; seine Verse sind so frisch wie gekühlter Wein und fächeln angenehm wie Nordwind». Dabei kennt er nichts weiter von beiden als die drei Strophen, die wir oben mitgeteilt haben. Solche Urteile sind nun gerade wegen ihrer Allgemeinheit höchst nichtssagend und entspringen nur dem Bestreben, über etwas Geistreiches mit aller Gewalt ebenfalls wieder etwas Geistreiches zu sagen. Man könnte das Urteil über Fîrûz ruhig mit dem über Hänzäle vertauschen, jedes würde für beide passen. Aber das Entzücken über ihre Verse selbst ist bei dem Perser ungeheuchelt und ehrlich. Erst übertreibt er die Sache selbst und dann auch ihre Wirkung. Wir nennen einen Liebling unseren «Augapfel», der Perser thut es nicht unter einem «Weltauge» *(dschehânbîn)*. Wenn ein Dichter von einem Fürsten zehn Goldstücke für jede Zeile eines kurzen Lobgedichtes erhalten hätte, so wäre das doch gewifs nicht nur bei den damaligen Geldverhältnissen recht gut bezahlt gewesen. Aber in derartigen Geschichten figurieren stets nur die Zahlen 100, 1000 oder noch mehr.

Es ist ein Grundzug der neupersischen Poesie, dafs dem rein Äufserlichen soviel Einflufs eingeräumt wird. Wir haben bereits oben darauf hingewiesen, wie schon Firdausî nicht müde wird, in ähnlichen Situationen genau die nämlichen Wendungen zu wiederholen (S. 20). Fortwährend eilt einer herbei oder reitet, stürmt heran «wie der Wind», kehrt zurück, flieht, sprengt fort, springt aufs Pferd oder von ihm herab, kurz verrichtet alles Mögliche «wie der Wind». Dafs der Dichter dabei auch häufig genug statt des Windes einen Wirbelsturm, Rauch, Feuer einsetzt, bringt eigentlich wenig Abwechslung hinein, da die Vergleiche fast niemals weiter ausgeführt werden. Die Helden kämpfen wie Löwen, Panther, Elefanten, lediglich der Reim entscheidet oft genug die Wahl. Die Vergleichsobjekte haben hier jede Eigenart verloren, es könnte ebenso gut nur heifsen: er kehrte eiligst zurück, er kämpfte auf das tapferste. Die Bilder sind unbestimmt gehalten, nicht fest umrissen. «Der Held trat herein, einem Baume voller junger Früchte gleichend», erweckt keine Vorstellung einer Individualität sondern nur eines allgemeinen Typus, den im Einzelnen jeder Leser sich nach seiner Phantasie selbst verschieden ausgestalten mag. Auch das Krokodil dient dem Dichter gern, um die Stärke der Helden zu versinnbildlichen. Nun giebt es in Persien aber nur harmlose kleine Landkrokodile, deren Name noch dazu von einer indischen Eidechsenart entlehnt worden ist; der persische Leser kann sich daher auch hier nur an dem klangvollen Reim, in dem das Wort meist steht, berauscht haben, eine deutlichere Vorstellung als etwa von einem Lindwurm oder Drachen hatte er von dem Tiere sicherlich nicht. Aber dieser schöne Klang genügte ihm. Wie manche Bilder sind ihrem Gedanken nach ärmlich, banal oder geradezu absurd, aber sie fallen, laut gelesen, wie der Perser ja meist seine Lektüre betreibt, prächtig ins Ohr. Die übliche Rezitation des Schâhnâmes geschieht z. B. in einem Quartenintervall zwischen beiden Beits:

und auch der einzelne Leser murmelt die Verse in dieser Weise halblaut monoton vor sich hin, ohne jede Rücksicht auf Inhalt und Sinn.

Man sollte nun vielleicht glauben, dafs das Prinzip der Klangmalerei häufig in der persischen Poesie angewandt wäre. Aber dieses ist wie auch in Homer-Vossens

«Hurtig mit Donnergepolter entrollte der tückische Marmor»

oder Ovids

«Quamquam sunt sub aqua, sub aqua maledicere temptant»

doch nur ganz gelegentlich ausgeübt, und zwar fast ausschliefslich durch Allitterationen und Wortspiele. Für eine Vokalharmonie, wie sie der Jüngstdeutsche Stefan George im «Algabal» anwendet:

«Daneben war der Raum der blassen Helle,
Der weifses Licht und weifsen Glanz vereint,
Das Dach ist Glas; die Streu gebleichter Felle
Am Boden Schnee und oben Wolken scheint»,

eine Stelle, die «mit lauter hellen Vokalen, vor allem den kunstvoll verteilten a» die Helle malen soll, «welche ein einziges u gänzlich verderben würde» — «an der höchsten Stelle», das liest wenigstens Richard M. Meyer noch aus den Zeilen heraus, «steigert sich der Klang zu dem grellen, weil bis dahin aufgesparten i in 'Licht', am Schlufs geht das weifse Gemach mit dem o von 'Boden', 'oben' und 'Wolke' in eine weniger reine Färbung über» — für eine solche Vokalharmonie hat der Perser kein Ohr. Er erträgt im Gegenteil die unreinsten Reime wie *gi-rift, guft, räft.* Übrigens ist Georges klangmalendes Kunstprinzip ein durchaus erkünsteltes, und manchem würde es gewifs ohne Meyers förmliche Erklärung gar nicht zum Bewufstsein kommen, dafs in den Versen «alles so weifs» sein soll.

Dagegen legen die Dichter auf rhythmische Harmonie Wert. Im Rubâî z. B. kann möglichste Gleichmäfsigkeit in den Füfsen der einzelnen Miçrâs sehr wohlklingend ins Ohr fallen, dagegen wird aber oft auch eine treffliche Wirkung erzielt, wenn im dritten, der Zeile des Gegensatzes oder Einwurfs oder im vierten der Pointe (s. unten) am Schlufs wuchtige Längen statt der Kürzen der anderen oder umgekehrt eintreten. Für solche Fälle hat Gibbs, in seiner History of Ottoman Poetry aufgestelltes Prinzip «photographischer Übersetzungen» (d. h. solcher, welche womöglich die Anzahl der Silben des Originals, sowie auch die Zäsuren an denselben Stellen wie dieses selbst aufweisen) sicherlich seine Vorzüge[1].

---

[1] Genauere Beobachtungen in dieser Beziehung stehen noch aus. Fachgenossen möchte ich auf Fälle wie Kemâl Ismaîls Rubâî Nr. 1

Auch die Pracht liebt der Perser außerordentlich, ein schöner Stein soll auch eine schöne Fassung haben. Dabei faßt er allerdings auch Similibrillanten in Gold, wenn es nur glänzt. Pose und Drapierung gehören bei ihm zu effektvollem Auftreten.

Die Phantasie gefällt sich in den gesuchtesten Wendungen, sie geht förmlich auf die Jagd nach Überraschendem, Außergewöhnlichem. Man umschreibt die Dinge, statt sie schlicht bei ihrem rechten Namen zu nennen. «Auf der Leiter der List die Zinne seines Vorsatzes erklettern» finden wir schwülstig, der Perser sagt dergleichen schon in Prosa, in der Poesie wagt er begreiflicherweise noch viel mehr. An einem deutschen Modernen wurde unlängst — ich weiß nicht mehr wo — als originell und neu hervorgehoben, daß er eine Vorliebe für Bilder zeige wie «Mein Herz kniet und fleht». Dieses Beispiel, das mir gerade im Gedächtnis geblieben ist, war jedenfalls nicht glücklich gewählt. Denn es ist gar nicht originell, sondern schon alttestamentlich, also orientalisch («ich beuge die Kniee meines Herzens» heißt es im Gebet Manasses Vers 11). Da das Herz lachen kann, Blut weint (Tieck), so wäre sein Knieen übrigens nicht einmal so etwas Außerordentliches. Dem Perser ist dergleichen von jeher geläufig gewesen. Nach Emîr Chosrau bringt «der Nabel des Dreiblatts (einer stark duftenden Blume) Moschus hervor» — eine Blüte mit einer tierischen Moschusblase ist ein ziemlich kühnes Bild, und zudem ist der Moschus hier kein richtiger Moschus sondern nach persischer Vergleichsweise nur allgemein als «Ideal der Gerüche» aufzufassen. Ein Gedicht der Dichterin Mehistî lautet (prosaisch wiedergegeben):

«Neben deiner Rose sind an beiden Seiten Dornen gesproßt,
Der Rabe kam und nahm die Tulpe in seinen Schnabel.
Das Quecksilber deines Grübchens ward voll Tinte,
Der Zinnober deiner Rubinlippe rostig.»

Der Leser wird vielleicht nicht gleich verstehen, was dies bedeuten soll. Nun ganz einfach: Ein schöner Knabe hat plötzlich an seinen Rosenwangen, auf dem Kinn und über der Lippe ein schwarzes Bärtchen bekommen, das ihn nun nach persischer An-

---

in Salemam-Shukovskis Grammatik (S. 36*) aufmerksam machen (den wuchtigen Schluß); in Nr. 2 ebenda verlangt schon die rhythmische Harmonie in der zweiten Zeile am Ende – – – («die Ursache, was ist sie?») statt – ◡ ◡ –.

schauung verunziert. Dies etwa mit dürren Worten gerade heraus zu sagen, wäre zu plump und nicht geistreich, darum wählt man eine allegorische Umschreibung. Dabei hat man zugleich einen Doppelsinn, was dem Perser in jedem Falle eine besondere Freude macht. Wir dürfen hier wohl daran erinnern, wie der sog. Marinismus (nach dem Italiener Marino 1569 bis 1625) in Europa ganz ähnliche, wie wir es heute von unserem Standpunkte aus nennen, Geschmacklosigkeiten hervorgebracht hat. In Deutschland hat die zweite schlesische Schule, in Frankreich haben die Gäste des Hôtel Rambouillet Dinge gesagt, deren der gezierteste neupersische Kunstdichter sich nicht zu schämen brauchte.

Die Poesie Daniel Caspers von Lohenstein, des Hauptmarinisten in Deutschland, gilt als eine der schlimmsten Geschmacksverirrungen, in welche unsere Litteratur je geraten ist (Bobertag). Bei den Persern kann man dagegen nicht von einer Abirrung sprechen, ihnen ist Marinismus von jeher bis auf den heutigen Tag etwas Natürliches gewesen. Wenn Lohenstein in seiner «Cleopatra» den Proculejus und Antonius in Wechselreden die Reize der Cleopatra und Octavia folgendermaſsen schildern läſst:

«Rubin deckt ihren Mund — Octaviens Korallen.
Die Glieder sind aus Schnee — Dort gar aus Elfenbein.
Die Brüst' aus Alabast — Und dort aus Marmelstein.
Ihr Sterne des Gesichts! — Dort sind die Augen Sonnen.
Hier hat die Huld den Sitz — und dort den Thron gewonnen»,

so ist das völlig im persischen Geschmacke, ebenso wie die Gelehrsamkeit in den Zeilen:

«Er weiſs auch, daſs der Nil durch jährliches Befeuchten
Mit reicher Fruchtbarkeit die Jahrzahl übertrifft
Der Tage, welche steckt in seines Namens Schrift.»

Denn auch die persische Poesie setzt nicht selten besondere gelehrte Kenntnisse voraus, wenn ihr entlegener Sinn richtig verstanden werden soll. Lohensteins antiquarische Anmerkungen zu seinem Trauerspiel sind für dieses ebenso notwendig, wie die Kommentare zu persischen Gedichten. Doch haben bei uns die Zuckerlippen, Mundkorallen, Perlenbrüste oder das Gebirge der Brüste und wie die Lohenstein und Genossen wie Persern gemeinsamen Bilder lauten, ihre Zeit gehabt, während die orientalische Phantasie ihrer bis heute nicht überdrüssig geworden ist. Allerdings gilt auch hier das Wort: Wenn zwei dasselbe thun, so ist es doch nicht dasselbe. Es ist mir nicht möglich, mehr als etwa ein Dutzend Seiten der «Asiatischen Banise» hintereinander zu lesen, dann habe ich für lange Zeit reichlich genug, während die gekünsteltste neupersische Bildersprache ihren Reiz nie völlig verliert. Dem Perser steht sie eben natürlicher zu Gesicht als dem Deutschen, weil er graziöser ist. Wenn es Lohenstein auch noch so schön machen will, ihm fehlt die Anmut.

«Weg Thron! Weg Szepter! Weg! Dein kaum erschwitztes Prangen
Ist wie ein Regenbog' in schlechte Flut zergangen,
Ich mag mit dieser Last nicht mehr bebürdet sein,
Nun keine Venus sie mit Liebe zuckert ein» —

alles klingt doch plump und täppisch wie auch die Prosa Heinrich Anselm von Ziglers:

«Nachdem wir anitzt in dem Stande demütiger Sklavinnen zu der betrübten Wohnung des Todes hintreten, so tröstet ihr als die schöne Rosenkrone unserer Häupter uns mit eurem anmutigen Gesichte, auf dafs wir mit desto leichterem Gesichte diesen geängsteten Leib verlassen etc. etc.» (so spricht eine Frau aus dem Volke).

Auch der indischen Phantasie geht die Grazie der persischen ab, die doch allein solche Künsteleien geniefsbar machen kann.

«Wer wird nicht von Sehnsucht ergriffen im Frühling, wo die weitesten Fernen vom Wohlgeruch der grofsen Menge von Staubfäden der Mangoblüten erfüllt und die Bienen vom süfsen Honig aufgeregt werden?»

«Nur bei Gelehrten, die ob der heiligen Schrift den Mund voll nehmen, ist vom Aufgeben der Liebe die Rede, aber auch bei ihnen nur in Worten. Wer vermag den Hüften der lotusäugigen Mädchen zu entsagen, den Hüften, die ein klingender Gürtel mit rötlichen Perlenknöpfen umschliefst?»

«Der Wind, den wir jetzt in der kalten Jahreszeit haben, pflegt den Schönen gegenüber den Liebsten zu spielen: Er verwirrt ihnen das Haar, läfst sie die Augen schliefsen, zupft gewaltsam an ihrem Gewande, erzeugt ein allgemeines Rieseln der Haut (sonst richten sich gewöhnlich alle Härchen der Haut vor Liebeslust in die Höhe), prefst sich fest an sie, bringt sie allmählich zum Zittern und setzt den hörbar bebenden Lippen ohne Unterlafs zu.»

Solche anatomisch getreuen Abmalungen, besonders die letztere, sind dem Perser an sich keineswegs unangenehm, nur würde er sie nicht so langatmig breit vortragen. Für indische

Lyrik gelten diese Gedichte als allerliebst und musterhaft, als solche zitiert sie v. Schröder in seinem Buche «Indiens Litteratur und Kultur in historischer Entwicklung» (Leipzig 1887 S. 565/7).

Eine weitere Äuſserlichkeit in der persischen Poesie ist ihre Vorliebe für Wortspiele. Eine kleine Anspielung in dieser Hinsicht, die er vielleicht bei mehrmaligem Lesen erst versteht, vermag den Perser zu entzücken. Mehrdeutige Worte, wie z. B. *mâh,* das «Mond», «Monat», «Mondgesicht» (Geliebte), «Gesichtsmond» (d. i. Antlitz), «Medien» bedeuten kann, können einen Dichter zu einem Eiertanze zwischen diesen verschiedenen Begriffen begeistern, bei dem ein Übersetzer in Verzweiflung gerät, der aber im Original meist höchst graziös ist. Dadurch, daſs die Schrift die kurzen Vokale nicht bezeichnet, läſst sich die Vieldeutigkeit noch steigern. So wird aus *mâh* durch Verkürzung *m(ă)h,* das aber zugleich *m(i)h* «groſs» gelesen werden kann. Der Dichter selbst hat nun in jedem einzelnen Falle nicht nur eine bestimmte Bedeutung ausschlieſslich im Auge gehabt, sondern gerade das ungewisse Schillern in mehreren Farben reizte ihn. Wenn Firdausî im Schâhnâme den Kabulerfürsten Michrâb mit den Worten einführt:

«Es komme ein herrlicher Mond in Pracht»,

so kann statt «ein Mond» *m(a)hê* auch ein «Groſser, Held» *m(i)hê* gelesen und also übersetzt werden:

«Es komme ein herrlicher Held in Pracht».

«Pracht» (Gröſse) heiſst in beiden Fällen *m(i)hî,* nur haben wir einmal das Wortspiel *m(a)hê — m(i)hî,* das andere Mal *m(i)hê — m(i)hî.* Der Sache etwa peinlich auf den Grund gehen zu wollen, läge nicht im Sinne des Dichters, sein Gebilde von Phantasie und Reiz darf nicht neugierig seziert werden.

Nach unserem Geschmack sind philosophische und andere Kunstausdrücke in der Poesie unerträglich. Anders bei dem Perser.

«Welch' neue Jugend ward der Welt, welch' Schöne wieder,
Welch' neuer Zustand senkt auf Raum und Zeit sich nieder!»

beginnt der Dichter Enwerî eine Frühlingsschilderung. «Zustand» empfindet der Perser keineswegs als unpoetisch, die Verbindung «Raum und Zeit» gilt ihm geradezu als dichterisch, da beide Worte in seiner Sprache allitterieren und assonieren,

«Ein Herz, dem aus der Einheit Welt der Wesenheit Musik erklang,
Wie kann zu dessen Hochsinns Ohr eingehn leichtfertiger Gesang?»

ist eine bewunderungswürdige, knappe Rückertsche Verdeutschung. Im Original Saadîs ist der Vers poetisch, in der Übersetzung entsetzlich prosaisch. Philosophische Mystik in Versen ist für uns ein schrecklicher Gedanke, die persische Poesie hat auf diesem Gebiete die gröſsten Meisterwerke hervorgebracht.

Zweimal dasselbe Wort hintereinander gesetzt verleiht im Persischen unter Umständen eine verstärkende Bedeutung. Noch ein drittes Mal wiederholt macht es einen groſsen Effekt, den man in der Übersetzung nicht nachahmen kann:

«Thränen-Tropfen-Tropfen vergieſse ich gleich Wolken
Täglich wirr-wirr, wie Bäche aus meinen Augen.
Diese Tropfen-Tropfen (die)[1] Tropfen des Regens beschämen,
Dieses Wirr-Wirr (ist ein)[1] Wirr für mein betrübtes Herz.»

Ein derartiges fünfstrophiges Gedicht des Asdschadî gilt als höchst gelungen und wird allgemein bewundert. Der orientalische Dichter läſst in der That die Sprache an Reck und Barren turnen, wie man von Rückert gesagt hat. Rückert ist überhaupt wohl von allen abendländischen Dichtern den Orientalen geistig am nächsten verwandt, er hat sich am Orient, und speziell aus diesem an Persien, geradezu etwas verdorben. Die Vorliebe für seltene Reime und eine gelegentliche mühselige Sprachklauberei, die schon Wilh. Müller an ihm getadelt hat, sind echt kunstpersisch.

Der persische Dichter brauchte wie der moderne Erfolg. Den fand er nur, wenn er sich an einen Fürsten oder wenigstens an einen von dessen Groſsen anschloſs. Der Dichter muſste auch damals mit dem Könige gehen, in höfischer Stellung konnte er am ehesten sein Dasein behaglich gestalten. Nach der einen Auffassung (s. oben S. 47) sollte die Dichtkunst ja überhaupt höfischen Ursprungs sein. Die Reichtümer, welche Männern wie Rûdakî, Farruchî, Minôtschichrî, Muizzî u. a. ihre Gedichte von seiten ihrer Herrscher eingetragen haben sollen, sind sprüchwörtlich geworden; allerdings haben ihre Riesenvermögen immer nur vereinzelte Ausnahmen gebildet, doch fand der Dichter unter dem Schutze eines Fürsten meist sein

[1] Fehlt im Original.

gutes Auskommen. Scheich Abû Zarrâa behauptete ganz kühn, seine Verse seien besser als diejenigen Rûdakîs, und wenn er nur ein Tausendstel des Geldes bekäme, mit dem dieser überhäuft worden sei, so wolle er tausendmal so viele Verse machen. Nun, zum Glück scheint die Voraussetzung nicht eingetreten zu sein, der etwas selbstbewufste Schaich ist wenigstens in den Anthologieen nur durch einige wenige Fragmente vertreten, und diese kennzeichnen ihn vor allem als einen keineswegs charakterfesten Menschen. Er gesteht es selbst ganz unbefangen ein, dafs ihm seine Dichtung feil ist:

«Wo man des Goldes bedarf, da baue ich flugs meine Bude,
Wo man der Worte begehrt, schmiede ich Eisen zu Wachs.
Schmiegsam dreh' ich mich stets, wie der wehende Wind es gebietet,
Heute bei Laute und Glas, morgen bei Panzer und Speer.»

Aber vielleicht haben ihn böse Erfahrungen zu solcher Gesinnung gebracht; er sagt wenigstens pessimistisch:

«Strahlt günstig dir kein guter Stern,
Bleibt dir Erfolg hienieden fern.
Dein Mut heifst Wahnwitz, Klugheit Tücke,
Wohlthun Verschwendung, Ratschlag Nücke.»

Natürlich war die Hofgunst auch damals schon schwankend; der noch heute gefeierte Poet konnte morgen in Ungnade fallen, einem durch einen glücklichen Einfall des Augenblicks begünstigten Rivalen unterliegen u. dgl. Dann setzte er den Fufs weiter und fand wohl bei einem anderen Machthaber eine neue Unterkunft; denn der Fürst brauchte den Dichter. Schon die arabischen Beduinenhäuptlinge hatten die Schmähgedichte eines beleidigten Poeten ängstlich gescheut, in Persien verbreiteten besonders seit der Satire Firdausîs gegen Sultân Machmûd von Ghazna die Dichter das Bewufstsein, dafs auch der Ruhm des gröfsten Herrschers nur von dem Sänger abhänge, der ihn verherrliche. Verse wie

«Von allen Schätzen dieser Welt,
Die Sâms und Sâssâns[1] Haus gehäuft,
Blieb nichts, nur Rûdakîs Gesang
Und Bârbeds Lied von ihnen zeugt»

oder

[1] Die Ahnherren der Samaniden und Sassaniden.

«Zahlreiche Paläste hat Machmûd[1] erbaut,
Deren Zinnen bis hoch in die Wolken geschaut.
Kein Ziegel von allen ist übriggeblieben,
Doch Unçurîs Preislieder reden noch laut»

geben dieser Empfindung deutlich Ausdruck.

So fesselte denn so ziemlich jeder Fürst je nach seinen Verhältnissen eine Anzahl Dichter an seinen Hof. Einer von ihnen erhielt die Würde des «Dichterkönigs», wie schon die Alten ihre Sänger gekrönt haben, und nach der im Mittelalter wieder aufgekommenen Sitte noch heute der englische Hof seinen Poet Laureate hat, der speziell den Herrscher verherrlicht. Die gefeiertsten dieser orientalischen Mäzene, die zum Teil wie König Max von Bayern ihre Günstlinge zu regelmäſsigen litterarischen Tafelrunden vereinigt haben sollen, sind der Samanide Naçr II., Sultân Machmûd von Ghazna, der Seldschuke Sultân Sandschar und Fetch Alî Schâh gewesen. Von Dichterkreisen Schâh Abbâs des Groſsen und Kaiser Akbars kann man weniger reden; beide Herrscher hatten persönlich geringe dichterische Interessen und begünstigten Poeten nur, weil dies zu ihren Fürstenpflichten gehörte. Von Akbar sagt Abul Fazl: «Se. Majestät interessiert sich für Dichter nicht, ein biſschen Phantasie imponiert ihm nicht.» Während ihrer Entwicklung sollten vielversprechende, junge Talente längere Zeit aufmunternd unterstützt werden, rät Arûdî; werde ein solcher aber alt, ohne etwas zu leisten, so verdiene er nicht, daſs noch etwas an ihn gewendet werde. Über den Wert der Leistung entschied nun im wesentlichen der Erfolg. Wovon hing dieser aber nicht bisweilen ab? Nur zu oft von Zufällen und Launen. Nach seiner ganzen Naturanlage zollt der Perser der Gabe der Improvisation höchste Bewunderung. Arûdî sieht in ihr geradezu eine Hauptstärke des Dichters. Durch einen glücklichen, hübsch in Verse gekleideten Einfall, der dem Herrscher schmeichelt und ihm ein Lächeln oder Bravo ablockt, erlangt der Dichter Geld und Gunst, bei den ewig schwankenden orientalischen Verhältnissen, wo alles von der Willkür des Augenblicks abhängt, unschätzbare Güter. So werden zahllose Anekdoten erzählt, nach denen ein paar Verse, zur rechten Zeit vorgetragen, ihren Verfassern die gröſsten Reichtümer und Ehren eingebracht, das Schicksal eines Lebens, ja

[1] Sultân Machmûd von Ghazna.

bisweilen ganzer Städte entschieden haben. Hier nur ein Beispiel statt vieler.

Der Seldschukenschâh Tughan sitzt mit einem seiner Höflinge beim Würfelspiel. Er hat fortgesetzt Unglück, und der Einsatz ist hoch. Schon befürchten die Umstehenden, der Zorn des leidenschaftlichen Herrschers werde sich über ihre Häupter entladen. Alles schaut gespannt auf den letzten, entscheidenden Wurf. Statt der erwarteten zwei Sechsen, die ihn allein noch gewinnen lassen können, wirft der Schâh zwei Einsen. In diesem kritischen Augenblicke springt der Dichter Azrakî auf und ruft dem Erzürnten die glücklich improvisierten Verse zu:

«Statt Einsen hatt'st du Sechsen zu werfen geglaubt
Und zürnst nun den Würfeln, die Spott sich erlaubt.
Die Sechsen, o Herrscher, da liegen sie ja —
Nur beugten in Demut vor dir sie das Haupt.»

Der Zorn des Schâhs war verraucht, zum Lohn stopfte er — und zwar buchstäblich — dem Dichter den Mund mit Goldstücken, die übliche, schon sassanidische und vielleicht noch ältere Weise der Belohnung in solchen Fällen. 500 Dinare soll er ihm so nacheinander in die Backen gesteckt haben. Als solche Improvisationen haben wir uns eine grofse Menge der besten Epigramme zu denken, lange getüftelt haben ihre Verfasser über ihnen nicht. Der hohe Prozentsatz wirklich glücklicher Würfe vieler Dichter ist dabei aller Bewunderung wert. Was hat dagegen z. B. von Saphirs Einfällen Dauer gehabt?

Noch die letzten Worte eines sterbenden Dichters waren Verse. So soll der von den Mongolen erschlagene Kemâl Ismaîl mit dem Blute aus seiner Todeswunde folgendes Rubâî an die Wand seines Hauses geschrieben haben:

«Wo ist ein Aug', das über die Heimat weine?
Das über sein eignes Leid und Wehe weine?
Um einen Toten klagten gestern hundert,
Und heut' ist keiner, der um einen weine.»

Nach diesen allgemeinen Bemerkungen, die dem Leser das Verständnis der folgenden Seiten erleichtern werden, kehren wir wieder zur Geschichte der Litteratur zurück.

Einen starken Aufschwung nahm die Litteratur unter der Herrschaft der Samaniden, einer Dynastie, die dem kulturellen Gedeihen ihrer Länder eine hervorragende Sorgfalt gewidmet hat. Hier häufen sich die Namen der Dichter, so daſs wir nur einige der Bedeutendsten nennen können.

Von Abû Schukûr aus Balch finden sich in den Wörterbüchern viele Verse, die augenscheinlich zu Erzählungen gehört haben. Der Stil ist einfach und natürlich und sticht auf das vorteilhafteste von der sonst so gezierten und gekünstelten Weise der Zeit ab. Die Naivetät und behagliche Breite von Versen wie den folgenden:

«Der Vater sprach: 'S ist einst ein Bettler gewesen,
Der ging auf die Straſse, so hab' ich's gelesen,
Heischt' trockenes Brot sich an jeglichem Haus,
So hatt' er's getrieben von Jugend aus»

berührt unter der sonstigen Künstelei persischer Poesie auſserordentlich angenehm. Wie gern würden wir in diesem Tone, der etwa an unseres Matthias Claudius'

«War einst ein Riese Goliath,
Ein gar gefährlich' Mann,
Der hatte Tressen auf dem Hut
Und einen Klunker d'ran»

anklingt, noch etwas mehr von den Schicksalen dieses Bettlers erfahren! Leider hat sich der Geschmack der Zeit bald geändert, der Stil galt als zu einfach, und so überlieferte man derartige Dichtungen überhaupt nicht weiter. Nur als Belegstellen für altertümliche Worte (die obigen z. B. für einen seltenen Ausdruck für «Bettelmann») gaben die Lexikographen einzelne Verse aus ihnen weiter. Wenn Firdausîs Schâhnâme sich nicht von Anfang an die Stelle des Nationalepos errungen hätte, wer weiſs, ob es uns ganz erhalten geblieben wäre? Abû Schukûr ist bisher der älteste Vertreter des epischen Stils, den wir dann — was wichtig ist, in demselben Metrum, dem Mutakârib — bei Dakîkî und Firdausî bis zur Meisterschaft ausgebildet finden.

Aus Balch stammte auch Maarûfî, von dem weiter nichts bekannt ist, als daſs er der Epoche der Samaniden angehört. Von ihm hat Asadî in seinem Reimwörterbuche zwei, wohl aus einer und derselben Erzählung herrührende Verspaare erhalten, in denen die Beits nicht (oder darf man etwa sagen, noch nicht?) aufeinander reimen:

«Sein Bart überschritt eine Elle an Länge,
Hundert Spinnen hatten d'rin ihre Fäden gewebt.»

«Auf einem Fuſs lahm und an einer Hand steif,
Auf einem Aug' blind, mit dem anderen schielend.»

Daneben dann auch eine Kit'ä (s. S. 70):

«Jahraus und jahrein nur von anderer Geld
Lebst stets du und prahlst noch bei leerer Hand,
Wohl sah ich dein «vornehmes» Haus, wie du's nennst,
Kein Teppich darin, d'ran keine Verand',
Nichts als eine Matte nur sah ich darin,
Einen grobschwarzen Filz aus turkmenischem Land.»

Ich kann mich des Verdachtes nicht erwehren, daſs diese Art den in sich reimenden Mutakârib-Beits voranging, und möchte daher Maarûfî noch vor Abû Schukûr ansetzen. Das zweimal kurz nacheinander wiederholte «ich sah» spricht auch mehr für einen Anfänger.

Der schon aus den früheren Fragmenten bekannte pessimistisch-satirische Zug in Abul Hassan Schahîds vielgerühmten Poesieen findet sich auch in den zahlreichen neuen Bruchstücken, die Asadîs schon erwähntes Reimlexikon von ihm enthält. Auch Verse aus Liebesliedern bietet dieses, die aber nicht vor anderen hervorstechen. Seine Ghazelen lobt der spätere Farruchî ganz besonders. An jüngere berühmte Zeilen Omar Chajjâms (achtes Buch, Nr. 33 in Bodenstedts Übersetzung) klingen schon Schahîds Verse an:

«Wie durch's öde Land von Tûs ich gestern Nacht so ziellos gehe,
Und wo sonst der Haushahn nistet, eine Eule hocken sehe,
Ruf' ich: Welche Kunde bringst du mir von dieser Wüstenei?
Und sie krächzt: Die einz'ge Kunde ist ein lautes Wehe! Wehe!»
(Ethé).

Wir müssen es uns versagen, weitere Proben des Dichterkreises der frühesten Samanidenzeit hier anzuführen, und begnügen uns damit, festzustellen, daſs fast alle Hauptformen, welche die neupersische Poesie dann überhaupt gepflegt hat, sich bereits in dieser Periode in ihren Anfängen vorfinden.

Zunächst die Kasside, das Lobgedicht, oft mit einer Naturschilderung oder einem anderen, erst später auf das eigentliche Thema überleitenden Gedanken beginnend. Ihr Charakter ist Würde, die indes häufig in Bombast und Schwulst ausartet. In der Kasside reimen alle zweiten Miçrâs, d. h. also die geraden Zeilen, auf das erste, in sich selbst reimende Beit (Matla); die Gesamtzahl der Beits soll mindestens 12 betragen, doch ist die

Durchschnittszahl viel grölser, als Maximum gilt 99. Je mehr Beits, desto grölser natürlich die Schwierigkeit, die nötigen Reime zu finden. Also schon die äulsere Form führt hier leicht zu Künstelei und Unnatur. Abarten der Kasside sind die Satire (häufig nach arabischem Muster in Wahrheit mehr ein Schmähgedicht) und die Elegie.

Das Ghazel, ein kürzeres lyrisches Gedicht von 4 bis zu 11 oder 12 Doppelversen; Reim wie bei der Kasside. Liebes- oder Weinlieder, auch mit mystischem Sinn. Im letzten Beit nennt der Dichter seinen Namen. Das beste, worüber die Meinungen verschieden sein können, ist das «Königsbeit», unter Blinden kann da allerdings häufig nur der Einäugige König sein.

Bei der Kit'ä («Bruchstück») reimen nur die geraden Zeilen (die zweiten Miçrâs), sie ist also der Form nach ein Ghazel ohne Matla.

Das Mäthnäwî, ein längeres Gedicht epischen, romantisch-epischen oder didaktischen (gern mystischen) Inhalts, mit gleichen Reimen innerhalb der einzelnen Beits, woher der Name «gedoppelt». Ein Epos, eine Liebesromanze, überhaupt jedes lange Mäthnäwî beginnt regelmälsig, wie auch neupersische Prosawerke, mit dem Lobe Gottes, des Propheten und sodann des Herrschers, unter dem der Verfasser lebt. Dann erst geht der Dichter zu seinem eigentlichen Thema über.

Endlich das Rubâî («Vierzeiler»), das in epigrammatischer Weise verwendet wird. Die dritte Zeile reimt gewöhnlich nicht auf die drei anderen, diese ursprünglichere Form ist in jedem Falle die wirksamere. Das Rubâî ist gleich dem Ghazel auch in der abendländischen Dichtkunst heimisch geworden. Für epigrammatische Dichtung und das Ausprägen hübscher Aperçus in gedrungener Form, oft auch nur in zwei Zeilen, haben die Perser eine natürliche Anlage. Die Nachwelt hat solche gern aufbewahrt, ein glücklicher Wurf auf diesem Gebiete hat den Namen seines Verfassers bisweilen für ewig erhalten. So kennen die Anthologieen den Scheich Abû Abdallâh aus Schîrâz († 931) als Dichter nur aus dem einen Spruche:

«Der Mensch sich selbst? Das Herz den Freund? O nein!
Der Wechsler aber kennt den Wert des Goldes sein.»

Unter den wenigen Fragmenten Ançârîs aus Herât (geb.

1006/7) zeichnen sich die folgenden Zeilen durch hübsche Formulierung aus:

«Gestern trat ich in die Welt, nichts schafft' ich,
Heut' auch fand zu keinem Wirken Kraft ich,
Morgen geh' ich wieder in das Dunkel —
Besser war's, nie kam in diese Haft ich!» —

ein ewig wiederkehrender Gedanke, dem zahllose Dichter Ausdruck geliehen haben; z. B. Abul Hassan aus Charrakân:

«Der Ewigkeit Geheimnis lös'st nicht du noch ich,
Das Weltenrätselbuch verstehst nicht du noch ich;
Wie wir's uns denken beid', wie hinter'm Vorhang liegt's,
Wenn einst der Vorhang fällt, bestehst nicht du noch ich»,

oder Abû Naçr aus Fârâb:

«Das Geheimnis der Welt konnt' noch keiner erkunden,
Die edelste Perle hat noch niemand gefunden,
So gut er's verstand, hat's schon mancher gewagt,
Doch das letzte Wort hat noch keiner gesagt.»

Wir würden uns von unseren Dichtern die fortwährende Wiederholung solcher Trivialitäten verbitten, und wenn sie diese im einzelnen noch so kunstvoll ausfeilten und nüanzierten; anders der Perser, der ja auch 21 Ferhâd und Schîrîns (s. unten) u. a. mehr vertragen konnte. Ihm geht eben so häufig das Unterscheidungsvermögen zwischen dem Wichtigen und dem Nebensächlichen ab, so daſs er dieses in der gleichen Breite wie jenes behandelt.

Die kleineren Gedichte sammelte man in einem Diwan, was zuerst Hänzäle oder nach anderen erst Rûdakî gethan haben soll.

Auch die Gewohnheit, ein Dichterpseudonym anzunehmen, die in Persien zuerst aufgekommen oder doch wenigstens zu einem ständigen Brauche geworden ist, begegnet uns schon. Da die ältesten persischen Dichter sämtlich arabische Dichternamen führen, so wird man arabischen Formen wie Firdausî, Rûdakî den Vorrang vor Firdûsî, Rûdagî geben müssen. Gewöhnlich wählt sich der Dichter sein Pseudonym selbst. Oft ganz bescheiden nach seinem Geburtsorte, wie Rûdakî («aus Rûdak»), Dschâmî («aus Dschâm»), oder nach dem Berufe, wie Chabbâz («der Bäcker»), Chaffâf («der Schuster»), Attâr («der Parfümeur») — nicht selten sollen solche Bezeichnungen jedoch nicht auf das wirkliche bürgerliche Metier gehen, sondern der sie wählt, denkt sich als Ghawwâç («Taucher»), Naddschâr («Zimmermann»), Hakkâk oder Dschauharî («Juwelier») u. dgl. im Reiche der Poesie. Oder man nennt sich nach einem Gönner, wie Muçlicheddîn nach seinem Fürsten Saad ibn Zängî sich Saadî nannte, oder nach einem Beinamen Allâhs, wie Halîmî («dem Milden — *halîm* — d. i. Allâh ergeben»). Andere wählen irgend ein wohlklingendes Eigenschaftswort, wie Chudscheste oder Farruchî («der Glückliche»), Lisânî («der Zungenbegabte»), Närgisî («der Narzissengleiche»), Hilâlî («der Neumondähnliche»), auch Watwât («die Schwalbe»). Ganz bescheiden sind Namen wie Näschnâs («der Unwissende»), Ghamnâk («der Kummervolle»), Fighânî («der Jammernde»), Mudschrim («der Sünder»), Bende («der Sklave»), Jatîm («die Waise»), stolz dagegen Asadî oder Haidarî («der Löwengleiche» oder «der Verehrer Alîs, 'des Löwen Gottes'»), Karî-uddachr («Heros der Zeit»), Hâfiz («der den Koran auswendig weifs»). Selten und erst spät (meist in Indien) erscheinen Hauptwörter wie Päjâm («die Botschaft»), Zärrä («das Atom»), Bähâr («der Frühling»). Gelegentlich kommt es auch wohl vor, dafs einem Dichter sein Beiname verliehen wird, wie nach der Sage von Sultan Machmûd von Ghazna dem Abul Kâsim Mançûr der Name Firdausî («der Paradiesische»). Einer und derselbe Dichter bedient sich bisweilen in seinen verschiedensprachigen Poesieen verschiedener Pseudonyme, so nannte sich der Timuridenminister Mîr Alî Schêr in seinen persischen Gedichten Fänâjî («der Vergängliche»), in seinen türkischen Näwâjî («der Melodische»), oder Ibn Sêbak verwandte neben der durch Umstellung aus seinem arabisierten Namen Tuffâhî (pers. *sêb*, arab. *tuffâh* «Apfel») gewonnenen Form Fattâhî («Knecht des Allöffnenden», d. i. Allâhs) auch die Namen Esrârî («der Geheimnisvolle») und Chumârî («der Trunkene», eig. «der im ewigen Katzenjammer Befindliche»). Selten giebt ein Dichter einen Namen ganz auf, gewissermafsen um ein unbeschriebenes Blatt mit besserem Glück wieder von neuem zu füllen. Später wurde es, besonders in Ghazelen, üblich, das Pseudonym in der letzten Zeile anzubringen.

Dieser Dichtername hatte nun nicht etwa den Zweck, die Anonymität zu wahren, im Gegenteil, jeder wufste, wer sich darunter verbarg. Das Pseudonym individualisierte seinen Träger besser, als es der gewöhnliche bürgerliche Name thun konnte, den er (Muhammed, Achmed, Ismaîl etc.) stets mit vielen anderen teilte.

Zur Vollendung erhob die Dichtkunst seiner Zeit Rûdakî, der unter Naçr II. (914—943 n. Chr.) lebte. Dieser Dichter ist wegen der Honorare, die ihm seine Schöpfungen eingebracht haben sollen, in Persien geradezu sprichwörtlich geworden. Gleich Homer soll er blind geboren sein. Mühelos wären ihm die Verse von den Lippen geflossen, rund 1300000 Stück werden ihm nachgesagt, von denen uns — zum Glück — nur einige Tausend erhalten geblieben sind. Ob diese erhaltenen nun auch wirklich sämtlich echt sind? Den Überlieferungen über die Lebensverhältnisse und Schicksale der einzelnen Dichter gegenüber darf man grundsätzlich nicht leichtgläubig sein. Dichtung und Wahrheit ist hier meist unentwirrbar untereinandergemischt. Unter anderem müfste das Versemachen der Gesundheit sehr zuträglich gewesen sein; denn auffällig viele Dichter sollen die Hundert überschritten haben. Wir gehen daher auf die Biographieen gewöhnlich nicht ein. Wie häufig gerade die hübschesten Züge in ihnen vor einer kritischen Untersuchung fallen müssen, hat Nöldekes Behandlung der Legende über Firdausî wieder gezeigt (Das iranische Nationalepos im Grundrifs der iranischen Philologie, Bd. II, S. 150 ff., Strafsburg 1896; auch separat). Nun hat die Überlieferung aber im allgemeinen mehr Anekdoten über die einzelnen Dichter als Gedichte von ihnen erfunden. Verse hatten sich unter bestimmten Namen erhalten, und diese blofsen Namen suchte man dann gern durch anekdotisches Beiwerk zu beleben und half da, wenn es nötig war, ungeniert nach. Die Verse, welche persische Litterarhistoriker einem Dichter zuschreiben, werden diesem dagegen im grofsen und ganzen auch mit Recht zukommen.

Rûdakîs umfangreichstes Werk war eine poetische Bearbeitung von Bidpais berühmtem indischen Fabelbuche «Kalîla und Dimna», das als hoffnungslos verloren galt, bis ich zahlreiche Bruchstücke daraus in Asadîs schon mehrfach erwähntem Reimlexikon wiedergefunden habe. Wir können uns jetzt eine allgemeine Vorstellung von dessen Stil machen. Die Diktion war von einer entzückenden Einfachheit, und diese ist leider wieder schuld daran gewesen, dafs man die Dichtung hat verloren gehen lassen. Rûdakîs kunstvolle, höfische Poesieen wurden dagegen wieder und immer wieder abgeschrieben. Auch Sindbad mufs der Dichter ganz in der gleichen Weise bearbeitet haben. Davon berichtet zwar keine Litteraturgeschichte etwas, aber Bruchstücke, ebenfalls bei Asadî, weisen unverkennbar darauf hin.

Die Huld seines Fürsten und als deren praktischen Ausflufs die enormen Reichtümer haben dem Dichter zunächst die Kassiden auf diesen eingebracht. Diese Loblieder sind schwungvoll und bilderreich, sie verherrlichen den, an welchen sie gerichtet sind, so überschwenglich, als dies nur irgenwie denkbar ist. Aber sie halten sich dabei doch von dem Bombast und Schwulst frei, welche derartige höfische Machwerke sonst meist aufweisen. Der Dichter fällt auch nicht gleich sozusagen mit der Thür ins Haus. Er schildert sich in Ketten einer koketten Schönen. Aber Knechtschaft schreckt ihn nicht, ist er doch der Sklave eines Herrschers, der alle seine Diener glücklich macht. Damit ist er wie zufällig bei seinem eigentlichen Thema angelangt und singt nun das Lob seines Fürsten in allen Tonarten. Neben diesen höfischen Liedern stehen andere, in denen er die Liebe und den Wein preist und eine heitere, liebenswürdige Lebensweisheit predigt. In dem Weinlande Persien hat das Verbot des Rebensaftes durch den Koran manchen Widerspruch hervorgerufen. Die Perser hatten als Zoroastrier die Rebenkultur sorgfältig gepflegt, und liefsen sich nun auch unter dem Islâm den geliebten Trank nicht so leicht nehmen. So haben denn schon die frühesten Dichter begeisterte Loblieder auf den Wein gesungen, Rûdakî widmet ihm u. a. die folgenden Verse:

«Ja, das ist Wein, des duft'ger Hauch, fällt in den Nil nur eine Zähre,
Des Krokodiles Nüchternheit in endlos trunk'nen Rausch verkehrt,
Durch den der Hirsch dort auf der Flur, hat einen Tropfen er genossen,
Zum brüllend wilden Löwen wird und selbst um Tiger sich nicht schert» (Ethé).

Wein, Weib und Gesang war auch des Persers Freudentrias. Rustem ruft im Schâhnâme auf einer seiner Fahrten

«dem Schöpfer Lob
Und pries den Herrn der Welt darob,
Dafs in der Wüst' er gefunden Tisch,
Wein, Saitenspiel und die Schenkin frisch» (Rückert);

Omar Chajjâm hat statt dessen einmal die Dreiheit:

«(Dreierlei macht meines Lebens Wonne)
Wein, schöne Mädchen und Morgensonne» (Bodenstedt).

Später glaubte die Geistlichkeit, gegen «den Unfug» einschreiten zu müssen, was ihr von ihrem Standpunkte aus ja nicht zu verdenken war, und erklärte alle Liebes- und Trinklieder mystisch. An die zoroastrischen Priester hatte sich der Begriff «Zecher» angeknüpft, *mugh* («Magier»), *mughkädä* («Magierhaus»), *mughbätschä* («Magierknabe») erhielten bei den muhammedanischen Neupersern die Bedeutung «Trinker», «Weinhaus», «Schenk» — natürlich nicht, als ob die zoroastrischen Priester besonders starke Trinker gewesen wären, vielmehr war das Wort «Magier» hier zu einer allgemeinen Bezeichnung für Zoroastrier geworden. Im Schâhnâme werden bei allen festlichen Gelegenheiten grofse Zechgelage veranstaltet, die meist erst mit völliger Trunkenheit der Teilnehmer enden. Man hatte einen ausgebildeten Trinkkomment, trank einander vor und nach, brachte das Wohl Abwesender aus — bei feierlichen Banketten galt das erste Glas dem Könige, auch wenn er nicht zugegen war. Das übliche epische Wort für Zecher war ein technischer Trinkausdruck und bedeutete etymologisch «Weinvernichter» (vgl. unser studentisches «Biermörder»). Kein Wunder, dafs das Beispiel der alten Höfe an den neuen nachgeahmt wurde, wo man das Schâhnâme überall mit Begeisterung las; die medizinischen Schriften geben Ratschläge, wie man viel trinken könne, ohne berauscht zu werden u. dgl.

Doch zurück zu Rûdakî. Der Dichter hat ein hohes Alter erreicht. Als gebrechlicher Greis fühlte er sich äufserst unglücklich. Er färbte sich als alter Elegant sein gebleichtes Haar, aber die Jugend mit ihren Freuden war unwiderruflich dahin. Ob seine Vermögensverhältnisse sich zum Bösen verändert hatten oder ob nur die Grämlichkeit des Alters aus ihr spricht, seine berühmte Elegie zeigt uns einen verdriefslichen Greis, der gern noch mit den Erfolgen der jüngeren Tage renommiert, ohne doch einen rechten Trost darin zu finden.

«Abgebröckelt ist mir mälig Zahn um Zahn und hingeschwunden,
O kein Zahn nur war's, als Leuchte strahlte jeder hell und licht!
Eine weifse Silberreihe war es, Perlen und Korallen,
Glich dem Morgenstern, dem Tropfen, der aus feuchter Wolke bricht.
Keiner blieb mir! Abgebröckelt, hingeschwunden sind sie alle,

Und des Unglücks Schuld, wer trägt sie? Nur Saturn, der Unglücks-
stern.
Nein, fürwahr, Saturn so wenig als der Zeitlauf! Und wer sonst denn?
Gottes ew'ger Ratschlufs war es, glaubt, das ist der Wahrheit Kern.
Immerdar ist's so hinieden, nur ein Staubball, ewig kreisend,
Ist das All, und kreisen mufst' es ballgleich seit der Schöpfungszeit;
Nur weil Schmerzen uns beschieden, giebt's Arznei, und weil's auf Erden
Seit Beginn Arznei gegeben, giebt es Schmerzen auch und Leid.
Mufs auch endlich einmal altern, was da prangt in Jugendfrische,
Neu verjüngt sich einst doch alles, fiel's dem Alter gleich zum Raub.
Ist zur wüsten Trümmerstätte mancher Blütenhain geworden,
Neue Blütenhaine sprossen aus der Wüste dürrem Staub.
Wie kannst du, o mondgesichtig, lockenduftig Liebchen wissen,
Wer und wie dein armer Sklave einst vor langen Jahren war?
Nährst du jetzt mit Lockenschlägeln seines Schmachtens Lust, du
sahst ihn
Damals nicht, da sich gekräuselt schlägelgleich sein eignes Haar.
Ach! Dahin sind jene Zeiten, da er stets im Freudenrausch war,
Und je ärmer er an Silber, umsomehr an Frohsinn reich,
Da mit Dirhems ohne Zahl er in der Stadt hier aufgewogen
Jede Schöne, der des Busens Knospe schwoll granatengleich.
Huldvoll neigte sich in Liebe ihm so manches holde Mägdlein,
Und so mancher gab verstohlen er ein nächtig Stelldichein;
Ja, ob noch so hoch im Wert auch, stets um niedren Preis erstand ich's:
Hellen Trunk und süfse Wangen und ein Antlitz, zart und fein.
Allzeit war ich heit'ren Mutes, wufste nie, was Gram bedeutet,
Da mein Herz zum Tummelplatze stets der Frohsinn sich erkor;
Und manch' andres Herz, durch Lieder schuf ich's um zu weicher Seide,
War es gleich wie Stein und Ambos undurchdringlich hart zuvor.
Allzeit labte ich mein Auge gern an leichten Flatterlocken,
Redekraftbegabten Männern lieh mein Ohr ich allzeit gern.
Nimmer nannt' ich einen Haushalt, nimmer Weib noch Kind mein eigen,
Frei von allem blieb ich immer, immer blieb mir Sorge fern.
Freilich du, mein teurer Zecher, du siehst jetzt den Rûdakî nur,
Sahst ihn nicht in jenen Tagen, da er lebte wild und toll,
Sahst ihn nicht in jenen Tagen, da er hin und her gepilgert,
Und in tausend Melodieen frisch ihm Sang auf Sang entquoll.
Ach! Dahin sind jene Zeiten, da sein Lied die Welt durchzogen,
Hin die Zeit, da seinen Sänger ihn ganz Chorâsân genannt.
Wem hat je schon solch ein Treiben Ruhm und Schätze eingetragen?
Ich empfing so Ruhm wie Schätze aus der Samaniden Hand.
Chorâsâns Gebieter schenkte mir der Dirhems vierzigtausend
Und von Baghdâd der Chalife(?) sandte noch ein Fünftel mehr,
Sechzigtausend Dirhems schickten seine Freunde nah und fern mir,
Wahrlich ja, in jenen Tagen ging's auf Erden trefflich her.
Ach, ein andrer bin ich heute, andre Zeiten sind gekommen,
Her den Stab drum! Stab und Ranzen will mir heut allein noch frommen!»
(Ethé).

Die Klage des Alten, dafs er nicht mehr geniefsen könne, begegnet uns oft wieder. In der nächsten Zeit besonders bei Kisâjî, der schon mit 50 Jahren aus diesem Grunde Bufse that und fromm ward. Ein schönes, abgeklärtes Greisenalter findet man bei diesen Männern gewöhnlich nicht, die Reue über die lockeren Thaten der Jugend, die sie zu haben vorgeben, scheint im Grunde nicht allzu aufrichtig. Wenn sie noch einmal zu leben hätten, sie würden es um kein Haar anders treiben.

«Die Sünden, die ich begangen, die wird mir der Himmel verzeih'n,
Die ich versäumt, zu begehen, die werden mich ewig gereu'n«
(Hamerling)

denken auch diese alt gewordenen Perser im stillen. Doch auch Kisâjî hat seine Jugendsünden durch schöne Verse, die er unter oder trotz ihnen gedichtet hat, gebüfst, schon um des reizenden Vierzeilers auf die Rose verdient er nicht vergessen zu werden:

«Vom Paradies als Gabe kam die Rose in die Welt,
Der Rosenhain des Menschen Herz vor Lust und Wonne schwellt.
Sag', Rosenhändler, doch, warum verkaufst die Rosen du?
Was Schön'res kaufst als Rosen denn du für dein Rosengeld?»

Selbst ein Omar Chajjâm hat den Gedanken einer Wiederholung für wert erachtet:

«Seit der Mond und Venus am Himmel steh'n,
Ward auf Erden nichts Edleres als Wein geseh'n.
Der Weinhändler ist ein erstaunlicher Mann,
Da er Bess'res verkauft als er kaufen kann» (Bodenstedt).

Kisâjî ist sehr alt geworden, er spielt als Greis in der mystischen Poesie noch eine Rolle, doch ist der Jüngling sympathischer als der spätere fanatische Schiit.

Rûdakîs Name ist für alle Folgezeit einer der gefeiertsten in Persien geblieben. «Adam oder Sultan der Dichter» und andere Ehrentitel geben ihm die Späteren, die ihn einstimmig als den ersten Klassiker anerkennen. Um ihn als den Meister scharten sich zahlreiche Kleinere, aus denen wir nur einige herausgreifen können.

Dafs das Dichten populär war, zeigt Chabbâz («der Bäcker»), der zugleich Brot buk, als Arzt wirkte und Verse machte. Sein Sohn Abû Alî hat den Vater seinen Patienten gegenüber in den folgenden humoristischen Versen geschildert:

«Dem Doktor Becker einst ich riet:
'Den Kranken, der bei dir eintritt,
Den heile auch, dafs er nicht gehe
Getäuschter Hoffnung und dich schmähe.'
Papa erwiderte: 'Lafs mich in Ruh'!
Das Wild läuft von selber dem Jäger zu'.»

Ein schönes Christenkind (eigentlich ein Knabe) hat Abû Çâlich aus Herât zu einem Liebesliede begeistert, das wir in Prosa wiedergeben:

«Ihr Glaube höllisch, himmlisch ihr Gesicht und Wuchs,
Gazellenäugig, ringellockig, tulpenwangig;
Die Lippe, als hätte eines chinesischen Malers Pinsel
Auf Moschus Zinnober aufgetragen.
Schenkte sie ihre Schönheit den Negerinnen,
So würden ohne Zweifel die Türkinnen auf diese eifersüchtig werden[1].
Die Nase ein seidenes Hügelchen,
Wie ein in einen Seidenfaden geknüpfter Knoten.
Unten eine Schatzkammer von Reizen, oben das Paradies,
In der Mitte dazwischen ein Silberpolster.»

Der Dichter beherrscht die Sprache der Erotik völlig, und zwar in ihrer manieriertesten Weise, wie bereits Rûdakî.

Doch es gebricht uns an Raum für die Abul Abbâs aus Buchârâ (der geschickt Schâh Naçrs II. Tod und dessen Sohnes Thronbesteigung in einer und derselben Kasside zu besingen weifs), Chosrowâni (der gleich Rûdakî seine Jugend zurücksehnt und auf dem Totenbette sich den Beistand von Arzt, Mönch, Astrolog und Beschwörer verbittet, weil doch keiner von allen ihm helfen könne), Umâra (wie der gröfsere Omar Chajjâm, an den seine Verse bereits bisweilen gemahnen, ein Dichterastronom) und wie sie alle heifsen. Auch eine Dichterin finden wir schon in dieser Zeit, deren tragische Liebe noch einem modernen persischen Dichter den Stoff zu einem romantischen Epos geliefert hat. Für die älteren Dichter hat man sich gewöhnt, J. Darmesteters geistreiche Charakterisierungen und Etikettierungen in seinem auf Ethés Forschungen aufgebauten Schriftchen *Les origines de la poésie persane* (Paris 1887) anzunehmen. Da inzwischen für fast alle weit mehr Material zugänglich geworden

---

[1] Wenn Negerinnen so schön wären, so würde man künftig diese verachtete Rasse den schönen, vielbegehrten Türkinnen vorziehen (im Original handelt es sich um Neger- und Türkenknaben).

ist (hauptsächlich durch die Dichteranthologie Rizâkuli Châns und Asadîs Reimlexikon), so bedürfen diese Urteile heute mancher wesentlichen Ergänzung.

Doch auch die höchsten Kreise dichteten, wie es denn überhaupt persische Fürsten nie verschmäht haben, ihrem kriegerischen und Regentenruhme den Dichterlorbeer hinzuzufügen. Der Emîr Âghâdschî rühmt sich, Rofs, Lasso, Bogen, Koran, Lied und Schreibgriffel, Laute und Wein, Schach- und Nerdspiel, alle vollkommen zu beherrschen. Und der letzte Samanide, Prinz Muntaçir, vergafs auch im Kriegs- und Lagerleben die Traditionen seines Hauses nicht. Dichter konnte er in den unruhigen Zeiten kurz vor dem Untergange des Reichs nicht um sich scharen, so bewahrte er sich wenigstens selbst die Freude an der Dichtkunst und übte sie. So sind die Samaniden, denen die Poesie in Persien so viel zu danken hat — auch das gröfste persische Dichtwerk aller Zeiten, das Schâhnâme, gehört, wie wir noch sehen werden, eigentlich ihrer Zeit an — noch in einer poetischen Verklärung untergegangen, ihr letzter Sprofs war selbst ein Dichter.

Das blühende samanidische Reich unterlag dem Ansturme türkischer Scharen. So ungebildet diese nun im Vergleich zu ihren neuen Unterthanen waren, ihr genialer Führer, Sultan Machmûd von Ghazna, erkannte alsbald, dafs zur Erhaltung seines schnell begründeten Weltreichs ihm die persische Kultur unentbehrlich sei. So eröffnete er der Intelligenz an seinem glänzenden Hofe eine vielbegehrte Freistätte, ja, wenn es sein mufste, zwang er bedeutende Geister geradezu, sich in Ghazna niederzulassen. Das reiche geistige Leben, das sich hier entwickelte, war aber keineswegs eine Neuschöpfung, sondern der Sultân konzentrierte nur das bereits Vorhandene in seiner Residenz. Das Bild, wie es Helmolts Weltgeschichte (II, 343/5) von dieser Epoche entwirft, ist daher nicht getroffen. Die Sprache des Hofes war das Türkische; der fanatisch sunnitische Sultan war dem schiitischen Persertume von Hause aus durchaus nicht günstig gesinnt und suchte das Persische im amtlichen Gebrauche sogar durch das Arabische wieder zu verdrängen. In der Poesie, die auch jetzt wieder im Vordergrunde der litterarischen Bestrebungen stand, hielt jene sich aber als Herrscherin. Die Dichter der Çaffariden und Samaniden hatten neben ihren persischen Versen noch arabische verfassen zu müssen geglaubt, jetzt hörte dies auf oder zählte doch zu den Ausnahmen. Firdausî hat allem Anschein nach die Sprache des Korans nicht besonders gut verstanden.

Die Würde des Dichterkönigs in der neuen Metropole erhielt Unçurî, natürlich auch wieder um seiner Eulogieen auf den Herrscher willen. Diese ewigen Lobpreisungen — auch auf andere Grofse — mag man wohl im Original aus sprachlichen und kulturgeschichtlichen Gründen sogar mit Genufs lesen, in einer Übersetzung wären sie zum grofsen Teile ungeniefsbar. Wir würden sie, da wir an diesem Genre noch anderweitig genug haben, gerne alle um ein Exemplar von des Dichters romantischem Epos «Wâmik und Adhrâ» hingeben, von dem sich ebenfalls in Asadîs Reimlexikon Bruchstücke gefunden haben.

An dichterischer Kraft und Vielseitigkeit überragte Farruchî weit den offiziellen Poeta laureatus. Es war für den Zeitgeschmack bezeichnend, dafs Farruchî — wie auch Minôtschichrî neben ihm — die Künsteleien des arabischen Dichters Mutanabbî nachahmte, so dafs er den Beinamen «der kleine Mutanabbî» erhielt. Er soll ursprünglich im Dienste eines kleineren Machthabers gestanden haben, und erst später, schon als berühmter Mann, an Machmûds Hof gekommen sein. Farruchî ist vor allem auch ein Meister der Beschreibung. So schildert er des Sultans Lustgärten und Paläste, seine Jagdzüge, das Ramazanfest, den Frühling, ein vom Herrscher ihm geschenktes edles Rofs u. a. m. Ebenso verfolgte er dessen Kriegszüge nach Indien (Sûmanât, Kannaudsch), natürlich nicht etwa als dichtender Historiograph, sondern nur als allgemeiner Enkomiast. Asdschadî, der in der Überlieferung als dritter zu diesen beiden gestellt wird, tritt mehr zurück. Er gefällt sich in Kleinigkeiten und sucht gelegentlich durch ungewohnte äufsere Effekte zu verblüffen. Ein Beispiel seiner Dichtweise haben wir oben S. 64 mitgeteilt. So begnügt er sich mit vorübergehenden kleinen Wirkungen, wie wenn er behauptet, er sei wohl oder übel wieder zum Zoroastrier geworden, wenigstens glühe sein Herz vor Liebesschmerz wie ein Feuertempel und seine Augen glichen einer Traubenpresse — die Perser weinen sehr leicht, auch die gröfsten Helden des Schâhnâmes schänden häufige Thränen aus Kummer, Mitleid, Zorn und anderen Affekten nicht; mit einer Traubenpresse vergleicht der Dichter hier seine weinenden

Augen, weil die Zoroastrier ohne Skrupel Wein trinken durften. In der älteren Poesie ist von der Religion Zoroasters gar nicht so selten die Rede, noch Dakîkî bekannte sich offen zu ihr:

«Von ird'schen Dingen vier erlas Dakîkî
Für sich, gleichviel ob unrein sie, ob rein:
Rubinenlippen und der Zither Klänge,
Und Zarathuschtras Lehr' und roten Wein» (Ethé).

Mit echt orientalischer Übertreibung wird die Zahl der übrigen Dichter an Machmûds Hofe auf mehrere Hunderte angegeben. Nach orientalischer Auffassung sind unter diesen viele Meister gewesen, wir können jedoch nicht einmal den Allernamhaftesten von ihnen, wie Minôtschichrî, Bechrâmî, Jemînî hier mehr als nur die Erwähnung ihrer Namen gönnen. Wir müssen den Raum für den Gröfsten sparen, den wir schon längst an erster Stelle hätten nennen sollen, Abul Kâsim Mançûr Firdausî.

Deutsche Übersetzungen von Poesieen der ältesten Dichter hat Ethé geliefert: Rudagîs Vorläufer und Zeitgenossen in «Morgenländische Forschungen», Festschrift für Professor Fleischer, Leipzig 1875, S. 33—68; «Rûdagî der Samanidendichter» in den Nachrichten der Göttinger gelehrten Gesellschaft der Wissenschaften, 1873, S. 663—742; Fünf Lieder Khusrawânîs und Abû Naçr Gîlânîs in den Sitzungsberichten der bayer. Akademie der Wissenschaften, 1873, S. 654 ff.; Abû Ibrâhîm bin Nûh Muntaçir, ebenda 1874, S. 149 ff.

ZWEITES KAPITEL.

Firdausî.

Der Dichter wird etwa 935 oder 936 zu Tûs in Chorâsân geboren sein, wo er lange Jahre als Grundbesitzer in leidlichen Verhältnissen gelebt hat. In seine Jugend fiel ein Ereignis, das von entscheidendem Einflusse auf sein ganzes Leben ward. Der damalige Gouverneur des Distrikts liefs eine neupersische Prosaübersetzung des alten in Pechlewî abgefafsten Chodhâinâmes («Herrscherbuchs») herstellen. Darin war die alte iranische Sage und Geschichte von der Urzeit bis auf den Untergang des Sassanidenreichs erzählt, und zwar teilweise mit grofser Ausführlichkeit. Eine Menge einzelner Episoden mit vielen, die grofsen Geschehnisse kulturgeschichtlich ergänzenden, kleinen Zügen waren darin verarbeitet. Das Ganze war jedenfalls ein recht umfangreiches Werk. Für eine weitere Verbreitung war eine gefällige äufsere Form unerläfslich, die füglich nur eine poetische sein konnte. Ihm diese zu geben, unternahm der angesehene Dichter Daḳîḳî. Doch nur gegen tausend Verse hatte er gedichtet, als ihn ein plötzlicher Tod, wohl bei einer nächtlichen Liebesaffaire, dahinraffte. Firdausî hatte in Tûs ebenfalls eine Abschrift des neupersischen «Herrscherbuchs» in die Hände bekommen, nach Daḳîḳîs Tode fafste er den Plan, dessen Werk zu vollenden. Ein gewisser epischer Stil war vorhanden, desgleichen auch ein episches Metrum, das arabische Mutaḳârib, das man in der Form ⏑ – – | ⏑ – – | ⏑ – – | ⏑ – bereits seit einiger Zeit für Erzählungen verwendete. Das Handwerkszeug war da, es wartete nur auf den, der es mit völliger Meisterschaft handhabe. Im Gegensatz zu der Lyrik und der gesamten höfischen Poesie hatte man sich in Erzählungen von jeher gröfserer Einfachheit befleifsigt (wir erinnern an die oben S. 68 mitgeteilte Probe aus Abû Schukûrs Dichtungen); dafs diese Schlichtheit nicht etwa am Metrum hing, zeigen die Bruchstücke aus Rûdakîs «Kalîla und Dimna», das nicht in Mutaḳârib abgefafst war. Den üblichen poetischen Apparat verschmähte man natürlich auch in der Erzählung nicht, nur war man in seiner ganzen Anwendung viel mafsvoller. Unserem Geschmack ist ja gewifs innerlich die orientalische Symbolik zuwider, die statt junges Mädchen «Mond», statt Wange «Rose», statt Haar «Moschus», statt Lippe «Rubin», statt Auge «Narzisse», statt Nase «Augenbrauensäule» u. dgl. m. sagt. In der Lyrik mag einem solche Künstelei leicht zuviel werden, weil die Dichter sich hier nicht mit der blofsen Terminologie begnügen, sondern, statt der Phantasie des Hörers die weitere Ausdenkung zu überlassen, selbst durch nähere Ausführung die Bilder erschöpfen wollen. Wenn Firdausî dagegen Sûdâbes Reize schildert:

«Erschien in der Sänft' ein junger Mond,
Wie ein Schâh, der im Schmucke thront;
Von schwarzem Musk die Rosen besät,
Zwei lichte Rubinen, zwei ernste Narzissen,
Zwei Brau'n und die Silbersäule dazwischen» (Rückert),

so scheint das auch in der Übersetzung nur schlicht und im Original stört es überhaupt nicht im entferntesten. Sodann waren die epischen Dichter auch viel sparsamer im Gebrauche arabischer Wörter als die lyrischen. Wieviel die Neuperser zuerst der arabischen Dichtkunst zu danken haben mögen (s. oben S. 45 ff.), in der Epik hatten sie von diesen nichts lernen können, da die Araber keine solche besafsen. Es ist, als hätten sie sich nun auch in ihr mit Absicht möglichst national erhalten wollen, indem sie sogar fremde Ausdrücke nach Kräften mieden. Auch von Firdausî sind uns einige lyrische Gedichte erhalten, ganz im üblichen, höfischen Stile. Viel schöner als sie sind die gelegentlich im Schâhnâme vorkommenden lyrischen Stellen, jene anderen Verse — soweit sie echt sind — würden Firdausîs ewigen Ruhm nicht haben begründen können.

Dafs Firdausî sich nicht gescheut hat, das Dakîkîstück seinem Werke direkt einzuverleiben, trotzdem er es gar nicht sehr günstig beurteilt, beweist, wie konform beide Dichter in ihrer ganzen Art waren. Hätte er sich nicht selbst deutlich über den Thatbestand ausgesprochen, so würde man diesen gar nicht haben ahnen können. Dakîkî beherrschte eben doch schon in einem hohen Grade den epischen Stil, der dann allerdings seinen Meister für alle Zeiten in Firdausî fand.

Zu den freundlichen Worten über Dakîkî im Anfange des Schâhnâmes:

«Ein Jüngling kam mit gelöster Zung',
Mit hellem Geist und Redeschwung.
Ich bring' euch das Buch in Reim', er sprach;
Darob jedes Herz ward freudenwach.
Doch übel war seiner Jugend Art,
Stets hatt' er mit Übel zu kämpfen hart.
Der Tod kam plötzlich ihm angeschnaubt
Und setzt' ihm den schwarzen Helm aufs Haupt.
Dem Übel erlag sein Leben so;
Er ward der Welt keine Stunde froh.
Das Glück hatt' ihm plötzlich den Rücken gewandt,
Er fiel durch eines Sklaven Hand.
Das Buch blieb unvollendet zurück,
So sank in Schlaf sein waches Glück.
O Herr, verzeih ihm seine Vergehn,
Und lafs zu Ehren ihn auferstehn!» (Rückert)

steht Firdausîs späteres Urteil in einigem Gegensatze:

«So weit Dakîkî. Dem Schicksal gefiel
Es, bald seinem Leben zu setzen ein Ziel.

Es nahm ihn aus dieser Welt heraus,
Worin er gelebt in Saus und Braus.
Und anderes hinterliefs er nicht
Als dieses unvollkommne Gedicht,
Das zu beenden ihm nicht war vergönnt,
Ob er auch führte den Griffel behend.
Doch bracht' es ihm Geld und Ehre ein,
Dafs Unheil ihn traf, dran war schuld er allein.
Er verstand es wohl, die Grofsen zu loben,
Und ward drum zu hohem Range erhoben.
Bis dafs ihm verstummte die Zunge sein,
So konnt' er die alte Zeit nicht erneu'n.
Da griff ich das Werk voll Zuversicht an,
Viel Jahre der Mühe wandt' ich daran.
Doch fand ich keinen freigebigen Herrn,
Die Huld eines Fürsten blieb mir fern.»

Der Dichter war hier eben verbittert. Dafs Dakîkî für seine tausend Verse so reich belohnt worden war, während sein unvergleichlich viel wertvolleres grofses Werk unbeachtet blieb, wurmte ihn, und in solcher Stimmung sind die Zeilen dann wohl schärfer ausgefallen, als ein von Erfolg beglückter Firdausî von seinem Vorgänger gesprochen haben würde. Der Pârse Dakîkî hatte die Regierung Schâh Guschtâsps mit dem Auftreten Zerduschts (Zoroasters) und der Einführung von dessen Religion in Persien besungen, ein für einen Muslim heikles Thema, wenn anders er die seinem Volke ehrwürdigen Gestalten der Vergangenheit nicht verunglimpfen wollte. Und dafür war ein Nationalepos doch nicht der Ort. Natürlich hatte auch Dakîkî ein näheres Eingehen auf die den Muhammedanern als ketzerisch geltende altpersische Religion gemieden und ihr mehr ein unbestimmtes, idealisiertes Aussehen gegeben, das in seiner Allgemeinheit keinen argen Anstofs erregen konnte. Eine andere Episode hätte Firdausî wohl nicht so schlankweg als Ganzes aufgenommen, diese zoroastrische kam ihm jedoch gelegen. Er brauchte sich nun nicht selbst blofszustellen, was doch leicht hätte geschehen können; denn aus seiner Sympathie für die alten zoroastrischen Helden macht er nirgends ein Hehl. Etwa 35 Jahre hat der Dichter an sein Werk gewendet. Anfang des Jahres 999 hat er es in einer ersten, uns nicht bekannten Form abgeschlossen und einem samanidischen Grofsen gewidmet. Also der Samanidenzeit gehört nicht nur die Schöpfung eines neupersischen, nationalen Geschichtswerks in Prosa, des Chodhâinâmes, nicht nur Dakîkîs stückweise, erste poetische Bearbeitung desselben an, sondern auch schon eine gesamte Lösung der grofsen Aufgabe. Allerdings fiel diese erste Vollendung in eine Zeit, wo das Reich der Samaniden bereits so gut wie vernichtet war. Firdausî hat sich dann dem neu aufgegangenen Stern in Ghazna zugewandt und elf Jahre später dem Sultân Machmûd das Werk seines Lebens überreicht. In seiner abschliefsenden Gestalt ist es diesem gewidmet und feiert ihn an verschiedenen Stellen in der überschwenglichsten Weise. Die Überlieferung, dafs erst der Sultân den Dichter mit der Abfassung des Schâhnâmes betraut habe, erweist sich mit allen den kleinen, sie umrankenden Zügen als Legende. Historisch an ihr wird nur sein, dafs Firdausî den erhofften Lohn von dem Herrscher nicht erhalten hat. Aus Rache dichtete er die berühmte Satire, die nun hinfort dem Schâhnâme vorangehen und alles in dieses eingestreute Lob Machmûds aufheben sollte. Die Rache des Dichters ist jedoch in dieser Weise nicht verwirklicht worden, das Schâhnâme ward nach wie vor als eine Widmung an Machmûd weiter überliefert, wennschon die Satire daneben keineswegs der Vergessenheit anheimgefallen ist. Der Sultân soll später sein Unrecht eingesehen und an Firdausî noch nachträglich eine grofse Summe gesandt haben. Jedoch zu spät. Die mit reichen Schätzen beladene Karawane zog gerade zu einem Thore in Tûs ein, als man aus dem entgegengesetzten des Dichters Leiche zu Grabe trug. So erzählte man sich wenigstens in Tûs bereits hundert Jahre nach dessen Tode. Die Sage ist nebst ihren weiteren Einzelheiten so poetisch und schön, dafs wir ihr hier nicht mit Zweifeln nahetreten wollen. Firdausîs Tod wird bald nach 1020 erfolgt sein.

Ein Werk wie das Schâhnâme, das nach des Dichters eigener Zählung 60 000 Doppelverse umfafste, also mehr als siebenmal so umfangreich wie die Ilias ist, scheint nun an sich für eine weite Verbreitung durch Abschriftnahme nicht gerade geeignet. Dennoch ist es in zahlreichen Handschriften auf uns gekommen, deren älteste in das 13. und 14. Jahrhundert zurückgehen. Leider sind alle schon stark interpoliert. Gerade in dem viel gelesenen und viel abgeschriebenen Werke hat man auch viel geändert. Die Abschreiber haben oft mit gröfster Ungeniertheit Verse dazu gedichtet und dafür andere weggelassen oder auch gern altertümliche und seltene Worte durch geläufigere ihrer Zeit ersetzt.

Es ist ein enormer Stoff, den der Dichter zu einem Ganzen zusammengearbeitet hat. Rund fünfzig Regierungen von den verschiedensten Zeitdauern behandelt er. Der Chronist geht allerdings völlig im Dichter auf, doch läſst auch dieser seine Absicht, die Geschichte der persischen Könige zu besingen, nie aus dem Auge. Wenn er aus «dem Buche der Vorzeit» oder nach mündlicher Erzählung des «alten Dichkâns» [1] oder Mobeds (eigentlich eines zoroastrischen Priesters, doch hier in der allgemeinen Bedeutung «Kenner der Vergangenheit, Weiser») zu berichten vorgiebt, den Leser mit einem: «Nun leih mir dein Ohr, o Sohn» und Ähnlichem zur Aufmerksamkeit ermunternd, so schauen wir deutlich den epischen Sänger vor uns, der die Sagen der Vergangenheit erneuert.

Mit den Urkönigen beginnt das Lied. Die drei ältesten Herrscher Gajûmarth, Hôscheng und Tachmûrath führen die erste Kultur auf der Erde ein. Dabei liegen sie im beständigen Kampfe mit Ahriman und den Dêwen, die ihnen dienen müssen. Glänzend ist zunächst die 500jährige Regierung Dschemschêds. Unter ihn fällt das goldene Zeitalter, die Welt ist ein Paradies. Aber die Selbstüberhebung dieses Schâhs, der sich zuletzt Gott selbst gleich wähnt, führt zum Verderben. Der teuflische Araber Zohâk stürzt ihn und übt in Persien eine Schreckensherrschaft von tausend Jahren aus. Die Befreier sind der Schmied Kâwe, dessen Schurzfell zum Reichspanier erhoben wird, und ein Spröſsling des alten iranischen Königsstamms, Firêdûn. Nun kehren Friede und Ordnung in die Welt zurück. Firêdûn er-

[1] Dichkân war der Titel der Landedelleute, kleiner Barone, in deren Kreisen sich die alten nationalen Überlieferungen nach der arabischen Eroberung zunächst noch am getreuesten erhalten hatten. «Bauer» bedeutet es im Schâhnâme noch nicht. Als Prinz Bachman im Auftrage seines Vaters, des Königs Guschtâsp, zu Rustem als Bote reitet, redet er gut gelaunt, aber doch immer prinzlich den ihm entgegenkommenden Zâl, den er nicht kennt: «Du Dichkânsproſs» an, was etwa unserem «Euer Wohlgeboren» entsprechen würde. Höher taxiert er ihn nicht, aber für einen Bauer, wie Schack übersetzt, hält er ihn nicht. »Der Bart des Barons von Chorâsân« war noch später in Persien sprichwörtlich.

neuert den Glanz Dschemschêds. Schon zu seinen Lebzeiten teilt er die Erde unter seine drei Söhne. Diese Teilung ruft aber Zwist unter den Brüdern hervor, zwei ermorden meuchlerisch den dritten, und diese Blutschuld wirkt nun fortdauernd weiter. Die Blutrache wird das Hauptmotiv der Handlung, die nie wieder zur Ruhe kommende Erbfeindschaft zwischen Iran und Turan, welche beiden Länder der Ermordete und seine Mörder vertreten, ist durch die unheilvolle That eingeleitet. Minôtschichr rächt den Tod seines gemeuchelten Vaters an den Mördern und wird König, nachdem Firêdûn gebrochenen Herzens ins Grab gesunken ist. Er hatte ebenfalls 500 Jahre regiert. Nunmehr tritt das edle Geschlecht auf, das dann für immer auf das unzertrennlichste mit dem alten Königshause verbunden geblieben ist. Sâm, Zâl und Rustem sind seine grofsen Namen. Zâls Aufwachsen in dem Neste des Zaubervogels Sîmurgh, seine Liebe zu Rôdâbe, der Tochter des Königs von Kabul, die Geburt und Jugend Rustems — das sind Episoden, deren jede die vorhergehenden noch an Reiz und Phantasie übertrifft. In dem Turanierschâh Efrâsijâb ist Persien inzwischen ein gefährlicher Gegner erwachsen. Der Krieg kommt ungeachtet zeitweiliger Friedensschlüsse eigentlich nicht wieder zur Ruhe. Wenn die Schâhs nicht mehr ein noch aus wissen, ist Rustem stets der letzte Retter. Ja, sie treten häufig geradezu hinter ihn zurück und stellen nur äufserlich noch die Macht des Reiches dar, das Rustems starker Arm allein aufrechterhält.

Rustems eigentlicher Schâh ist Kei Kâôs, doch greift sein Walten auch in andere Regierungen vor und nach diesem ein. Seine sieben Abenteuer mit Löwen, Drachen, Dêwen, Zauberinnen, Kei Kâôs' phantastischer Versuch, gen Himmel zu fliegen[1], Rustems Kampf mit seinem Sohne Suchrâb (ein persisches Hildebrandslied) sind die Hauptstücke dieser Abschnitte. Es folgt die rührende Geschichte des Sijâwusch, eines Sohnes des Kei

---

[1] Firdausî hat es sich wohl nicht träumen lassen, dafs er mit dieser lustigen Luftschiffahrt noch nach fast tausend Jahren aufgeklärte Firengîs narren würde. Die Pall Mall Gazette hat 1870 der Welt das Geschichtchen aufgetischt, die Pariser hätten genau auf die gleiche Weise aus ihrer belagerten Stadt zu entkommen gesucht, wie Kei Kâôs im Schâhnâme in den Himmel fliegen wollte (Mor. Busch, Tagebuchblätter I, 505/6).

Kâôs, der eine Tochter Efrâsijâbs heiratet. Aber so leicht soll die Stammesfeindschaft nicht zur Ruhe kommen. Sijâwusch wird ein Opfer schnödester Verleumdungen und erleidet einen jämmerlichen Tod auf Befehl des eigenen Schwiegervaters. Der Völkerkrieg entbrennt nun um so erbitterter von neuem. Sijâwuschs Sohn Kei Chosrau wird durch Gêw, einen der Paladine des Perserschâhs, wie sie nun mehr und mehr neben Rustem hervortreten, nach manchen Abenteuern aus Turan nach Iran gerettet. Er beendet den Krieg siegreich, der sich nicht selten in die maſslosesten Fernen (tief nach China hinein etc.) verliert. Auch Efrâsijâb selbst wird zuletzt getötet. Rustem tritt schlieſslich stark zurück. Kei Chosrau wird in übernatürlicher Weise in den Himmel entrückt. Indem er freiwillig auf den Glanz der Welt verzichtet, den ihm der endliche Sieg über Turan im vollsten Maſse verliehen hat, sühnt er seine und seines Geschlechtes Schuld in dem groſsen Kampfe.

Nunmehr greift Byzanz (Rûm, d. i. das östliche Rom) einschneidend in die Geschichte Persiens ein. Auf Kei Chosrau war aus einer Seitenlinie Lochrâsp gefolgt. Dessen Sohn Guschtâsp (Hystaspes) verläſst des Vaters Hof und zieht als Abenteurer nach Byzanz, wo er schlieſslich des Kaisers Tochter zur Gemahlin erhält. Er stärkt die Macht von seines Schwiegervaters Reiche derartig, daſs es sogar Persien gefährlich wird. Doch kehrt er zu dessen Heil noch rechtzeitig in die Heimat zurück, wo ihm der Vater die Krone abtritt. Unter Guschtâsp tritt Zerduscht (Zoroaster) auf, dessen Religion der König und sein Volk annehmen. Die alte türkische Stammesfeindschaft lodert nun als Religionskrieg wieder auf; denn die Türken weisen den neuen Glauben zurück. Bei ihnen sitzt Ardschâsp, ein Enkel Efrâsijâbs, auf dem Throne. Anfänglich kämpfen die Perser unglücklich, doch Isfendijâr, Guschtâsps Sohn, wendet ihre Sache zum Siege. Allein bald fällt er in Ungnade, was die Türken zu neuen Angriffen ermutigt. Der Miſserfolg der Perser ist diesmal noch viel gröſser als je zuvor, Isfendijâr muſs aus dem Kerker geholt werden, in dem er schmachtet. Als er dann sein Retteramt wiederum verrichtet hat, sendet ihn der Vater auf weitere Abenteuer aus, weil er sich nicht entschlieſsen kann, ihm den Thron zu überlassen, wie er es versprochen hatte. Er besteht die neuen Kämpfe ebenfalls siegreich, bis ihm ein Zweikampf mit Rustem, den Guschtâsp künstlich heraufbeschworen hat, den Tod bringt. Auch Rustem findet bald darauf durch die Tücke eines schurkischen Halbbruders ein seiner unwürdiges Ende. Auf Guschtâsp folgt Bachman, diesem seine Tochter und Gemahlin Humâi, die ihr nach dem Tode des Gemahls geborenes Kind im Euphrat aussetzt. Doch erlangt der Findling später die ihm gebührende Stellung und folgt seiner Mutter als König unter dem Namen Dârâb (Darius). Er heiratet eine Tochter des byzantinischen Kaisers, die er aber bald wieder verstöſst. In Byzanz giebt diese einem Knaben Iskender das Leben, dem künftigen Welteroberer Alexander dem Groſsen, der so zu einem persischen Prinzen geworden ist. Von einem solchen ertrug der persische Nationalstolz die Unterjochung leichter als von einem Stammfremden. Diese Besiegung selbst fällt unter Dârâbs Sohn Dârâ (ebenfalls Darius). Iskender hat in Byzanz den Thron bestiegen und erobert das persische Reich zu dem seinigen hinzu. Seine weiteren Kriegszüge werden ebenfalls ausführlich und recht phantastisch geschildert. Vor seinem Tode verteilt er sein Reich unter seine Groſsen, und so gab es 200 Jahre lang keinen König von Iran. Von den Arsaciden kennt Firdausî nur die Namen.

Das Aufkommen Ardeschîrs, des ersten Sassaniden, und die Regierungen der weiteren Herrscher dieser Dynastie werden dann im allgemeinen der geschichtlichen Wahrheit entsprechend, jedoch mit viel legendenhafter Ausstattung behandelt. Mit dem elenden Tode des letzten Jezdegird (III.) schlieſst der Dichter.

Aus dieser kurzen Ubersicht, in der zahllose der allerherrlichsten, Hunderte und Tausende von Versen ausfüllenden Episoden gar nicht einmal angedeutet werden konnten, mag der Leser aber doch vielleicht eine Ahnung gewinnen, wie gewaltig des Dichters Leistung ist. Und zu dem äuſseren Umfange paſst die innere Ausführung. Ein erhabener, edler Stil, eine einfache, wohllautende, wie Musik klingende Sprache, eine gewaltige, wohl ins Übernatürliche aber nicht ins Unnatürliche ausschweifende Phantasie, ein sittlicher Ernst, mit schöner Menschlichkeit gepaart, ein tief religiöser Sinn, höchstes Nationalgefühl, das sind die Züge, die den Dichter und seine Dichtung kennzeichnen. Die zartesten Liebesszenen (Zâl und Rôdâbe, Bêschen und Menêsche, Guschtâsp und Kitâjûn) oder die rührendsten der Mutterliebe (Firengîs) gelingen ihm ebensogut wie die wildesten Rache- und

Schlachtenbilder. Wenn Rustem in seinem Grimm die unselige Königin Sûdâbe, die alles Unheil verschuldet hat, mit dem Schwerte niederhaut, so erinnert das an Kriemhild und Hildebrand in den Nibelungen. Überhaupt finden sich in dem Wesen der germanischen und persischen Helden manche ähnliche Züge. Der Glanz des Königtums wird in aller nur denkbaren, märchenhaften Pracht ausgemalt. Daneben kommt auch das Volksleben zur Darstellung, aus dem uns besonders in der Sassanidengeschichte gelegentlich reizende Genrebildchen vorgeführt werden. Ganz auffällig ist die absolute Dezenz in puncto Veneris. Nur an einer einzigen Stelle findet sich eine Pikanterie, und hier ist sie durch Trunkenheit motiviert. Der Perser ist sonst in geschlechtlichen Dingen recht frei; für Zoten in Versen hat er geradezu eine Schwäche, und die gröſsten Dichter haben dieser Neigung Rechnung getragen. Aber Firdausî hat sein groſses Werk durch keine derartigen Niedrigkeiten befleckt. Dem Humor gönnt er wohl bisweilen ein Plätzchen, aber Gemeinheiten nie.

Nach unserer Empfindung sind die besonders im Sassanidenteile sehr beliebten lehrhaften Reden (hier auch regelmäſsige Thronreden der neuen Herrscher) etwas zu reichlich vertreten. Der Perser hat aber für «gute Lehren» stets viel übrig gehabt, wenn er sich auch im Grunde immer mehr an der dabei entwickelten Rhetorik ergötzte als dem Inhalte nachstrebte. Schon im Mittelpersischen finden wir eigene derartige Schriften (s. oben S. 37/8, 51/2).

Schier unerschöpflich ist die Phantasie des Dichters. Wir haben oben einmal erwähnt, daſs Wiederholungen bestimmter epischer Wendungen bei ihm sehr häufig seien (S. 20, 57/8); danebenher geht aber doch auch eine staunenswerte Abwechselung. In den Objekten des Vergleichs selbst welch eine Mannigfaltigkeit! Man könnte ein Buch über die Vergleiche im Schâhnâme schreiben.

Eine Ausführung im einzelnen, wie sie Homer so meisterhaft versteht, widmet der persische Dichter seinen Vergleichen nicht. Meist giebt er dem Leser nur kurz die Umrisse an und überläſst es ihm, sich diese selbst weiter auszumalen, wenn er das Bedürfnis dazu fühlt. Vor Häufungen schreckt er dabei keineswegs zurück, in Jean Paulscher Hast jagt ein Vergleich den andern, z. B.:

«Ein Handgemenge sich nun entspann,
Das Blut einem reifsenden Strom gleich rann.
Als Dârâb das feindliche Heer sah, geschwind
Sprang er da hervor wie ein Wirbelwind.
So viele streckte er tot in den Sand,
Dafs man meint', eine Welt[1] schwing' das Schwert in der Hand.
Wie ein Löwe kam er dahergesaust,
Unter sich einen Drach'[2], ein Krokodil[3] in der Faust.
Bis zu den Zelten die Römer er trieb,
Wie ein grimmiger Löwe, mit Stich und mit Hieb.
Einem Meere von Blut glich das Geheg',
Wohin dem Helden sein Schwert wies den Weg.»

Also acht Vergleiche in sechs Beits, von denen der Löwe und der Blutstrom (das Blutmeer) sogar doppelt vertreten sind. Ohne Vergleiche kann ein Perser überhaupt nichts genauer beschreiben. Gewöhnlich fehlt ihm zu letzterem von vornherein die Geduld; er kann nicht bei der Sache bleiben, sondern macht quecksilbrig, wie seine Phantasie ist, unaufhörliche Seitensprünge. Aber ein Realist wie der ganz moderne Kâ'anî macht Anläufe dazu, in Zolascher Gründlichkeit ein Milieu äufserlich auszumalen. Dann fällt dergleichen aber folgendermafsen aus (der Dichter schildert sich krank zu Hause liegend, als seine Geliebte in sein Zimmer eintritt):

«Zur Thür streckt' sie den Kopf herein und sah mich
Elend und krank auf meinem Bette liegen.
Auf einem Fell, wie Igelhaut so stachlig,
Mit einer Nachthaub' wie ein Wiedehopf.
Die Nase spitz, die Wangen eingefallen,
Der Backenbart und Schnurrbart ungepflegt.
Gleich einem Affen dünne Mund und Lippen,
Die Händ' und Füfse mager wie 'ne Eidechs'.
Die Nägel lang, als wären's Katzenkrallen,
Das Kinn vorstehend, dem Kamele gleich.»

Schâh Nâçireddîn verstand es, in seinen Reisebüchern Dinge nach ihren äufseren Merkmalen kurz lebendig zu schildern. Und ganz meisterhaft haben dies die modernen türkischen Schriftsteller Achmed Midchat, Müallim Nadschi, Sezaji, Samy u. a. gelernt, die in ihren Novellen und Romanen eine vorzügliche

---

[1] Die ganze Welt, nicht blofs ein einzelner Mann.
[2] Sein Rofs.
[3] Sein Schwert.

Kleinmalerei mit den auch uns geläufigen, natürlichen Mitteln zu erreichen wissen. Sie haben dies nicht nur den Franzosen, ihren anerkannten Lehrmeistern in der modernen Belletristik, abgesehen, vielmehr hatten sie schon längst vortreffliche Vorbilder unter sich selbst in ihren Meddachs, den beliebten öffentlichen Erzählern. Nur galt deren Weise nicht als litteraturfähig, bis die gebildeten Kreise mit der französischen Litteratur vertraut wurden. Der Ton der Meddachs drang nun in die Prosa ein, allerdings mit einer beträchtlichen Verfeinerung. Achmed Midchat erzählt seine Novellen, besonders die älteren, ganz wie ein schöngeistig gebildeter Meddach mit dessen fortwährenden, die Schilderung unterbrechenden Einreden und Fragen: «Was denkt ihr wohl, wie unglücklich sich die arme X. fühlen mußte?» u. dgl.

Den Sonnenaufgang weiß Firdausî mit stets wechselnden Bildern auszumalen. Innerhalb 2400 Versen überschüttet er den Leser mit den folgenden 20 Schilderungen, von denen nicht zwei einander wörtlich gleich sind und die meisten überhaupt ganz verschiedene Bilder bieten:

«Frühmorgens, als die Sonne heraufeilte;
die Lampe erhob das Haupt über den Berg;
als die Sonne das pechschwarze Hemd zerriß und aus dem Vorhange heraustrat;
als die kreisende Sonne am Firmament aufleuchtete;
als die Sonne von oben den Speer (ihre Strahlen) warf;
als die Sonne sich die Krone aufs Haupt setzte, ward flüssiges Gold das Laub des Teakbaums (die Blätter der Bäume strahlen wie Gold im Sonnenglanze);
als die Sonne heraufeilte und wie ein goldener Schild sich im Wasser spiegelte;
als die Sonne aus dem Vorhang sichtbar ward und aus dem Zeichen des Schützen auf den Thron stieg;
als die Sonne sich auf den goldenen Thron setzte, zerkratzte sich die schwarze Nacht ihre Wangen mit den Nägeln;
als die welterleuchtende Sonne aufstrahlte;
als die Sonne ihr Schwert aus der Scheide zückte, zog die finstere Nacht den Saum (ihres Gewandes) vor ihr hinweg (sie enteilte);
als die Sonne den goldenen Schild ergriff, hob die finstere Nacht die Hand über ihren Kopf (um sich zu schützen);
als die Sonne ihre Krone von oben zeigte, enthüllte die Luft der Erde ihr Geheimnis;
als die Sonne aus dem lasurfarbenen Vorhange heraustrat und den Goldbrokat anzog;

als die Welt hell ward und die Fahne der finsteren Nacht verschwand;
als der Tag sein goldenes Hemd anzog und die welterleuchtende Sonne sich westwärts wandte;
als die Sonne die goldene Mütze erhob, ward wie ein Rubin das Zeichen des Widders, und allenthalben lächelte das Antlitz der Erde;
als die strahlende Sonne über den Berg kam, machte die Lampe der Welt die Erde wieder frisch;
als die Weltleuchte aufleuchtete;
als die Sonne den goldenen Schleier übers Haupt zog, ward der Osten der Blüte des Bockshornklees gleich.»

Diese Beispiele stammen aus einer beliebig herausgegriffenen Partie des Schâhnâmes[1]; andere würden genau das gleiche Ergebnis liefern. Ganz originelle Bilder wie:

«Als die strahlende Sonne die Schwingen ausbreitete, senkte der schwarze Rabenvogel (die Nacht) das Haupt;
wenn die leuchtende Sonne das Banner erhebt und den blauen Himmel erhellt;
als der lasurfarbene Schleier erhellt ward, ward die Erde gleich einem gelben Rubin;
als die Sonne den Rost vom Firmamente hinwegnahm und das moschusfarbene Hemd zerrifs;
als die Sonne unmutig den dunklen Schleier zerrifs und heraustrat;
als die leuchtende Sonne ihr Gesicht, wie ein Liebchen das Herz voller Liebe, zeigte;
als die Sonne ihr Heer am Firmamente aufstellte;
wenn das Meer aus gelbem Rubin seine Wogen über die dunkele Erde wälzt» —

schüttelt der Dichter, sozusagen, fortwährend aus dem Ärmel. Sicherlich können nicht viele Dichter gegen eine solche Fruchtbarkeit der Phantasie in Wettbewerb treten, und dabei ist nach persischer Empfindung kein einziges dieser Bilder geschmacklos. Auch in Beschreibung der Morgendämmerung, des Sonnenunter- und Mondaufgangs wechselt der Dichter, aber seine Sonnenaufgänge übertreffen in dieser Beziehung doch alles. Der Anblick mufs in seiner Heimat ganz besonders grofsartig gewesen sein — Chorâsân bedeutet nicht umsonst «Sonnenaufgangsland».

Die Unabänderlichkeit des Schicksals, eine Vorstellung, die

---

[1] Seite 1457—1605 der Leidener Ausgabe.

das ganze Gedicht von Anfang bis zu Ende durchzieht, lockt dem Dichter wohl manche Klage darüber ab, dafs so oft die Besten dahinsinken. Aber diese Machtlosigkeit des Menschen wird gemildert, ja geradezu verklärt durch ein ergreifendes Sichbeugen unter den unerforschlichen Ratschlufs Gottes. Gegen diesen giebt es kein Murren. Isfendijâr sieht ein, dafs der Zug gegen Rustem ein Unrecht ist, aber er mufs dem Befehle seines Vaters und Königs gehorchen. «Und wenn ich dabei umkomme, so war mir's also vom Schicksal bestimmt.» Böses kommt wie Gutes von Gott; der Mensch mufs es mit «lachender Lippe» hinnehmen. Aber wer andere zu unrechtem Thun zwingt, der mufs am jüngsten Tage dem Weltenrichter dafür Rede stehen, nicht der, dessen Pflicht es war, zu gehorchen und so das Böse auszuführen. So begleitet der Dichter Rustems Ende mit folgender Sentenz:

«Was suchst du nur in diesem Pilgerhaus?
In Freuden ziehst du ein, mit Kummer aus;
An Ahrman oder Gott, den Einen, glaube,
Ja, sei von Eisen, doch du wirst zu Staube!
Thu lebend Gutes, dann wird als Belohnung
Dir Glück zu teil in jener andern Wohnung» (Schack).

Nicht ergebenes Die-Hände-in-den-Schofs-legen forderte die altpersische Religion von ihren Bekennern, sondern eifrige Bethätigung im Guten, zum eignen Heil und dem der gesamten guten Schöpfung. Den Personen des Epos ist im allgemeinen eine aufserordentliche Frömmigkeit eigen, aber ohne dafs sie dazu etwa einer besonderen Ermunterung durch die Priesterschaft bedürften. Der Klerus steht stark im Hintergrunde. Die Könige beraten sich wohl regelmäfsig mit den Mobeds, aber nur als mit erfahrenen Männern; Einflufs um ihres geistlichen Standes willen haben sie nicht. Isfendijâr scheint allerdings wegen seiner Ausbreitung des Zoroastrismus sichtlich der Held der Priester zu sein; wenn das in Firdausîs Vorlage etwa noch mehr der Fall gewesen ist, so hat der Dichter hier viel gemildert. Bei ihm ist das Königtum die höchste Autorität.

Im grofsen und ganzen hat Firdausî gewissenhaft die Uberlieferung beibehalten, wie er sie vorfand. Wie sie das Schâhnâme schildert, so war nach der Meinung seiner Zeit die Geschichte Persiens verlaufen. Die Hauptcharaktere und auch viele Nebenpersonen standen in der Überlieferung längst fest, doch ihre straffe Zusammenfassung, ihr eigentliches Leben für alle Zeiten haben sie erst durch den Dichter erhalten. Er hat «das Lied von Farbe und Duft», wie er selbst die Episode von Rustems sieben Abenteuern nennt, geschaffen, dessen Frische ewig bleiben wird. Den über ungemessene Zeiten sich verteilenden Stoff hat er so zu ordnen gewufst, dafs alles sich an einem nie abreifsenden Faden hinzieht. Die jugendliche Kraft, mit welcher der alternde Dichter sein Riesenwerk bis zum Schlusse durchgeführt hat, ist bewunderungswürdig und wird nicht leicht ihresgleichen haben. Immer und immer wieder sind ihm Höhepunkte gelungen, die zu dem Schönsten gehören, was der menschliche Geist überhaupt auf dem Gebiete der Poesie geschaffen hat. Der Ausgang der Sassaniden ist nicht minder ergreifend als der Isfendijârs u. v. a. m.

Was Firdausî mit seinem Schâhnâme schuf, wufste er selbst. Die ganze Welt werde von ihm reden, sagt er einmal mitten in seinem Gedichte, wenn dieses einst vollendet sein werde; jeder, der es lese, werde ihn segnen. So werde er nicht sterben, sondern ewig leben. Das hohe Schlofs seiner Dichtung werde nicht Sturm noch Regen schädigen. An einer anderen Stelle nennt er sich einen Jesus, d. h. einen Totenerwecker der alten nationalen Helden — Jesus ist auch nach muhammedanischer Auffassung ein sehr grofser Prophet (speziell der heilkräftigste Arzt).

Nun, Firdausîs stolze Voraussagung hat sich bisher völlig erfüllt. In Persien liest oder hört heute nach 1000 Jahren noch jeder vom Schâh bis zum Derwisch das Schâhnâme und berauscht sich an den prächtigen Versen und dem schönen Inhalt. Uns Deutschen ist es durch Friedrich Rückerts und des Grafen von Schack Übersetzungen zugänglich geworden, zwar nicht in seinem ganzen Umfange, aber doch zu einem grofsen Teile. Görres' seiner Zeit vielgeschätzten prosaischen Abrifs (Das Heldenbuch von Iran, Berlin 1820, 2 Bände) wird allerdings heute wegen seiner gesuchten Redeweise niemand mehr lesen. Der Jugend hat Helene Schaupp-Horn die Reckengestalt Rustems in einem ersten Bändchen der «Schönsten Heldensagen aus dem persischen Königsbuche» (Halle 1895) näherzubringen unternommen. Frankreich und Italien besitzen vollständige Übersetzungen des Schâhnâmes, ersteres eine prosaische von Jules Mohl (Paris 1838—1878, 7 Bände, wiederholt 1877/78), letzteres eine poetische von Italo Pizzi (Torino 1886—1888, 8 Bände).

Rückerts Übersetzung ist philologisch weit wertvoller als diejenige Schacks, doch ist sie äußerlich längst nicht in dem Grade ausgefeilt wie diese, die zugleich eine wertvolle Bereicherung der deutschen Litteratur darstellt. Der Kenner des Originals wird ihr den Vorzug zugestehen, weil sie eine weit unmittelbarere Anschauung von diesem selbst geben kann als die kunstvollere, glattere Schacksche. Nicht als ob das Original irgendwie kunstlos wäre — im Gegenteil! Aber persischer und deutscher Stil sind beide sehr verschieden, und bei Rückert ist die persische Weise viel weniger verwischt als bei Schack. Übrigens ist Rückerts Werk nie druckfertig gewesen und erst lange nach seinem Tode herausgegeben worden (Firdosis Königsbuch, aus dem Nachlaß herausgegeben von E. A. Bayer, Berlin 1890 ff., 3 Bände). Schacks Nachbildung, wie er sie selbst bezeichnet, ist zuletzt als «Heldensagen des Firdusi» in 3 Bänden zu wohlfeilem Preise in der Cottaschen Bibliothek der Weltlitteratur erschienen. Eine Anschauung des Originalversmaßes mögen dem Leser die folgenden Zeilen aus Saadîs Bostân geben, die Rückert als Probe einmal versucht hat (schon Tholuck war ihm darin vorangegangen, und auch Graf Platen hat einige Verse aus Nizâmîs «Alexanderbuch» so übertragen):

«Takasch-Schâh vertraut' ein Geheimnis den Knechten,
Damit sie an niemand es ausbringen möchten.
Ich weiß nicht, von wem ausgeplaudert es ward;
Der Schâh sprach: 'Ihr Unweisen boshafter Art!
Ein Jahr, und mir kam's aus der Brust auf die Zung',
Ein Nu, und ihr bringt durch die Welt es in Schwung.'
Dem Scharfrichter er ohne Schonung befahl:
'Du hau' ihre Köpf' ab mit schneidendem Stahl.'
Da sprach von der Schar einer, flehend um Huld:
'O bring' nicht die Knecht' um! denn dein ist die Schuld.
Du hast, da's ein Quell war, gestopft nicht das Loch;
Es ist nun ein Gießbach, wer stopft diesen noch?' —
Du mach' dein Geheimnis nicht selbst einem kund;
So bist du gewiß, daß er's macht keinem kund.
Du magst deinen Schatz deinen Schatzmeistern geben,
Doch gieb dein Geheimnis dir selbst aufzuheben.»

Der Gegensatz zwischen Persisch und Deutsch ist höchst auffällig. Im Persischen klingt das Metrum würdevoll, ohne daß sich dieser Eindruck je minderte, wenn man auch noch so viele Hunderte von Zeilen hintereinander fort liest. Im Deutschen haben wir ein unruhiges Gehüpfe, welches das Ohr auf die Dauer nicht ertragen kann. Rückert hat daher für seine Verdeutschung meist jambische Verse von acht bis elf Silben mit vier Hebungen und wechselnden Senkungen gewählt. Ein Kritiker hat in diesen «Knittelversen» einen «Bänkelsängerton» entdecken wollen; ein derartiges Urteil konnte wohl nur aus einem recht oberflächlichen Eindruck hervorgehen.

Wir lassen nunmehr als Proben einige Stellen aus Rückert und Schack folgen. Zunächst die Satire, deren wuchtiges Pathos Graf Schack sehr glücklich wiederzugeben verstanden hat:

«O Welterobrer Machmûd, wenn du Spott
Mit mir auch treibst, so zittre doch vor Gott!
Du meintest, keiner werde sich zum Kläger
Aufwerfen wider dich, den Kronenträger,
Doch dachtest nicht an meines Geistes Blitze,
An meines Wortes schneid'ge Lanzenspitze;
Kein zahmes Lamm bin ich, wie du geglaubt,
Ich bin ein Löwe, der nach Beute schnaubt!
Verleumder wagten es, mich anzuschwärzen,
Dafs keine Liebe mehr in meinem Herzen
Zu dem Propheten und zu Alî wohne;
Allein ich schwör' es bei der Herrscherkrone:
Treu bleib' ich ihnen, jede böse Schmähung
Verachtend, bis zum Tag der Auferstehung,
Und magst du mir das Haupt vom Rumpfe schneiden,
Nicht lass' ich von der Liebe zu den beiden!
Ein Sklav' bin ich dem Hause des Propheten,
Und selbst der Staub, den Alîs Fufs getreten,
Ist heilig mir! Stampft, wie du mir gedroht,
Mich deiner Elefanten Fufs auch tot,
So trag' ich, im Vertrau'n auf jene zwei,
Dies Los doch heiter und von Kleinmut frei.
Der Gottgesendete von reiner Seele,
Der Meister der Verbote und Befehle,
Den jeder ehrt, der Geist hat und Verständnis,
Spricht so: ‘Ich bin die Stadt der Gotterkenntnis,
Und Alî ist zu dieser Stadt das Thor'.
Stets klingen diese Worte mir im Ohr,
In diesem Glauben bin ich grofs geworden,
Und noch, wenn deine Schergen mich ermorden,
Bekenn' ich ihn! Auch du, o Machmûd, wende
Andächtig zu den beiden Herz und Hände!
Weichst du von ihnen, so ist dein Verstand
Fürwahr noch kleiner als ein Körnchen Sand!

Gott, der die Strafen abwägt und den Lohn,
Erhebt sie beide drüben auf den Thron,
Und ich kann vor dem Stuhl, auf dem sie sitzen,
Dann hundert Kön'ge so wie dich beschützen!
Vor allen Herrschern, welche noch auf Erden
Erstehen, soll es laut bekundet werden,
Daſs ich, der treu ich meinem Glauben blieb,
Mein Königsbuch nicht für Schâh Machmûd schrieb;
In des Propheten und in Alîs Namen
Allein hab' ich gesät des Wortes Samen.
Viel Männer lassen sich als groſs begaffen,
Doch kein Firdausî ward vor mir erschaffen,
Die Kraft der Welt war allzu klein dazu!
Zwar kaum auf meine Verse blicktest du,
Doch wisse, jeden, welcher mein Gedicht
Miſsachtet, trifft des Himmels Strafgericht.
In Worten, deren Schimmer nie erblaſst,
Hab' ich dies Buch der Könige verfaſst;
Viel müht' ich mich bei dem, was ich gedichtet,
Mein Hoffen war auf Dank und Lohn gerichtet,
Und als ich nun, ein Greis mit weiſsem Haare,
Mich näherte dem achtzigsten der Jahre[1],
Da schwand, so wie ein leerer Traum zerrinnt,
All meine Hoffnung plötzlich in den Wind.
Ich hab' in zweimal sechzigtausend Zeilen
Die Männerschlachten und den Kampf mit Keulen,
Die Schilder und die Schwerter, hochgeschwungen,
Die Bogen und die Harnische besungen,
Beschrieben Fangestricke, Pfeile, Speere
Und Flüsse, Wüsten, Ebenen und Meere.
Vom Kampf mit Lanzen und mit Hellebarden,
Von Krokodilen und von Leoparden,
Von Dêwen, die den Himmel durch ihr Schreien
Erschüttern, von der Ghûle[2] Zaubereien
Hab' ich gesungen und von Abenteuern
Mit Wölfen, Leu'n und Drachenungeheuern,
Von Königen mit Krone und mit Helm
Wie Schâh Efrâsijâb und Tûr und Selm,
Wie Ferîdûn und Dchmschêd und Zohâk,
Vor dessen Missethun die Welt erschrak,
Wie Chosrau mit dem Heer der Lanzenschwinger
Und Tachmûras, dem kühnen Dêwbezwinger.
Gesungen hab' ich von der Krieger Ruhm,
Von ihren Thaten, ihrem Heldentum,

[1] Wohl bemerkt: Mond-, keine Sonnenjahre.
[2] Spukgeister.

Von Rustem, dem gewalt'gen Elefanten,
Von Sâm und Zâl, den nimmer Übermannten,
Von Gôderz und von seinen achtzig Kindern,
Den Leu'n des Kampfs, den Türkenüberwindern,
Gesungen vom gepanzerten, beschildeten
Isfendijâr, dem wie aus Erz Gebildeten,
Und von Dschâmâsp, vor dessen Sonnenglanze,
Des Himmels Sternenheer erblich, das ganze.
Das sind die Helden, stark und mutbefeuert,
Von deren Ruhm die Kunde ich erneuert;
Sie alle starben längst, doch ich beschied
Ein ew'ges Leben ihnen durch mein Lied.

O Schâh! Ein Werk liefs ich dir zum Vermächtnis,
Das nie vergeht; als einziges Gedächtnis
Wird es von dir auf Erden hinterbleiben,
Wenn man dich selbst vergafs und all dein Treiben.
Durch Sonnenbrand und Regengufs zerfallen
Die Königsschlösser und die Tempelhallen,
Doch den gewalt'gen Bau, den ich erhoben,
Versehrt nicht Regen noch der Stürme Toben;
Solang die Welt besteht, die Jahre kreisen,
Wird, wer Verstand hat, meine Dichtung preisen.
In Armut und in Elend und mifsachtet,
Mich rastlos mühend, hab' ich lang geschmachtet,
Ein andrer Lohn war mir von dir versprochen,
Allein dein Wort hast treulos du gebrochen.
Ein böser Feind — ihn treffe Gottes Fluch! —
Hat mich bei dir verleumdet und mein Buch;
Du liehest ihm dein Ohr, der Allzurasche,
Und meiner Hoffnung Flamme ward zu Asche.
Dir lag es ob, statt ihm Gehör zu schenken,
Dir lag es ob, o König, zu bedenken,
Wie durch mein Werk, das hehr vor allen strahlt,
Ich meine Schuld auf Erden abbezahlt.
Zahllose Dichter lebten schon hienieden
Und manche wufsten einen Vers zu schmieden,
Doch alle sind sie lange schon vergessen;
Ich aber — kann mit mir sich einer messen? —
Durch das Gedicht, das ich hervorgebracht,
Hab' ich die Welt zum Paradies gemacht;
Das alte Iran, lang vom Staub bedeckt,
Hab' ich zu neuem Leben aufgeweckt,
Und wenn Schâh Machmûd nicht ein Knicker wäre,
So hätt' er längst zu königlicher Ehre
Mit goldner Krone mir das Haupt gekrönt;

Doch dafs ein Sklave[1] Brauch und Sitte höhnt,
Begreift sich wohl! Wär' er ein Königssohn,
So säfs' ich neben ihm auf einem Thron;
Wär' er erzeugt in fürstlichem Palast,
In Gold und Silber hätt' er mich gefafst,
Allein wer Adel nicht noch Gröfse kennt,
Der zittert, wenn man grofse Namen nennt.
In Wahrheit, dieser Machmûd, dieser Pilz
Des Glückes ist kein König, nein, ein Filz!
Nachdem ich dreifsig Jahre unverwendet
All meine Kräfte meinem Werk gespendet,
Stets hoffend, dafs der Schâh mein Haupt erhöhte,
Mich schützend wider dieses Lebens Nöte,
Erschlofs er huldvoll seines Schatzes Thür
Und gab mir zur Belohnung — ein Glas Bier[2]!
Nicht mehr ihm galt ich als ein solches Glas.
O seltne Grofsmut dieses reichen Schâhs!
Er, der nicht Glauben hat, noch Tugend ehrt,
Selbst einen Tropfen Bier ist er nicht wert.

Ein Sklavensohn lernt niemals Majestät,
Ward gleich sein Vater auf den Thron erhöht;
Wer den Gemeinen aus dem Staub erhebt
Und Dank für seine Müh'n von ihm erstrebt,
Der zieht sich eine Schlange grofs mit Liebe,
Das Wasser fängt er auf in einem Siebe.
Ob einen Baum von bitterer Natur
Man auch verpflanzen mag auf Edens Flur,
Ob man ihn aus des Paradieses Flüssen
Auch tränkt mit süfsen Milch- und Honiggüssen,
Nicht läfst sich seine Bitterkeit bezwingen,
Und immer wird er herbe Früchte bringen.
Berührt dich eines Ambrahändlers Hand,
So duftet lang davon noch dein Gewand,
Allein rührst du den Kohlenbrenner an,
Schwarz wirst du selber, so wie Kohlen, dann.
Der Böse ward zu bösem Thun geboren,
Kein Waschen macht zum Weifsen je den Mohren;

---

[1] Schâh Machmûd war aus türkischem Stamme, der den Persern früher ihre Sklaven geliefert hatte. Firdausî nennt daher Machmûd, der natürlich aus fürstlichem Geblüte war, in seinem Ingrimme auch einen Sklaven.

[2] Die Geldsumme, welche Schâh Machmûd dem Dichter der Sage nach für das Schâhnâme geschickt haben soll, soll dieser, weil sie ihm zu gering war, zwischen einem Bierverkäufer und dem Badewärter seines Bades verteilt haben.

Wer Gutes hofft von schändlichen Gesellen,
Wer Labetrunk begehrt von gift'gen Quellen,
Gilt denen gleich an Thorheit allenthalben,
Die sich mit Staub anstatt mit Balsam salben.
Wärst du ein echter Schâh zu sein beflissen,
So hättest, Machmûd, du geehrt das Wissen
Und jener alten Kön'ge Brauch, der frommen,
Die ich besang, zum Vorbild dir genommen.
Um deshalb aber schreib' ich, das vernimm,
Jetzt diese mächt'gen Verse, voll von Grimm,
Damit der Schâh, belehrt durch meinen Rat,
Sich selbst nicht schände, wie er diesmal that,
Und Dichter nicht mifsachte, so wie jetzt;
Denn sieht ein solcher sich gering geschätzt,
So schleudert er auf dich ein Strafgedicht,
Das ewig dauert bis zum Weltgericht,
Wenn ich zum Thron des höchsten Richters trete
Und, mir das Haupt mit Staub bestreuend, bete:
'O Herr! Im Feuer ihn verzehre du,
Doch mich in ew'gem Licht verkläre du!'»

In das Schâhnâme selbst möge zunächst Rückert und darauf nochmals Schack einführen.

Geschichte von Mirdâs, dem Araber, Zohâks Vater.

«Es war ein Mann in jenen Tagen,
Aus der Wüste der Reiter, die Lanzen tragen;
Ein mächtiger Fürst und ein frommer Mann,
Dem das Herz in Furcht des Herrn zerrann.
Mirdâs der Gewaltige hiefs,
Der froh an Grofsmut und Huld sich erwies.
Von melkenden Tieren jeder Art
Waren ihm je eintausend geschart.
Ziege, Kamel und Schaf zu Gewinn
Gab der Fromme den Melkenden hin.
Die Milchkuh kam gehorsam so,
Wie das Araberrofs sprang frei und froh.
Wem immer Milch zu Wunsche war,
Streckte danach die Hand nur dar.
Dem Reinherz'gen war ein Sohn verliehn,
An dem nicht ein wenig von Lieb' erschien.
Zohâk der Weltmachtsuchende hiefs,
Der keck und beherzt und scheulos sich wies.
Ihn nur Bêwerasp nannten sie,
Den Namen sprach man in Pechlewî;

Denn Bêwer in Pechlewânî-Zahl
Ist auf Pârsî zehntausend zumal:
Zehntausend Rosse mit goldnem Gebiſs
Hatt' er, den Namen schuf ihm dies.
Zwei Drittel davon waren Tag und Nacht
Gesattelt, zum Prunk und nicht zur Schlacht.
So war's, als Iblîs[1] einst früh am Tag
Bei ihm als guter Freund einsprach.
Er lenkte das Herz des Fürsten ab,
Der Junge Gehör seinen Worten gab.
Die schönen Worte gefielen ihm nun,
Er merkte nicht sein häſsliches Thun.
Er schenkt' ihm Herz und Seel' und Glaub'
Und häuft' auf den eignen Scheitel Staub.
Als Iblîs merkte, daſs er sich gab,
Unmassen Lust an den Trugreden hab',
Sprach er viel Schönes und Schmuckes mehr,
Des Jünglings Herz war von Einsicht leer.
Er sprach: «Ich habe noch manches Wort,
Das niemand findet an anderm Ort.»
Der Jüngling sprach: «Sprich's aus ohne Scheu,
Laſs mich's hören, o Freund getreu!»
Jener sprach: «Erst gieb mir dein Wort,
Dann sag' ich dir alles an sofort.»
Der Jüngling, voll Einfalt sein Wort er gab,
Den Eid, den er forderte, legt' er ab:
«Ich thu' dein Geheimnis keinem kund,
Nun will ich hören, was sagt dein Mund.»
Jener sprach: «Wozu soll im Zelt
Ein andrer Herr als du, junger Held?
Ein Vater wozu, wo ein Sohn ist wie du?
Ich geb' einen Rat dir, höre zu!
Die Zeit macht dem alten Herrn zum Grab
Den Weg zu lang, du kürz' ihn ab!
Nimm seines Hofhaltes Gut und Schatz,
Dir ziemt in der Welt sein Ehrenplatz.
Schenkst du Glauben den Worten mein,
Wirst einziger Herr du auf Erden sein.»
Zohâk hörte mit zweifelndem Mut,
Leid war seinem Herzen des Vaters Blut.
Zu Iblîs sprach er: «Das geht nicht an;
Sag was andres! Dies bleib' ungethan.»
Er sprach: «Wenn von meiner Worte Schnur
Du weichest, brichst du mir Eid und Schwur;

[1] Der Teufel, verderbt aus griech. Diabolos.

Der Eid bleibt deinem Nacken ein Band,
Geachtet statt dein bleibt dein Vater im Land.»
Er brachte den Arabermann ins Netz,
So kam's, dafs dieser erkor sein Gesetz.
Er fragt' ihn: «Gieb mir dazu einen Rat!
Ich wende den Blick nicht von deinem Pfad.»
Er sprach: «Meinen Rat dir geben ich will,
Zur Sonne das Haupt dir heben ich will.
Sei in dem Stück nur verschwiegen fein;
Niemand braucht mir Beistand zu leihn.
Ich will's nach Gebühr vollbringen; zieh'
Das Schwert des Worts aus der Scheide nie.» —
Der alte Fürst hatt' in seinem Serai
Einen Baumgarten, schön wie die Fei.
Vor Tages pflegt' er aufzustehn,
Zum Gebet in den Garten zu gehn,
Kopf und Leib zu waschen im Hag,
Kein Diener trug ihm die Fackel nach.
Daselbst der Dêwe, der schlechte Bub,
Im Weg eine tiefe Grube grub,
Dann deckte den Rand des Grubengehegs
Mit Reisig der Wicht und ging seines Wegs.
Nacht war es, den Weg nahm zum Garten hin
Der Araberfürst von hohem Sinn.
Als er zur tiefen Grube kam,
Sein Glück den plötzlichen Fall da nahm.
Er stürzt' und zerschmetterte sich darin,
Der fromme Gottesknecht war hin.
Stets hatt' er in guten und bösen Tagen
Zärtliche Sorg' um den Sohn getragen,
Ihn erzogen mit ängstlichem Fleifs,
Froh seine Schätz' ihm gegeben preis.
Und solch ein Mifsratener suchte mit nichten
Im Weg der Achtung ihn zu verpflichten!
Ward mitschuldig am Vatermord!
Vom Weisen hört' ich dieses Wort:
«Ein böser Sohn, und wär' er ein Leu,
Trägt doch vor'm Blute des Vaters Scheu;
Es müfste denn heimlich anders sein, —
Nur die Mutter kann Aufschlufs verleihn[1].»
Der Frevler Zohâk, der schlechte Sohn,
Auf die Art erlangt' er des Vaters Thron.
Er setzte der Araber Krone sich auf,
Gewinn und Verlust ward ihnen im Kauf.

[1] D. h. es müfste ein unechter Sohn sein.

Als Iblîs dies sah zu stande gebracht,
Ein neuer Rat ward von ihm erdacht.
Er sprach: «Weil du dich zu mir gekehrt,
Hast du erlangt, was dein Herz begehrt.
Wenn du nun ferner im Bunde stehst,
Mein Wort und Gebot nicht übergehst,
Wird all die Welt dein Königreich,
Tier, Vogel und Fisch dient dir zugleich.»
Dies gesagt, hub er Neues an;
Wunder wie fremden Rat er ersann!»

Dieser einfachen Episode aus schlichten äufseren Verhältnissen wird Rückerts leichte Weise gut gerecht; der pathetische Schack komme passend bei Rustems Ende zu Wort (seine stets vollklingenden Verse sind für manche Ereignisse sonst zu schwer):

«Vom König Kâbuls aber ward indessen
Der Rat des Bösewichtes nicht vergessen;
Er eilte, viele Männer auszusenden,
Geschickt, um solche Arbeit zu vollenden
Und auf der Jagdflur Gruben auszuhöhlen;
Das Werk vollbrachten sie; mit scharfen Pfählen
Ward jede Grube angefüllt, mit Pfeilen,
Mit Schwertern, Lanzen und mit spitzen Keilen,
Worauf die Öffnung man geschickt versteckte,
Dafs nicht ein Mensch sie noch ein Rofs entdeckte.
Zum König Kâbuls trat indes Scheghâd (Rustems Stiefbruder)
Und sagte: «Rustem naht sich deiner Stadt;
Geh ihm entgegen wie zur Huldigung
Und bitt' ihn reuig um Entschuldigung.»
Der Schâh, dafs er den Kommenden begrüfse,
Das Herz voll Gift, die Lippen voll von Süfse,
Brach schleunig auf; er hemmte seinen Zügel,
Als er den Rustem sah, stieg aus dem Bügel,
Nahm seinen Inderturban sich vom Scheitel
Und legte — alles war Betrug und eitel —
Aufs Haupt die Hände; ohne Schuhe trat er
Zu Rustem hin, ihn um Vergebung bat er
Und drückte beide Wangen in den Staub.
So sprach er: «Meinem Flehen sei nicht taub!
Was trunknen Sinns dein Sklave hat verbrochen,
Das Wort, das er im Übermut gesprochen,
Vergieb ihm das und weis ihn auf die Pfade,
Die wert ihn machen deiner Huld und Gnade!»
Dem Listigen, zum Schein Bereuenden,
Barfüfs'gen, sich mit Staub Bestreuenden

Vergab voll Milde Rustem alle Schuld,
Ja, höher hob er ihn in seiner Huld
Und hiefs ihn Haupt und Füfse sich bekleiden;
Zu Rosse weiter zogen dann die beiden.
Nicht fern der Stadt war eine zauberische
Anmut'ge Gartenflur voll Grün und Frische,
Von Quellen, klar und wasserreich, bespült,
Von dichtem, schatt'gem Laubgezweig gekühlt.
Dort rüstete der Schâh ein Mahl, liefs Speisen
In Fülle bringen und den Becher kreisen;
Die Grofsen hiefs er sich zum Mahle setzen,
Rief Sänger her, die Gäste zu ergötzen,
Und sprach zu Rustem so: «Zu einer Jagd
Lad' ich dich ein, wenn das dir Freude macht;
Hier in der Nähe hab' ich ein Gefild,
So Thal als Hügel wimmelt dort von Wild,
Von Rehen, wilden Eseln und von Hirschen,
Und hast du ein geschwindes Rofs zum Birschen,
So wirst du des Getieres viel erjagen;
Du solltest solche Lust dir nicht versagen!»
Dies Wort verlockte Rustem ins Verderben,
Um dieser Jagdlust willen mufst' er sterben!
Wen giebt es, den das Schicksal nicht betröge?
Voll Qual und Schmerz ist, was es bringen möge;
So war von je die Welt in ihrem Lauf,
Sie schliefst vor keinem ihr Geheimnis auf;
Ein Leu von scharfen Klau'n, ein wutentbrannter,
Im Flufs das Krokodil, im Wald der Panther,
Die Mücke fällt so wie der Elefant
Dem Tod anheim; nichts hält auf Erden stand. —
Verlocken liefs sich Rustem von dem Reize;
Auf Rachsch sich schwingend, Falken für die Beize,
Den Köcher und den Kajanidenbogen
Liefs er sich bringen; ihm zur Seite zogen
Scheghâd und Zewâre[1] auf ihren Rossen
Und andre Recken noch als Weidgenossen.
Im Jagdgefild zerstreuten sich die Scharen,
Und in die Gegend, wo die Gruben waren,
Kam — also hatt' es das Geschick verhängt —
Rustem allein mit Zewâre gesprengt.
Als Rachsch die frische Erde witterte,
Bebt' er zurück, er schäumte, zitterte,
Der Boden, den er stampfte, flog empor,
Er bäumte sich mit Wiehern hoch empor,

[1] Anderer Stiefbruder Rustems.

Allein sein Herr trieb ihn zu weiterm Gang,
So dafs er zwischen zwei der Gräben sprang.
In Zorn entbrannte Rustem; das Geschick
Umgab mit finsterm Schleier seinen Blick;
Mit seiner Peitsche hieb er auf das Rofs,
So dafs es schäumend weiter vorwärts schofs.
Am Rand der Grube stand es zitternd da,
Kein Ausweg aber war, soweit es sah;
Es stürzte in den Schlund, und der es ritt,
Der Streiter vieler Schlachten, stürzte mit.
Nichts half sein Mut, sein oft im Kampf bewährter;
Die scharfen Lanzen bohrten sich, die Schwerter
Tief in die Brust des Helden ohnegleichen
Und in des edlen Rosses Bug und Weichen.
Vom spitzen Eisen rang mit aller Kraft
Sich Rustem los und klomm, emporgerafft,
Verwundet aufwärts bis zum Rand der Grube,
Wo ihm Scheghâd zu Augen kam, der Bube.
Wohl merkt' er da, wer diese That ersonnen,
Wohl, wer die List und den Verrat gesponnen,
Und rief: «O Schurke, allzuspät erkannt!
Verderben bringst du über Reich und Land!
Mein Fluch soll mich an dir, Verruchter, rächen!
Im frühen Tode büfse dein Verbrechen!»
Scheghâd jedoch entgegnete mit Hohn:
«Der Himmel giebt dir deiner Thaten Lohn!
Im Kampfe hast so viele du getötet,
Die Erde mit so vielem Blut gerötet,
Nun aber bist du in des Schicksals Krallen
Und in die Hände Ahrimans gefallen!»

So redeten die zwei; da kam der Schâh
Von Kâbul zu dem Weidplatz hin; er sah
Den Elefantengleichen, Hochgemuten
Aus seinen unverbundnen Wunden bluten
Und sprach zu ihm: «O Held, im Kampf bewährt,
Was hat auf dieser Jagdflur dich versehrt?
Ich weine blut'ge Thränen deinetwegen,
Lafs einen Arzt mich rufen, dich zu pflegen!
Ein Mittel wird vielleicht, um deine Wunden
Und meinen Schmerz zu heilen, aufgefunden!»
Doch Rustem rief: «O Ränkespinnender,
Nichtswürdiger, auf Arglist Sinnender,
Erheuchle Mitleid nicht mit meiner Not!
Kein Arzt ist, der mich heilt, als nur der Tod!
Mein Tagwerk ist vollbracht, kein Klagen frommt,
Da niemand lebend in den Himmel kommt.
Schnitt eine Säge Dschemschêd doch in Stücke —

Nicht mehr als er ward ich geliebt vom Glücke,
Nicht mehr als Ferîdûn und Kai Kobâd,
Die Schâhe, grofs von Stamm und grofs von That!
So viel der Kön'ge über Iran waren,
Von Löwenmut in Kampf und Kriegsgefahren,
Von hinnen hat sie das Geschick getrieben,
Ich bin, der einz'ge Leu, zurückgeblieben!
Auch du wirst sterben! Hast du mich zerfleischt,
So kommt mein Sohn, der Rache dafür heischt!»
Dann sprach er zu Scheghâd, dem Bösewicht:
«Dies Unglück traf mich, Rettung seh' ich nicht;
Sei du zu einem Dienst gewogen mir!
Den Köcher bring sowie den Bogen mir,
Die Sehne spanne und der Pfeile zwei
Leg auf ihn hin, dafs ich nicht wehrlos sei;
Denn wenn ein Löwe, der nach Beute schleicht,
Auf diese Jagdflur kommt, so kann er leicht
Mit seinen Klau'n und Fängen mich zerreifsen.
Den Bogen will ich drum willkommen heifsen,
Damit, dafs statt der Leu mein Leben kürzt,
Mein Pfeilschufs ihn zu Boden niederstürzt.»
Scheghâd ergriff die Armbrust, zog ihr Seil
Straff an, bewehrte sie mit einem Pfeil
Und trat zu Rustem hin, indem er lachte,
Da ihm der Tod des Bruders Freude machte;
Der Held jedoch, in seinem Blute schwimmend,
Rifs ihm den Bogen aus der Hand, ergrimmend.
Scheghâd sprang fort und suchte voll von Schrecken
Nach einem Baume, um sich zu verstecken;
Da fiel das Auge ihm, indem er forschte,
Auf eine Pappel, eine halbvermorschte;
Verwittert war sie, ohne Laub und Zweig,
In ihre hohle Rinde kroch er feig.
Der Held, dem schon der Tod den Blick umflorte,
Erhob sich nochmals kraftvoll und durchbohrte
Den Bruder und den Baum mit einem Schufs —
Hoch schlug sein Herz an seines Lebens Schlufs.
Wehschreiend sank Scheghâd im jähen Sturz,
Doch Rustem machte seine Leiden kurz
Und sprach alsdann, dem Himmel zugewendet:
«Dir, Gott, der du mir immer Huld gespendet,
Dir sag' ich Dank, dafs du mir noch die Stärke
Geliehen hast zu diesem Rachewerke,
Dafs mir der Anblick noch den Tod versüfst,
Wie der Verräter seinen Frevel büfst!
Erhör' mein Flehn, vergieb mir meine Schuld,
Du bist erbarmungsvoll, du bist voll Huld!

Wenn auf dem Pfad des Glaubens ich gewandelt,
Wenn ich nach der Propheten Wort gehandelt,
Wenn rein mein Trachten war, mein Thun und Sinnen,
So geht die Seele mir getrost von hinnen.
Nichts ist in mir geheim, was du nicht weifst,
Erhebe denn zum Himmel meinen Geist!»
Er sprach's und seine Seele floh; mit Weinen
Und Klage standen alle um den Reinen.
Auch Zewâre starb in der Grube dort,
Dem Bruder ähnlich, durch verruchten Mord.»

Auch ein deutscher Dichter hat gleich Firdausî der Idee, die alten Sagen seines Volkes zu erneuen, einen grofsen Teil seines Lebens gewidmet: Wilh. Jordan hat, die Vorarbeiten eingerechnet, 20 Jahre an seine Nibelunge gewendet. Was er geschaffen hat, läfst sich aber nicht entfernt mit des Persers Werke vergleichen. Seit des Dichterrhapsoden Mund verstummt ist, findet sein Epos keine Leser mehr, wie es überhaupt von jeher weit weniger Leser als Hörer besessen hat. Nur der Dichter selbst hat ihm dadurch, dafs er es immer und immer wieder meisterhaft rezitierte, einen zeitweiligen starken Erfolg erringen können. Firdausîs Schâhnâme gehört dessen gesamtem Volke, Jordans Nibelunge liest heute höchstens noch der Litterarhistoriker.

Doch bei dem einen gigantischen Werke, dem Schâhnâme, hat es Firdausî nicht bewenden lassen. Noch ein zweites Epos, wenn auch von weit geringerem Umfange (nur ca. 10 000 Doppelversen), hat er gedichtet. Der Dichter hatte nach seiner Satire aus Sultân Machmûds Machtbereich flüchten müssen und sich unter bujidischen Schutz gestellt, — nicht war er zum Chalifen nach Baghdâd geflohen, wie man irrig angenommen hat. Als hoher Siebziger hat er da noch die Geschichte Josephs nach der 12. Sûre des Korâns besungen. Und zwar sollte «Jûsuf und Zuleichâ» die Bufse für das Verbrechen sein, dafs er das persische Heidentum verherrlicht hatte. Er wählte einen frommen Stoff aus dem Korân, an dem sich jeder Gläubige ohne Gewissensskrupel erbauen konnte. Aber nicht genug damit: er sagte sich förmlich vom Schâhnâme los und verfluchte es geradezu.

«Wohl sang ich vordem andre Lieder auch,
Und mir zu horchen war der Menschen Brauch.
Jawohl, ich reimte mannigfach und viel
Und sang und schrieb, was eben mir gefiel,

Weil mich bestach ein Kitzel der Natur;
Allein — weh mir — ich sä'te Reue nur,
Ja, Reue nur — und erntete nur Pein!
Nun aber zieh' ich Herz und Zunge ein,
Entsag' auf immer solcher Träumerei,
Der Faselkunst profaner Reimerei,
Und Saat der Reue sä' ich nimmer, nimmer,
Seit meines Haares Nacht erblich zu Schimmer!
Was schert mich Ferîdûn? Was kümmert's mich,
Wer den Zohâk erschlug, den Wüterich?!
Wann Kei Kobâd den Thron bestieg, und wann
Des Kâôs Reich zerstob, was liegt daran?!
Weshalb, ich frag's, beschrieb ich so genau
Den Hader Efrâsjâbs mit Kei Chosrau?'
Und war's nicht purer Widersinn, ich frage,
Dafs ich die bess're Hälfte meiner Tage
Vergeudete in Mühsal und Beschwerde,
Warum? — Damit Rustem berühmter werde!
O, nimmer wieder sing' ich Königsruhm,
Hab' übersatt Palast und Königstum,
Bin übersatt der Störer meiner Ruh',
Des Gêw und Tûs und Zâles Sohns dazu.
Was fruchten auch zweihundert solcher nicht'ger
Heroenfabeln? — Strafsenkot ist wicht'ger!»

Diese Abkehr Firdausîs von seinem Lebenswerke ist zu bedauerlich, als dafs wir bei ihr länger als nötig verweilen wollen. Der Dichter scheint durch den Mifserfolg mit dem Schâhnâme allerdings stark gebrochen gewesen zu sein. Dafs aber der Schöpfer eines solchen Werkes das Ideal seines ganzen früheren Lebens derartig verleugnet und die übliche Bufse des alternden Mannes, die uns schon mehrfach bei persischen Dichtern begegnet ist, in einer Weise geleistet hat, welche seiner Vergangenheit so direkt in das Gesicht schlug, erfüllt uns mit Wehmut. Die Not wird ihn getrieben haben. Die Bujiden waren fanatische Schiiten, ihnen konnte er sich nur mit einer streng orthodoxen Dichtung empfehlen. Er hat es gethan. Wir wollen ihn darum nicht zu streng verurteilen, aber bei dem unerfreulichen Bilde nicht länger verweilen.

Das Gedicht ist selten; den Persern hat doch stets das Schâhnâme als das Hauptwerk Firdausîs gegolten. Als der Sänger der heidnischen persischen Heroenzeit, nicht als frommer Epiker, der seine Muse in den Dienst der orthodoxen muhammedanischen Lehre gestellt hat, steht Firdausî noch heute da. Seine Bufse hat ihm nicht einmal nach dem Tode einen Ruheplatz unter seinen Glaubensgenossen eingetragen. Des Dichters Grab wird aufserhalb der Mauern von Tûs gezeigt, und die Legende erklärte dies bereits 100 Jahre nach seinem Tode damit, dafs der Ortsgeistliche dem Verherrlicher von Ungläubigen — sein neues Gedicht war in Tûs nicht bekannt geworden — das Begräbnis auf dem gemeinsamen Stadtfriedhofe versagt habe. So habe man ihn auf seinem Landgute draufsen beerdigt. Und dabei hatte der Dichter seine Zugehörigkeit zum Islâm niemals verleugnet! Er ist sicher tief religiös gewesen, allerdings kaum ein Freund der Priester. Dafs man «Jûsuf und Zuleichâ» im Jahre 1020 in Tûs noch nicht kannte, ist nicht verwunderlich. Wenn der Dichter das Gedicht nicht selbst mitgebracht hatte — und das mufs doch wohl nicht der Fall gewesen sein — so war es schwerlich schon über das Irâk hinausgedrungen. Kannte doch auch Thaâlibî, der Günstling eines Sohnes des Schâhs Machmûd, zu derselben Zeit noch nicht einmal das Schâhnâme, wie aus seiner von Zotenberg ins Französische übersetzten Histoire des rois des Perses (Paris 1900) hervorzugehen scheint. Dieses wertvolle Geschichtswerk macht leider die Vorgeschichte von Firdausîs Epos nur unklarer, indem es gelegentlich zwei Vorläufer desselben, ein Mäthnäwî eines unbekannten Mas'ûdî aus Merw und ein anonymes Schâhnâme (in Versen oder in Prosa?) zitiert. Thaâlibî ist übrigens noch den oben S. 46 genannten berühmten arabischen Schriftstellern persischer Abkunft zuzugesellen.

Eine Ausgabe von «Jûsuf und Zuleichâ» wird von Ethé vorbereitet. Nach seinem Urteil ist die Kraft des Dichters in diesem seinem zweiten Werke keineswegs gemindert, wie die Perser selbst behaupten. Dafs manche Szenen uns abstofsen, liegt im Stoffe; so z. B. die Prüderie, dafs Josef sich angesichts anderer Männer nicht im Nil baden kann: der Fisch, der Jonas einst verschlungen und der gröfser als 10 Elefanten ist, mufs eigens wieder erscheinen und ihm als spanische Wand vor Zuschauern dienen. Wunder geschehen hier auch wie im Schâhnâme: dort zaubern die Peris, hier höchst korrekt Gabriel auf Befehl Gottes; die theologische, fromme Dichterei hier steht im starken Gegensatze zu dem kraftvoll Heldenepischen dort. Eine vollständige gereimte deutsche Übersetzung liegt schon seit einigen Jahren vor (von Schlechta-Wssehrd, Jussuf und Suleicha, romantisches Heldengedicht von Firdusi, Wien 1889). Wir entnehmen ihr die folgende Probe (auch die auf S. 108/9 mitgeteilten Verse entstammen ihr):

Weshalb die Legende vom ägyptischen Josef in den Korân aufgenommen wurde.

Wie ich vernahm von hochgelehrten Geistern
Und in der Redekunst bewährten Meistern,
Gefiel es eines Tages dem Propheten,
In Alîs, seines Eidams, Haus zu treten.
Im traulichen Vereine saſsen da
Er, Alî, dessen Gattin Fâtima
Und Hassan und Hussein, die süſsen Enkel,
Gemütlich reitend auf Muhammeds Schenkel,
Der sie liebkosend in den Armen wiegte,
Woran auch Alî weidlich sich vergnügte;
Denn ihrer aller Herzen beste Freuden
Und Trost und Labsal waren jene beiden.
Da, plötzlich, trat zu ihnen Gabriel
Und zum Propheten sprach er: «Auf Befehl
Des Herrn erschein' ich, so dich zu bescheiden:
Hier deine Herzensenkel, diese beiden,
Nach Gottes Fügung und urew'ger Wahl
Sind sie bestimmt zu Marter und zu Qual;
Hussein verblutet unterm Säbelstreiche,
Und Gift macht Hassans süſsen Leib zur Leiche.»
Entsetzt hört der Prophet, was jener spricht;
Ein Thränenschauer netzt sein Angesicht,
Und bebend fragt er: «Sage, wer es ist,
Der einst so schwerer Unthat sich vermiſst,
So grausam heimsucht diese holden beiden,
Sie leiden läſst so namenlose Leiden?»
«Dein eignes Volk, das dir so tief verbunden»,
Versetzt der Engel, «schlägt dir diese Wunden.»
«Wie?», fällt Muhammed ein, «die Nation,
Für die ich Anwalt an des Schöpfers Thron,
Vergäſse so ihr heiliges Versprechen,
Erkühnte sich, die Treue mir zu brechen,
Und wagte, frevelnd, ohne zu erröten
Vor Gott und mir, dies edle Paar zu töten?»
«Darob», erwidert Gabriel, der Hehre,
Dem Gottgesandten, der Araber Ehre,
«Darob erstaune nicht, hat sich doch einst
Noch Schlimmeres begeben, als du meinst;
Wie? Oder hätte nie dein Ohr vernommen
Von jenen Söhnen Jakobs, jenen Frommen,

Erfahren nie, wie sie es schändlich trieben
Mit Josef, ihrem Brüderlein, dem lieben?
Wenn Brüder solchen Frevels sich nicht schämen,
Wie mag dich Völkerundank wunder nehmen?»
Er sprach's, und in Muhammeds Herzensschrein
Schrieb er den Text der «Sure Joseph» ein,
Die ihm verkündigt ward von Gott, dem Wahren,
«Der Menschen Bestem» sie zu offenbaren.

Firdausîs Schâhnâme hat einen gewaltigen Einfluſs ausgeübt. Zunächst noch auf seine unmittelbaren Zeitgenossen. Es ward das Vorbild für eine ganze Reihe Epen über die Thaten einzelner Helden, die im Schâhnâme nicht zu ihrem vollen Rechte gekommen zu sein schienen. So machte der Neffe Firdausîs, Asadî, den Kerschâsp — den mehrmals oben (z. B. S. 22, 37) erwähnten Kersâspa des Awestas — zum Helden eines Epos (Kerschâspnâme), andere besangen Sâm (Sâmnâme), Bânû Guschâsp (eine Tochter Rustems, die wie die germanische Brunhild ihren Mann in der Brautnacht bezwingt) u. a. m. Firdausî selbst empfiehlt einmal als geeigneten Stoff die Geschichte der beiden nach Indien entkommenen ältesten Söhne Ardewâns, die nicht in Ardeschîrs Hände gefallen waren (Turner Macans Ausgabe III, S. 1378). Früher hat man in diesen Epen echte, alte Volksüberlieferung vermutet; das war irrig. Die Gedichte sind rein phantastisch, soweit sie über das Schâhnâme hinausgehen, in dessen bewuſster Nachahmung sie alle entstanden sind. An Länge, aber auch nur hieran, übertrifft eines, das Burzônâme, sogar sein Vorbild. Der poetische Wert aller ist, gegen das Schâhnâme gehalten, auſserordentlich viel geringer; nur die Verse sind fast überall flüssig. Mutakârib ist aber auch, wenn es nur auf äuſsere Korrektheit hinauskommen soll, das allerleichteste Metrum; die Worte fügen sich geradezu von selbst zum Verse. Ist jedoch dabei der Inhalt unbedeutend, so giebt es eben nur tönendes Wortgeklingel. Einen wirklich bedeutenden Epiker hat Persien nach Firdausî überhaupt nicht wieder hervorgebracht, obschon diese Gattung der Dichtkunst sehr eifrig gepflegt worden ist. Die besten späteren Epen, die Alexanderbücher (Iskendernâmes), sind nicht historisch, sondern rein romantisch, und von den zahllosen anderen -nâmes kann auch nicht das berühmteste, Hâtifîs Timurnâme, in einem Atem neben Firdausî genannt werden. Aber die Schâhs haben immer Poeten gefunden, die Schâhnâmes, Schâhanschâhnâmes, Pâdischâhnâmes etc. auf sie verfaſst haben. Auf König Georg III. von England als Beherrscher Indiens klingt das Dschârdschnâme (nach der englischen Aussprache George) aus, die Kaiserin Victoria ist noch 1880 im Kaiçarnâme besungen worden. So gewaltig wirkt Persiens groſser Epiker noch bis in die Gegenwart hinein.

Wir haben eben als Epiker einmal Asadî genannt. Auf diesen Namen müssen wir nochmals kurz zurückkommen. Dem 11. Jahrhundert gehören zwei Dichter Asadî, Groſsvater und Enkel, an. Der erstere ist etwa 1038, der letztere gegen Ausgang des Jahrhunderts gestorben. Asadî I. verdient nicht nur als der Lehrer Firdausîs in einer persischen Litteraturgeschichte genannt zu werden, sondern auch als Begründer einer neuen Gattung in der Poesie, der Munâzara, des Wettstreitgedichts, das der abendländischen Tenzone auffällig nahe steht (vgl. Ethé, Über persische Tenzonen, in den Verhandlungen des IX. internationalen Orientalistenkongresses zu Berlin 1882, II 48 ff.). Auch diese Form stammt ursprünglich aus dem Arabischen, aber erst die Perser haben sie zur Vollendung erhoben, und Asadî war der erste, der sie anwandte. Gegenstände seiner dichterischen Wettstreite sind «Himmel und Erde», «Lanze und Bogen», «Nacht und Tag» u. a. m. Poetisch zwar schwach aber sachlich höchst interessant ist das Stück «Araber und Perser». Das persische Nationalgefühl war derartig erstarkt, daſs der Dichter es wagen durfte, den Vorrang der persischen Rasse vor der arabischen in allen Beziehungen ganz offen zu besingen. Das altepische Wort für «Gentleman» war *pârsâ*, d. i. «Perser» oder «persergleich». Unter solchen Umständen muſste Firdausîs Schâhnâme einen günstigen Boden vorfinden. Arabische Schriftsteller haben begreiflicherweise gern von dem geistigen Einflusse ihrer Nation auf die Perser geredet und einen solchen sogar schon für die sassanidische Zeit behauptet. Das ist natürlich unhistorisch. Geradezu thöricht sind Geschichten wie die im *Nihâyat ul-'Arab*, wonach zehn Araber aus Hîra, die Numân ibn Mundir an Chosrô Parwêz geschickt habe, diesem einen ganz auſserordentlichen Respekt vor arabischen Kenntnissen beigebracht hätten. Das «Wettstreitgedicht» ist in der persischen Litteratur dann stets beliebt geblieben.

Den jüngeren Asadî würden wir in unserem kurzen Abrisse wegen seines Kerschâspnâmes nicht nennen. Wohl aber giebt ihm sein schon oftmals erwähntes Reimlexikon ein Anrecht auf einen Platz, ein Werk, das wir als die älteste uns erhaltene Dichteranthologie nicht hoch genug schätzen können. Daneben verdanken wir dem Dichter noch ein zweites Unikum, nämlich die älteste neupersische Handschrift, die wir bisher besitzen. Sie stammt aus dem Jahre 1055/6 n. Chr. und gehört jetzt der Wiener Hof- und Staatsbibliothek an. Es ist dies nicht etwa ein Werk Asadîs selbst, sondern die pharmakologische Schrift eines anderen, welche der Dichter augenscheinlich des Gelderwerbs willen für einen reichen Auftraggeber abgeschrieben hat.

Die neupersische Litteratur hatte sich bisher im allgemeinen an einzelnen grofsen Höfen konzentriert. Nur gelegentlich finden wir aufserhalb der von uns genannten Zentren noch einige andere Sammelpunkte für litterarische, im wesentlichen poetische Bestrebungen. So die Residenz der Bujiden, wohin auch Firdausî zuletzt geflüchtet war und wo achtenswerte Dichter, wie Pindâr aus Rei, thatsächlich auch ein «Pindar» seines Fürsten und dessen Hofes, Katrân und Bachtijârî lebten. Der Seldschukensturm scheuchte dann die litterarische Tafelrunde zu Ghazna auseinander, doch fand die Litteratur ihren Mittelpunkt zunächst wieder in dem neuen Reiche zu Merw. Bald aber blühte sie allenthalben in Persien an den verschiedensten Punkten auf. Wir geben daher die allgemeine chronologische Reihenfolge auf und behandeln unseren Stoff nunmehr in einzelnen Kapiteln nach den verschiedenen Litteraturgattungen.

DRITTES KAPITEL.

Die Lyrik.

Ihren unbestrittenen Gipfelpunkt hat die persische wie überhaupt die moderne orientalische Lyrik in Hâfiz erreicht. In Persien ist Hâfiz noch heute der populärste Dichter, aber auch bis nach Europa herüber haben sich seine Einwirkungen erstreckt. Zweimal hat er in Deutschland der Litteratur neue Bahnen gewiesen: zuerst in Goethes West-östlichem Divan mit der nachhaltigen, fruchtbaren Anregung, welche dieses Werk auf die weitesten Kreise ausgeübt hat, und sodann nochmals in Bodenstedt, dessen Pseudo-Hâfiz Mirza Schaffy einen der gröſsten Bucherfolge aller Zeiten gehabt hat (vgl. hierzu des Verfassers Aufsatz «Was verdanken wir Persien?» in «Nord und Süd», September 1900, S. 384 ff.).

Was ist es nun, das die auſserordentliche Wirkung des Dichters in seinem Vaterlande wie in der Fremde hervorgerufen hat? Hâfiz singt von Liebe und Wein, von dem Liede der Nachtigall, den Schönheiten der Natur, vor allem des Frühlings, den Freuden der Jugend, kurz, von allem, was das Leben heiter und angenehm macht. Doch ewiges Glück wäre monoton, es muſs, wenigstens zeitweilig, mit etwas Unglück wechseln. Besonders ist es eine süſse Lust, auch einmal unglücklich zu lieben und sich dabei lebhaft auszumalen, wie schön das Gegenteil sein müſste. Man denkt sich in Stimmungen hinein, die ihren eigenen Reiz haben, und wird dadurch nur um so genuſsfähiger für die Freuden des Lebens. Heiterkeit und Pessimismus liegen in der Natur des Persers so dicht nebeneinander wie nicht leicht bei einem anderen Volke. Wenn ihm das Glück einmal nicht wohl will, so läſst ihn seine lebhafte Phantasie sich gleich als den Allerunglücklichsten der ganzen Menschheit fühlen. Die «unglückliche Liebe» ist ein festes Thema der Lyrik geworden. Aber die Klagen über die Sprödigkeit, Grausamkeit etc. der Geliebten sind nur fingiert, der Dichter träumt sich in Situationen hinein, die in Wirklichkeit gar nicht vorhanden sind. Ein drastisches Beispiel für diese künstliche Liebessentimentalität ist der türkische Sultân Selîm I. Sein gesamter Dîwân von ca. 250 persischen Gedichten ist völlig auf dieses eine Thema gestimmt. Niemand wird es dem Herrn der Welt glauben, daſs er wirklich keinen höheren Wunsch kenne, als ein Hund in der Straſse der Geliebten sein zu dürfen, oder daſs er ernsthaft seine Unsterblichkeit darin sieht, wenn sein letzter Gedanke vor dem Tode ihr, die ihn nicht erhört, gelte (von solcher Treue werde die Welt dann ewig reden, nicht von seiner Sultansmacht). In solche Lebenslagen konnte ein Selîm nicht kommen, solches Flehen um Liebe hatte er nicht nötig, aber es gehörte zur Mode der Lyrik, und so übte er es ganz geläufig. Zu den eben erwähnten Straſsenhunden noch eine kurze Bemerkung. Wer Konstantinopel und seine Hundescharen kennt, könnte glauben, das Bild, das Sultan Selîm gern braucht, sei echt türkisch. Doch ist es im Persischen schon älter. Bei Hâfiz findet es sich noch nicht, wohl aber sehr häufig bei Emîr Schâhî, den Sultân Selîm stark nachgeahmt hat, und bei Dschâmî. Saadî gilt der Stadthund verächtlich gegenüber dem Jagdhunde. Aber nach einer von Browne (A Year amongst the Persians, S. 183/4) erzählten persischen Sage sprechen die Stadthunde türkisch.

In seiner eingebildeten Trennung von der Geliebten berauscht sich der lyrische Dichter in der Erinnerung an ihren Reizen, übrigens fast stets in der keuschesten Weise; dem Zefir oder einer Wolke (wie Kâlidâsa im Indischen) trägt er Grüſse und Küsse an sie auf. Schlieſslich greift er zum Becher und sucht im Weine Vergessenheit.

Wenn der unglücklich Liebende in seiner Einsamkeit grübelt, so liegt es für ihn nahe, nicht nur an die Unbarmherzigkeit etc. der Geliebten zu denken, sondern überhaupt an die Schlechtigkeit der ganzen Welt. Welche Heuchelei überall! Da giebt es so viele, die unter dem Scheine äuſserer Ehrbarkeit ihre Mitmenschen streng richten, besonders die Geistlichkeit ist mit solcher Splitterrichterei gern bei der Hand. Die im Verhältnis zum Korân vielfach sehr liberalen Ideen des Sufismus, denen die meisten Dichter huldigten, standen in scharfem Gegensatze zu den Anschauungen der orthodoxen Kirche und wurden von dieser streng verfolgt. Die Reaktion von geistlicher Seite forderte stets zu verstärktem Widerspruche heraus, die Dichter vertraten mehr oder weniger versteckt immer häufiger freigeistige Ideen. Und dies erleichterte ihnen die Orthodoxie in gewissem Grade selbst. Das Lieblingsthema Liebe und Wein lieſs sich aus der Poesie nicht beseitigen; so griff man zu dem Auswege, beide mystisch als die Liebe des Menschen zu Gott und deren Rausch zu deuten, wie es ja auch mit dem hohen Liede der Bibel geschehen ist. Mochte jetzt ein Dichter die sinnliche Liebe noch so glühend schildern oder die Freuden des Weines noch so beredt preisen, es war ja nicht wörtlich zu nehmen, sondern bezog sich auf die höchste, überirdische Liebe der Seele zu Gott, ein Thema, das, wie wir noch sehen werden, schon seit frühester Zeit eine wichtige Rolle in der Poesie gespielt hat. Damit war einer Zweideutigkeit in der Lyrik das Thor geöffnet, die wegen ihrer Unaufrichtigkeit eigentlich nicht löblich war, dem Sinne des Persers aber aufserordentlich zusagte.

In diesen kurz skizzierten Bahnen hatte sich seit allem Anbeginn die Lyrik in Persien bewegt. Hâfiz sagte keineswegs etwas Neues, wenn er in dieser Art dichtete. Wenn wir den drei Jahrhunderte früheren Omar Chajjâm lesen, so mutet uns manche Hâfizsche Strophe geradezu wie ein Plagiat an. Indes die elegante Form, welche er jedem einzelnen seiner Gedichte zu geben wufste, der Zauber der Sprache, seine sich stets gleichbleibende Meisterschaft in der Handhabung des gesamten technischen Apparats, dies alles hat Hâfiz sogleich auf die Spitze der gesamten Lyrik gehoben, wennschon er im wesentlichen nur das Ghazel gepflegt hat. Und in diesem ist er allerdings nie wieder erreicht worden, so viele ihn auch nachgeahmt haben. Goethe hat für Hâfiz u. a. die schönen Worte gefunden:

«Sei das Wort die Braut genannt,
Bräutigam der Geist;
Diese Hochzeit hat gekannt,
Wer Hafisen preist»,

die ihn vortrefflich charakterisieren. Es ist überhaupt bewunderungswürdig, wie feinsinnig Goethe aus von Hammers Übersetzungen Hâfiz' Genie herausgefühlt hat. Allerdings hat er ihn überschätzt, aber seine Begeisterung für den persischen Dichter hat doch die deutsche wie andere europäische Litteraturen auf das nachhaltigste beeinflufst.

Die Kardinalfrage ist bei Hâfiz' Gedichten, wie sie zu verstehen seien. Wo die Mystik bei ihm anfängt, läfst sich meist nicht sagen; der Dichter hat es wohl vielfach selbst mit Absicht im Dunkeln gelassen. Die orientalischen Kommentatoren erklären ihn bis auf einen durchweg allegorisch — daher sein Beiname «die mystische Zunge» — was sicherlich verfehlt ist. Allegorie und Wirklichkeit gehen vielmehr fortwährend ineinander über, ohne dafs man eine genaue Grenze zwischen beiden ziehen kann. Daher vermag sich an demselben Ghazel das Weltkind zu ergötzen, während der verzückte, religiöse Schwärmer die tiefsinnigste Mystik darin findet. Die orientalische Deutungskunst vermag aus allem alles herauszulesen; wer Hâfiz aber natürlich verstehen will, wird fast überall zu seinem Rechte kommen. Allerdings liegt in dem Doppelsinne gerade die besondere Feinheit. Die alten mystischen Poeten hatten zuerst, sozusagen bona fide, die Terminologie der irdischen Liebe auf die geistige zu Gott übertragen, um sie verständlicher schildern zu können. Es stand also später nichts im Wege, alle Liebes- wie auch Trinklieder allegorisch zu deuten, mochte dies nun der Dichter gleich von vornherein selbst thun oder andere ihm erst nachher andichten. Selbstverständlich hat Hâfiz, wenn man ihn natürlich versteht, nicht jede Schöne auch wirklich geküſst und nicht jedes Glas thatsächlich geleert, von denen er berichtet, ebensowenig wie er jeden Liebesgram, den er schildert, in Wahrheit erlebt hat.

Von den äuſseren Lebensschicksalen des Dichters ist wenig zu berichten. Er scheint, von Fürstengunst getragen, ein behagliches Leben geführt zu haben, schon zu seinen Lebzeiten ein gefeierter Dichter. Er gehörte selbst, zuletzt wohl sogar als Scheich, einem Derwischorden an und hatte daher reichliche Gelegenheit gehabt, der vielfachen Heuchelei und dem Scheinheiligtum dieser Brüderschaften hinter den Vorhang zu schauen. Selbst in seinen Gesinnungen ein Çûfî, ging er denjenigen unter diesen, und das war die groſse Mehrzahl, die den edlen, tiefen Sinn und Kern dieser Lehre in Äuſserlichkeiten erstickten, unerbittlich zu Leibe und verdarb es so bald mit allem, was geistlich hieſs. Sufi und Geistlicher waren ursprünglich tödliche Feinde gewesen, der Sufismus war als bewuſster Gegner der verweltlichten und entarteten Priesterschaft entstanden. Als dann aber seine tieferen Ideen bei den meisten seiner Bekenner bald zu äuſserlichem Humbug herabgesunken waren, war der Derwisch oder Sufi mit dem Scheich oder Pfaffen auf gleichem Niveau angelangt, und beide wurden nun natürliche Verbündete. Hâfiz nahm den Kampf auf, nicht polternd und schreierisch wie jene, sondern stets in den geschmackvollsten Formen und mit dem feinen Witz des hochgebildeten Weltmannes, der über den engen Horizont seiner eigenen Kreise weit hinaussah. Keulenschläge wie Omar Chajjâm auszuteilen, war nicht seine Art. Daſs er den Korân gut kannte, beweist sein Beiname Hâfiz, den er dann auch als Dichterpseudonym gewählt hat, und daſs er ein Theologe von Bedeutung war, dürfen wir der Überlieferung auch wegen seines Vornamens Schemseddîn, d. i. «Sonne des Glaubens», glauben. Sonst hieſs er bürgerlich Muhammed. 1389 ist er in Schîrâz gestorben, wo er geboren war und fast sein ganzes langes Leben verbracht hat. Die Rosengärten seiner Vaterstadt und in ihrer Umgebung den Fluſs von Ruknâbâd, den Hain von Muçallâ und andere Orte hat er in seinen Liedern für ewig berühmt gemacht. Im Gegensatze zu so vielen seiner Landsleute hat sich Hâfiz auch im Alter sein jugendliches Herz bewahrt; grämlich wie Rûdakî und Kisâjî (s. oben S. 75, 77) ist er nicht geworden. Der deutsche Dichter R. Otto Consentius stellt sich den «gealterten Hâfiz» folgendermaſsen vor:

«Ich bin nun alt,
Ich bin nun kalt,
Doch — käm' ich neu zu leben,
Flugs würd' ich alter Grillen voll,
So liebesdürstig, andachtsvoll,
Andächt'ger Lieb' ergeben» —

das ist zu wenig. Ein zweites Leben würde ihm ganz selbstverständlich von Anfang bis zu Ende wieder genau in der nämlichen Weise verflossen sein, aber kalt ist Hâfiz auch im Alter nicht geworden.

Wie bereits erwähnt, sind es hauptsächlich die Ghazelen, die Hâfiz' Ruhm begründet haben. Nach dem persischen Ausdrucke reiht der Dichter die einzelnen Beits (Strophen) gleich Perlen zu einer Schnur aneinander. Wie an einer solchen, wenn sie tadellos sein soll, eine Perle genau der anderen gleichen muſs, so auch die Beits eines Ghazels. Ein innerer Zusammenhang verbindet sie meist nicht; die ihnen vom Dichter gegebene Reihenfolge wäre nicht unabänderlich. Alle sind sie auf das Ganze eingestimmt, jedes paſst zu jedem anderen, nicht nur zu seinen beiden unmittelbaren Nachbarn. Doch sollen das zweite und das vorletzte Beit eigentlich die bestgelungenen des ganzen Gedichtes sein. So wechselt denn die Ordnung der Strophen häufig in den verschiedenen Handschriften. Nur die erste, die gewissermaſsen als Überschrift dient, und die letzte, welche den Namen des Dichters enthält, haben ihre feste Stellung. Das Ghazel läſst sich gewissermaſsen dem italienischen Sonett vergleichen, wenn es auch dessen Geschlossenheit nicht aufweist. Gemiſsbraucht worden ist es jedenfalls nicht weniger als dieses (s. Burckhardt, Die Kultur der Renaissance in Italien[6] II, 28).

Nun wird der abendländische Leser einer Hâfizübersetzung die Empfindung einer gewissen Monotonie nicht unterdrücken können. Immer wieder Liebe und Wein ermüden ihn. Im Original liegt die Sache ganz anders. Zunächst ist jedes einzelne Ghazel hier schon in der Form ein neues Meisterwerk. Und dann ist auch heute noch in Persien das Weintrinken durch den Korân untersagt, es ist also eine verbotene Frucht, die Hâfiz so verführerisch besingt, und darum geht die Wirkung viel tiefer, als wenn es sich um einen alltäglichen Genuſs handelte. Der Perser trinkt wohl auch Wein, aber er verbirgt dies sorgfältig vor anderen; zu Gelagen finden sich höchstens die vertrautesten Freunde in geschlossenstem Raume zusammen. Und das Thema «Liebe» wirkt bei dem Muhammedaner auch ganz anders als bei dem Abendländer. Die Haremsszenen orientalischer Erzählungen sind natürlich nur Gebilde der Phantasie; bloſs die Höchsten und Reichsten haben sich je einen solchen Liebesluxus leisten können, wie er in 1001 Nacht und ähnlichen Märchen noch dazu weit übertrieben geschildert wird. Ein schönes Weib sieht der Perser bei der Strenge der Sitte nicht so leicht, wenn es nicht das eigene ist; daher ist die Schilderung weiblicher Reize für ihn immer wieder ein neuer Reiz. Aber der ärmste Teufel weiſs, daſs ihn im Paradiese die schönsten Huris umfangen werden, Verse, die ihm die Liebe schildern, enthalten daher für ihn immer eine gewisse reale Wirklichkeit, wenn diese auch erst in jener Welt eintritt. Daſs die Liebste meist ein schöner Knabe ist, macht dabei nichts aus. Der gewöhnliche Perser kennt den hâfizischen Knabenfreundschaftskult nicht, er denkt immer nur an die Liebe zu einem Mädchen. Und dabei ist Hâfiz stets anständig; eine Pikanterie, die in der Liebespoesie der Perser sonst so leicht unterläuft, findet man bei ihm nie. Seine Lyrik kennt eine solche nicht. Die Lebensphilosophie, die er predigt, geht dazu jedem so gefällig ein, die Form, in der er sie vorträgt, ist so anmutig, daſs der Perser hâfizische Sprüche gern in allen möglichen Lebenslagen zitiert. Hâfiz' Lieder stellen einen groſsen Teil der persischen geläufigen, geflügelten Worte, ein persischer Büchmann würde neben Saadî ihn am häufigsten zu nennen haben. Nur Hâfiz teilt mit dem Korân die Ehre, daſs man durch Aufschlagen einer beliebigen Stelle seiner Gedichte die Zukunft zu ergründen versucht.

Hâfiz' Reiz zu empfinden, ist für den Abendländer nicht leicht. Bei den Erfolgen von Goethes West-östlichem Divan oder

Bodenstedts Mirza Schaffy scheint diese Behauptung vielleicht auffallend. Aber beide sind ja keine Hâfizübersetzungen, sondern eigene Schöpfungen ihrer occidentalischen Verfasser, die persischen Geist mehr oder weniger rein in eine deutsche Form gegossen haben. v. Rosenzweig-Schwannaus Übertragung hat ihre grofsen Verdienste, aber der nicht orientalistisch vorgebildete Leser wird nur selten ein Gedicht darin finden, das er von Anfang bis zu Ende mit wirklich ästhetischem Genusse durchlesen kann. Fortwährend wird er über Fremdartiges, ihn Abstofsendes, Unverständliches stolpern. Ich würde, nachdem ich die persische Litteratur einmal im Original kennen gelernt habe, unglücklich sein, wenn ich sie fürderhin nur in Übersetzungen, und seien es die allerbesten, lesen müfste; vor allem aber würde ich dies schmerzlich bei Hâfiz empfinden. Am besten hat es Bodenstedt verstanden, ihn zu übertragen; dem Sinne wie der Form nach kann z. B. das berühmte erste Ghazel seines Dîwâns schwerlich besser getroffen werden, als er es wiedergiebt; das Original kann er aber auch nicht ersetzen:

»Auf Schenke! Den Pokal gefüllt
 für unsre durst'ge Tafelrunde!
Die Liebe, die mich einst beglückt,
 jetzt richtet kläglich mich zu Grunde.

Wie bluteten erwartungsbang
 die Herzen bei den Moschusdüften,
Vom Ostwind aus der Liebsten Haar
 uns hergeweht als holde Kunde!

Den Teppich zum Gebete färbt
 mit rotem Wein nach Wunsch des Wirtes:
Ein weiser Mann ist unser Wirt[1],
 man kommt bei ihm zu gutem Funde.

Wie kann ich mich der Liebe freu'n,
 klingt — wie Geläut der Karawane —
Die Mahnung immer mir ins Ohr:
 Nun rüste dich zur Scheidestunde!

Was wissen die vom Grau'n der Nacht,
 von Meersgebraus und wildem Strudel,
Die, aller Bürd' und Sorgen frei,
 am Ufer gehn auf trocknem Grunde?

---

[1] Zugleich der geistige Führer zu wahrer Lebensweisheit, den nach sufischer Lehre jede Seele haben mufs.

Was kühnen Geistes ich gethan,
 hat bösen Leumund mir erworben
Beim Pöbel — und wo bleibt geheim,
 was umgeht in des Pöbels Munde?

O Hâfiz, folge deinem Stern
 und kehre dieser Welt den Rücken,
Soll dich beglücken, was du liebst,
 und willst du, dafs dein Herz gesunde.»

Diesem vollständigen Gedichte mögen sich noch einige zerstreute Verse in v. Rosenzweigs Übersetzung anschliefsen:

«Es geniefst auf grober Matte
Sichern Schlaf der Bettelmann;
So ein Glück trifft man nicht immer
Auf dem Fürtenthrone an.»

«Wie die Wolke schnell, o Bruder
Fliehet die Gelegenheit;
Nutze sie fürs teure Leben,
Der versäumten folgt das Leid.»

«Gar schmählich handelt, wer sich selbst erhebt
Und nach dem Vorrang vor den andern strebt.
Nimm bei dem Augensterne Unterricht:
Auf alle blickt er, auf sich selber nicht.»

Welcher Perser sagte sich nicht gerne solche hübschen Sprüche vor, wenn ihm auch häufig nichts ferner liegen wird, als sie, z. B. den letzten, in die That umzusetzen? Und auch bei uns hat ja die «Philisterweisheit» Mirza Schaffys über 150 Auflagen erlebt.

Deutsche Übersetzungen: Von Wahl in «Neue arabische Anthologie», Leipzig 1791, S. 46—74; v. Hammer, der ganze Diwan in 2 Bänden, 1812/13; v. Rosenzweig-Schwannau, Wien 1854—1863, 3 Bände (mit dem Originaltexte); Nesselmann, Berlin 1865; Bodenstedt, Der Sänger von Schiras, Berlin 1877 u. ö.; Rückert, ein Gedicht im Magazin f. d. Litter. des Ausl., Berlin 1890, S. 293/95. — Daumers Hâfiz (1846 und 1856) war keine Übersetzung, sondern eine versuchte Modernisierung, deren Reiz heute dahin ist.

Von Lyrikern vor Hâfiz erwähnen wir nachträglich noch kurz Ibn Jemîn († 1344/5), der als Meister der Kit'ä gilt (S. 70 oben), und Selmân aus Sâwe († 1376 oder 1377), da von beiden Dichtern Lieder in deutscher Übersetzung vorliegen:

Ibn Jemîns Bruchstücke von Schlechta-Wssehrd, Wien 1852, 2. Aufl. Stuttgart 1879 und eine Kasside Selmâns von Graf im «Festgrufs an d. Mitglieder der Philol.- u. Oriental.-Versammlung in Meifsen» 1863, sowie mehrere Ghazelen (nebst Gedichten von Zulfikâr und Achlî — s. S. 54) von v. Erdmann in der Zeitschr. d. deutsch. morg. Ges., Bd. 15 (1861), S. 753—785.

Der Nachahmer des Hâfiz sind Legion, ja jeder persische Lyriker wandelt bis auf den heutigen Tag in seinen Spuren. Jedoch nur einer von ihnen verdient hier Erwähnung, weil er die gesamte Lyrik in einer ganz genialen Weise beherrschte, während andere immer nur einzelne Gattungen mit einiger Vollendung zu handhaben wufsten. Es ist dies Abdur-Rachmân Dschâmî (1414—1492), der neben romantischen und mystischen Dichtungen drei Dîwâne hinterlassen hat. Auch Dschâmî dichtet sichtlich vielfach Hâfiz nach, z. B. mehrmals dessen erstes und andere Ghazele, und bewegt sich auch sonst in den bekannten Bahnen, aber seine universale Meisterschaft in der Behandlung aller lyrischen Formen ist einzig, und dann verwässert er den grofsen Meister nicht durchgängig wie die anderen. Wie aufserordentlich unbedeutend erscheinen ihm gegenüber andere vielgerühmte Lyriker, z. B. ein Emîr Schâhî († 1453). Dieses fürstlichen Dichters Dîwân ist sehr oft abgeschrieben und von einem türkischen Gelehrten sogar kommentiert worden. Ich besitze selbst eine entzückende Kalligraphie desselben, was mich veranlafste, ihn von Anfang bis zu Ende durchzulesen. Schâhî hat nun vielleicht nicht einen einzigen wirklich eigenen Gedanken, höchstens nur dann und wann ein Ideechen. Immer derselbe ziemlich beschränkte Vorstellungskreis, aber in ihm ist er völlig zu Hause, und einzelne Gedichte sind in der That allerliebst. Nur mangelt jede Originalität, jedes seiner Gedichte ist eine Hâfizkopie. Und in dieses harmlosen Salondichters Adern flofs das Blut eines «Wagehalses»: war er doch ein Nachkömmling jener berüchtigten Serbedâr-Dynastie zu Sebzewâr in Chorâsân, von deren 12 Häuptlingen innerhalb 46 Jahren (von 1335—1381) 7 eines gewaltsamen Todes gestorben waren. Auch Sultan Selîm I., mit dem Beinamen «der Strenge» (Jawuz, wobei wir möglichst mild übersetzen), hat ja die Maskerade als sentimentaler Liebespoet mitgemacht (S. 115 oben), und gerade an Schâhî hat er sich augenscheinlich stark angelehnt. Schâhî mag, mit seinen

Ahnen verglichen, arg aus der Art geschlagen sein; wäre er aber auch ein echter «Wagehals» oder «Galgenvogel», wie man den Spitznamen auch deuten kann, gewesen, wenn er dichten wollte, so hätte er es dann doch nicht anders machen können, als er es eben gemacht hat.

Die Künstlichkeit versteht Dschâmî, wenn es sein mufs, bis auf das Äufserste zu treiben. In seinen Mäthnäwîs wirkt dies häufig auf die Dauer störend; man sehnt sich nach einer Ruhepause, aber immer geht es in dem hochgeschraubten Stile weiter. Den kürzeren lyrischen Gedichten steht seine Weise besser an, eine beschränkte Anzahl Verse hindurch kann man sie sich wohl gefallen lassen und die vollendete Kunst bewundern. Und oft genug weifs er auch ganz natürlich zu sein. Uber den Inhalt seiner Poesieen brauchen wir kein Wort mehr zu verlieren; Mystik und natürlicher Sinn wechseln in ihnen oder gehen nebeneinander her, wie wir dies bereits kennen.

«Gieb zum Morgentrunk, o Schenke,
Mir das Weinglas in die Hand,
Da das Leben wie im Schlafe
Dem ergrauten Träumer schwand.

Doch von jenem Weine gieb mir,
Der, wenn er das Aug' erhellt,
Mir als Wasserspieg'lung zeige,
Was sie wirklich ist, die Welt.

Doch von jenem Weine gieb mir,
Der, sobald er schäumend gärt,
Den erhabnen Dom des Himmels
Einem Bläschen gleich verzehrt.

Doch von jenem Weine gieb mir,
Der durch seine frohe Kraft
Trunkne zu verrückten Männern,
Weise zu Verliebten schafft.

Da ich nun zum Greis geworden,
Geht dies Einz'ge nur mir nah,
Dafs ich, diesen Wein entbehrend,
Meine Jugend schwinden sah!

Giefs mir Hefe auf den Scheitel,
Dafs damit am Schlufs der Zeit
Ich das Weifs mir übertünche,
Das das Alter drauf geschneit.

Wein zu trinken und im Rausche
Aufzugeben seinen Geist,
Ew'ges Glück ist dies zu nennen,
Auf, Dschâmî! Geniefs es dreist!» (v. Rosenzweig).

«Wie schön ist, was zum Harfenklang
Beim Morgenwein der Sänger sang:
'Erwach, o Mensch! Dein kurzes Sein
Schliefst Schätze ew'gen Glückes ein.
Doch sorglos bist du, horchest nicht
Auf das, was Glas und Flöte spricht.
Entbehre Wein zu keiner Zeit,
Du kennst der Zeit Vergänglichkeit.
Benutze jeden frohen Tag,
Wer weifs, wer morgen leben mag?'
Treu dien' ich jenem Hause nur,
Wo sich mir zeigt des Freundes Spur.
Dschâmî! Zur Ka'ba pilgre nie,
In jedem Haus ja triffst du sie» (v. Rosenzweig).

«Mich kümmert deine Schönheit so, am Ende werd' ich irr,
Zuliebe deinen Locken werd' ich selber wie sie wirr.

Was hab' ich auch zu fordern noch von meinem Geist und Sinn?
Mein geistiges Vermögen ist seit meiner Liebe hin!

Du sagst mir: 'Lafs die Leidenschaft, benimm dich mit Verstand.'
Wie soll ich thun, was ich gewifs bereue nach der Hand?

Ich kühl' des Nachts im Garten mich, weil ich, dir ferne, glüh',
Und wecke kleine Sänger auf des Morgens viel zu früh.

Durch Thränenströme unterwäscht sich meiner Hütte Lehm,
Und sänke sie dahin in Schutt, auch das wär' mir genehm!

Ja kämst du selber morden mich, mir wär' des Dolches Klang
In meiner Seele Kerkernacht ein Rettungsjubelsang!

Sie kommt! O schliefs dein Aug', Dschâmî, es wölbt sich ihre Brau',
Und hundert Risse bringt sie gleich in deines Islâms Bau»
(Wickerhauser).

Vierzeiler nach v. Rosenzweig:

«Einst klagte Çâghirî (ein Dichter): 'Gedankendiebe nahmen
Aus meinen Versen mir den schönen, bunten Sinn.'
Als seine Verse drauf mir zu Gesichte kamen,
Fand ich, er habe recht: es war kein Sinn darin.»

An Gott.

«Ich wähnt', ich träfe aufser mir dich an,
Ich träfe erst am Ziel dich meiner Bahn.
Nun ich dich fand, nun weifs ich erst gewifs,
Dafs ich beim ersten Schritt dich schon verliefs.»

«Dafs vom Tische dieses Lebens einen Bissen er erhalte,
Hat gar manches zu erdulden, wie der Junge so der Alte.
Sieh den Säugling! Hundert Tropfen seiner Thränen müssen fliefsen,
Will er von der Milch der Mutter einen Tropfen nur geniefsen.»

«Begehre nie des Lebens Ende, drückt dich der Kummer noch so schwer,
Doch auch ein immerwährend Leben verlange thöricht nimmermehr.
Du wünschest, länger noch zu leben, als du bereits gelebt; allein
Was thatst du wohl, das würdig wäre, zum zweitenmal gelebt zu sein?»

Eine Nachahmung von Hänzäles Gedicht auf S. 50 oben:

«Dein Angesicht ist lauter Mondenglanz,
Das dunkle Mal darauf ist reizend ganz.
Vor bösem Auge bist du wohlgemut:
Das Rautenkorn liegt auf des Feuers Glut» (Rückert).

«Lerne Gott aus Gott erkennen, aus Vernunft nicht und Beweisen;
Braucht es Fackel oder Kerze, um die Sonne dir zu weisen?»
(Rückert).

«Der Schönheit Kaftan legte die Ros' an, wohlbeflissen;
Da sah sie deinen Liebreiz und hat ihr Kleid zerrissen» (Rückert) —

in der ersten Zeile ist die Rose noch als Knospe gedacht, in der zweiten ist sie erblüht.

«Warum klagst du, Dschâmî, dafs kein Mensch dein Wort begehrt?
Rede minder! Minderkeit vermehrt der Ware Wert» (Rückert).

Mit dieser Selbsterkenntnis lassen wir den Dichter schliefsen.

D e u t s c h e Ü b e r s e t z u n g e n: Von v. Rosenzweig, Biographische Notizen über Mewlânâ Abdurrahmân Dschâmî nebst Übersetzungsproben aus seinen Diwanen, Wien 1840; Rückert, Zeitschr. f. d. Kunde d. Morgenlandes, Bd. 5 (1844) S. 281—336, Bd. 6 (1845) S. 189—227, sowie in der Zeitschr. d. deutsch. morgenl. Gesellsch. Bd. 2 (1848) S. 26—51, Bd. 4 (1850) S. 44—61, Bd. 5 (1851) S. 308—329, Bd. 6 (1852) S. 491—504, Bd. 24 (1870) S. 563 bis 590, Bd. 25 (1871) S. 95—112, Bd. 26 (1872) S. 461—464), Bd. 29 (1875) S. 191—198; Wickerhauser, Liebe, Wein und Mancherlei, Leipzig 1855, und Blütenkranz aus Dschâmîs zweitem Diwan, Wien 1858.

Mit Dschâmî ward in Persien die wirkliche Dichtkunst ins Grab gelegt. Nach ihm kommen nur schwächliche Epigonen, und zwar ist dies bis auf den heutigen Tag so geblieben. Für Persien selbst mögen auch einzelne von diesen Nachkömmlingen noch einigen Ruf haben, in unserem kurzen Abriſs können sie keinen Raum beanspruchen. Dieser oder jener erhob sich wohl gelegentlich über die anderen, wirkliche Gipfel waren aber keine von ihnen. Über Çâïb aus Tebrîz († 1677), der von Älteren als Schöpfer eines neuen Ghazelenstils gepriesen wurde und von dessen Gedichten Tholuck mehrere seiner «Blütensammlung» einverleibt hat, urteilt der moderne persische Litterarhistoriker Rizâkuli Chân, er habe eine seltsame Weise gehabt, die «heute» nicht mehr beliebt sei, und daher beschränke er sich auf einige wenige Verse aus seinen mehreren Tausenden. Auch das gröſste Talent der neuesten Zeit, Kâ'anî, von dem wir oben S. 91 einige Verse mitgeteilt haben, ist nur ein Kopist der alten Meister, allerdings ein recht geschickter; über ihn und einige andere Moderne vgl. v. Kégls Artikel in der Zeitschrift der deutschen morgenländ. Gesellschaft, Bd. 47 (1893) S. 130—142, und in der Wiener Zeitschrift f. d. Kunde des Morgenlandes Bd. 6 (1892) S. 157—165, Bd. 7 (1893) S. 157—165, Bd. 8 (1894) S. 338—344, Bd. 12 (1898) S. 113—127. Brugschs mir unbekannte «Muse in Teheran» soll gleichfalls Übersetzungsproben aus jüngsten persischen Dichtern bieten. Einer von diesen, Schâjek, sucht gleich Bushâk (S. 128 ff.) und Machmûd Kârî (S. 130 ff.) eine Originalität im Gegenstande seiner Dichtung, nicht in der Form: er dichtet nämlich über nichts als das Bettlergesindel, bietet also eine Art persischen «Bettel- und Garteteufels», wie unser deutscher Pape schon im Jahre 1586. Der Eigenartigste von allen ist aber unstreitig Scheibânî († 1891), weil er lebenswahr ist. Seine eindringlichen Mahnungen zur Umkehr an die Regierung, die das Volk bedrückt und aussaugt, sind nicht in dem gewohnten Zierstil gehalten. Wohl kann auch er aus seiner Haut nicht heraus, aber seine Rede klingt doch ganz anders als die konventionelle Nachbetung der Klassiker. Nicht Eleganz, sondern Wahrheit ist es, worauf es ihm ankommt.

«Des Schâhes Land liegt wüste, weil darin
Des Schâhes Heer ärger als Kurden haust.
Des Schâhes Heer, dem Kleidung fehlt und Brot,
Wird morgen meutern gegen seinen Schâh.

Das Reich in Gärung, Thron und Krone wankend,
Wie kann der Schâh dabei voll Gleichmut sein?
Auf üblem Wege wandelt er, nicht weiſs ich,
Wer diesen üblen Weg den Schâh geführt.»

Solche freimütigen Worte und andere geharnischte Sonette haben ihm nichts geschadet, aber auch nichts gebessert; man hat den Sonderling, der sich schon zu Lebzeiten neben seinem Wohnhause sein Grab herrichten lieſs, in Ruhe gelassen — wie Graf Tolstoi in Ruſsland eine ganz exzeptionelle Redefreiheit genieſst. Seine Gedichte sind allerdings erst nach seinem Tode in Konstantinopel gedruckt worden und stehen ziemlich hoch im Preise; in Persien werden sie wahrscheinlich verboten sein.

Eine Zeitlang hatte es fast geschienen, als sollte die Pflegstätte der persischen Dichtkunst nach Indien verlegt werden. An dem groſsmoghulischen Hofe zu Delhî blühte sie unter der Förderung kunstsinniger Monarchen in einer im gleichzeitigen Persien ganz ungeahnten Weise damals neu auf. Namen wie Urfî aus Schîrâz († 1591) und Feizî († 1595) haben nicht nur für die Nachblüte einer groſsen Zeit einen ausgezeichneten Klang.

Es wäre wunderbar, wenn bei dem witzliebenden Perser nicht auch die Parodie eine Rolle in der Litteratur spielte. In der That ist sie in ihr vertreten, allerdings doch nicht so stark, als man vielleicht erwarten könnte; denn im groſsen und ganzen haben die Perser ihre Dichterei immer als eine ernste Sache genommen.

Der erste Parodist gröſseren Stils war Abû Ishâk (oder kürzer Bushâk) aus Schîrâz, ein persischer Brillat-Savarin, nur ist der französische Feinschmecker weit ästhetischer in seiner Kunst als der persische Gourmand. Der Dichter hat hauptsächlich in Isfahân gelebt und ist auch dort etwa 1427 gestorben. Im wesentlichen ebenfalls Lyriker, wollte er etwas ganz Neues bieten. Ein «Moderner» des 15. Jahrhunderts in Persien konnte nun über die Form nicht hinaus; denn die war fest gefügt. Und da sie hochvollendet war, war dies auch gar nicht so nötig. Auch bei uns würden gewiſs viele die bisherigen poetischen Formen nicht gegen die moderne Weise eintauschen mögen, nach der man die Verszeilen eines Gedichtes aus bald mehr, bald weniger Worten und — Gedankenstrichen zusammenfügt. Mag gelegentlich einmal dieser oder jener in «lyrischem Depeschenstil» «Polymeter» verfertigen oder seine Strophen mit der sogenannten «Mittelachse» bauen, das liefert eine Abwechselung und dient nicht selten zur Erheiterung, aber verallgemeinert möchten wir solches doch nicht sehen. Dem persischen «Modernen» blieb nichts übrig, als seine Neuerungen in den Inhalt zu verlegen. Und da verfiel Bushâk auf die Küche und Tafel. Wie der Franzose Berchoux in seinem reizenden Gedichte «La gastronomie» gemeint hat:

«Les poètes ont trop dédaigné la cuisine»,

so stellte Bushâk als seinen Wahlspruch auf:

«Das Thema 'Essen' werd' ich ewig variieren,
Mag's, Leser, dich ergötzen oder ennuyieren.»

Von nichts als von Speisen ist in seinem ganzen Dîwân die Rede. Nach seiner heimischen Sprechweise ist er ein «Bauchverehrer» — so nennt der Perser einen Gourmand — aber den Schmeerbauch zu besingen hat er doch noch einem modernen Franzosen (Desaugiers) vorbehalten, der sein Lob dieses seines teuersten Körperteils mit der Grabschrift, die er sich selbst bestimmt hat, schliefst:

«Hier liegt der erste Dichter,
Der sich übergessen hat[1].»

Übrigens eine kühne Behauptung! Bushâk hat es jedenfalls schon oft vor ihm gethan, allerdings ist er nicht daran gestorben, wenigstens wissen wir dies nicht. In seiner Sucht nach Künsteleien kleidet er ein Kochrezept («Man lasse Essig mit Sirup und Moschus vierzig Tage lang stehen und gebe ihn dann mit Feinbrot als Sauce zu Salat») in die folgende Form:

«Der Eremit Essig sitzt während der vierzig Tage der Fasten in der stillen Klause eines Kruges, bis er aus der Welt des Moschus und Sirups Offenbarungen empfängt. Dann tritt er in die Kapelle der Tafel, kniet auf dem Gebetsteppich des Feinbrots nieder und zitiert mit den gelehrten Derwischen des Salats den Vers: 'Trennung erduldete ich, bis ich zur Vereinigung gelangte.'»

Aber lebendige, wenn auch karrikierte Typen, wie die Parasiten der Alten, Immermanns (Oberhof) oder Fritz Reuters Küster, Achmed Midchats «Nimmersatt» (Türkisches Highlife), schafft er

[1] «Nord und Süd» Bd. 96 (1901) S. 256.

nicht, obwohl solche doch gewiſs an den gastfreien Tafeln seiner Gönner nicht gefehlt haben.

Sehr häufig parodiert Bushâk die Gedichte anderer und wandelt sie in das Gastronomische um. So stellt er neben Hâfiz' Verse:

«Es entbehrt, wenn ich ihn (den geliebten Jüngling) schaue,
Leicht mein Herz der Wiesenflur,
Gleich Zypressen liegt's in Banden,
Hat, gleich Tulpen, Male nur» (v. Rosenzweig-Schwannau),

die seinigen:

«Es entbehrt bei Makkaroni
Leicht mein Herz 'ne Linsenkur,
Bei dem Fettschwanz liegt's in Banden,
Trägt Weinessig-Male nur.»

Scheich Saadîs Strophe:

«Frühmorgens, wenn die Nacht entweicht im ersten Morgengrauen,
Wie schön ist's da, den Wiesensaum im Frühling anzuschauen,»

wird bei ihm zu:

«Frühmorgens, nach durchzechter Nacht, wenn mich Kopfschmerzen plagen,
Da kann ich Makkaroni bloſs mit Knoblauch dran vertragen.»

Wenn andere Dichter Blumen mit allem möglichen Schönen vergleichen, so kann Bushâk dies auch; nur ist seine Phantasie kulinarisch geartet; z. B.:

«Narzisse, heiſst es, sei der Wiesenflur Laterne,
Voll Gold ein Silberteller ihre Blütensterne;
Bushâk in ihr nichts anderes zu sehen weiſs
Als bloſs sechs Scheiben Brot um einen Safranreis.»

Aber nicht nur die Lyrik parodiert Bushâk, sondern auch die mystische Poesie, das Epos und was ihm sonst gerade unter die Hände kommt. Firdausîs Schâhnâme muſs sich ein Pendant «Kampf zwischen Safranpillaw und Makkaroni» gefallen lassen; statt der iranischen und turanischen Helden kämpfen hier allerlei Speisen miteinander.

Alle diese Parodieen entbehren des Witzes nicht, besonders wenn man sie im Original liest. Das Gleiche kann man dagegen von einem anderen Parodisten, der Bushâk noch übertrumpfen wollte, nicht so durchgängig sagen.

Anderthalb Jahrhunderte später wählte nämlich Machmûd Kârî aus Jezd statt der Speisen die Kleider als Gegenstand seiner Dichtung. Als ausgesprochener Nachtreter Bushâks übertrug er dessen Weise in das Schneiderische; was man anzieht, ward anstatt dessen, was man ifst, sein alleiniges Thema.

«Der Speisen ward jetzt satt die Welt,
Die Kleider sind's, was ihr gefällt»

behauptete er und begründete dies durch das Diktum:

«Vom Anzug ward noch niemand krank, litt keiner Leid,
Das meiste Unheil kommt von der Gefräfsigkeit» —

an die Übertragung ansteckender Krankheiten durch getragene Kleider dachte damals allerdings wohl noch niemand. Bushâk mufs viel Beifall gefunden haben, was man auch daraus schliefsen kann, dafs Verse von ihm sehr häufig in den Wörterbüchern als Belege für kulinarische Vokabeln zitiert werden. Kârî wollte ihn aus dem Felde schlagen, mit welchem Erfolge, werden wir bald sehen. Bushâk erweitert Saadîs zwei Zeilen:

«Frühmorgens, welche Seligkeit!
Ein Blick auf Liebchens fein Gesicht»

parodierend zu den vieren:

«Steht mir ein Kalbskopf früh bereit,
Recht schön gefüllt, mein Herze spricht:
'Frühmorgens, welche Seligkeit!
Ein Blick auf Liebchens fein Gesicht'»,

und danach Kârî:

«Zieh ich mir an ein neues Kleid
Am Festtag früh, mein Herze spricht:
Frühmorgens, welche Seligkeit!
Ein Blick auf Liebchens fein Gesicht.»

Sein komisches Epos «Kampf zwischen Pelz und Linnen» führt er mit folgenden Worten ein:

«Ich sah das Königsbuch, wie es so alt,
In frischem Rock gab ich ihm neu Gestalt.»

Ist Kârî also noch einen Grad weniger selbständig als Bushâk, indem er seinen Witz erst an diesem schärfen mufs, so gelingen ihm doch manche nette Kleinigkeiten in seiner Art. Solche Kleinigkeiten sind es aber auch nur, wodurch er eine Wirkung erzielt. Ganze Gedichte in seiner Weise sind zu manieriert. So hat er folgendes nette Rubâî oder vielmehr «Vierschlitz» «gewebt», wie er seinem Gegenstande gemäfs sagt:

«Mein Kleid hat am Thürnagel sich
'nen weiten Schlitz gerissen,
Und zwar aus purer Höflichkeit:
Es wollt' die Schwelle küssen.»

Der Sufi hat seinen Namen von der Wollkutte *(çûf)* erhalten, die er trägt. Die Wolle aus Angora (persisch *Angûrä)* hat nun bekanntlich einen besonderen Ruf. Da *ängûr* aber auch «Weintraube» heifst und der Sufi gelegentlich ein Glas Traubenwein nicht verschmähen soll, so leistet sich Kârî den Witz:

«Die Sufikutte nennt angorisch darum man,
Weil häufig Weinfleck' man drauf sehen kann.»

Wenn dann Kârî die grofsen Dichter mit Stoffen vergleicht, so ist das im einzelnen meist recht gesucht, aber im Grunde ist das Vergleichsobjekt gar nicht übel gewählt; denn viele persische Poesie ähnelt in der That einem Gewande, auf das allerhand Ornamente äufserlich aufgenäht sind, die eigentlich keinen inneren, organischen Zusammenhang zu ihm haben. Und mit Brokat, wie Kârî den Ferîdeddîn Attâr nennt, hat ja auch Gottfr. Keller seinen Landsmann Konr. Ferd. Meyer verglichen.

In seinem Kleiderstaate, den er nach Bushâks Staate der Speisen erfunden hat, ist eine besondere Jackenart König. Die übrigen Ämter und Würden sind ebenfalls an Kleidungsstücke und Stoffe verteilt. Erst scheint es, als solle dieser Staat von einem auswärtigen Feinde mit Krieg überzogen werden, doch tritt an Stelle des Kampfes schliefslich ein grofses Freudenfest, in dem die närrische Phantasie des Dichters durch die tollsten Personifizierungen von Stoffen wilde Orgien feiert. Aber damit nicht genug. Das Ganze soll nur eine Allegorie sein: der Jackenkönig ist die Seele, die zu Gott beten will, die Kleider um ihn herum sind die vier Elemente, fünf Sinne, drei Naturreiche etc. Wer sich hierüber nun etwa lustig machen will, dem droht der für einen Muhammedaner furchtbare Fluch:

«Wer meine Kleiderpoesieen liest mit Spott,
Dem weig're einst im Grab das Leichentuch, o Gott!»

Nun, der Fluch hat mehr gewirkt, als er sollte. Man hat Kârî nicht mit Spott, sondern überhaupt gar nicht gelesen. Seine Weise ist offenbar sogar von seinen eigenen Landsleuten abgelehnt worden, die doch an Maniriertheit in der Poesie viel vertragen können. Nur eine einzige Handschrift seiner Gedichte ist bisher bekannt geworden, die Wörterbücher zitieren ihn nie als Autorität für Kleider, während Bushâk bei ihnen stets als solche für kulinarische Vokabeln erscheint. Auch Carlyles Kleiderphilosophie, wozu bei Kârî übrigens nicht einmal Ansätze vorhanden sind (denn die Allegorie vom Jackenkönig und seinem Staat gehört in ein anderes Gebiet), hat nur vorübergehend wirken können, trotzdem der Schotte sein Thema viel tiefer als der Perser angefafst und es zu einer wirklichen Weltanschauung erweitert hat.

Beide Dichter, Bushâk wie Kârî, habe ich in der Beilage zur Münchener Allgemeinen Zeitung eingehender behandelt, Bushâk in Nr. 21 und 22 vom 26. und 27. Januar 1899, Kârî in Nr. 238 vom 17. Oktober 1900. Als Dritter im Bunde gesellt sich zu ihnen der erst vor kurzem gestorbene, bereits mehrmals erwähnte Schâjek (S. 127).

Ein älterer Parodist soll schon Sôzenî († 1173/4) gewesen sein. Doch scheint dieser seine Hauptstärke in der Zote gesucht und auch gefunden zu haben. Sein Zeitgenosse, der Buchârer Hamîdeddîn ibn Am'ak, der Sohn eines als Dichter weit berühmteren Vaters, hat sich durch folgendes Epigramm auf ihn in die Anthologieen eingeschmuggelt:

«Mir träumte jüngst, dafs Adam stand
Vor mir, mit Eva Hand in Hand.
Ich fragte: 'Adam, sage, wie
Kamst du nur zu dem Sôzenî?'
'Der meines Stammes?' Adam rief,
'Hier, Eva, nimm den Scheidebrief!'»

Und Muçâhib aus Nâjîn schliefst ein pikantes Gedicht mit den Zeilen:

»Lernt Meister Sôzenî in Samarkand sie kennen,
Wird über diese Verse er voll Neîds entbrennen.»

Doch hat es sicher bereits noch früher vereinzelte Parodisten gegeben. So ist ein Gedicht von Dêbâdschî aus Samarkand, einem Zeitgenossen des älteren Asadî, erhalten, in dem dieser die Naturdichter derb verspottet: bei einem Unwetter läfst er die Wolken die Hosen herabziehen und die Erde berieseln.

Die niedrigste Spielart des Humors, die Zote, hat sich in der muhammedanischen Litteratur geradezu eine feste Stelle errungen, wir müssen ihr daher auch hier einigen Raum gönnen.

Man ist im Orient von jeher ungeniert gewesen, Pikanterieen waren stets beliebt. Und wie alles Geistige genoſs der Perser auch sie am liebsten in poetischer Form. So finden wir bereits bei den alten Dichtern, z. B. Scheich Mandschîk, Azrakî († 1132/3), auf diesem Gebiete Leistungen, gegen welche die derbsten Epigramme Martials harmlos sind. Auch einer Frau begegnen wir in diesem Kreise, der Mehistî (nach anderen Mahsatî), die eine Geliebte des Sultâns Sandschar († 1157) gewesen sein soll und in ihren Gedichten als eine Madame sans gêne par excellence erscheint. Ihr Geliebter, also doch der Sultân, erscheint öfter in ihren Gedichten als der «Fleischer», der sie im Liebesrausch «tötet» aber dann auch immer wieder lebendig macht — man hat daraus irrtümlich einen weiteren Galan Kaççâb («Fleischer») gemacht, das Bild findet sich indes auch anderweitig, z. B. bei Schâhî. Dabei ist es aber nach islamischen Begriffen ganz selbstverständlich, daſs sie im übrigen durchaus ehrbar gewesen ist, wie die Königin Marguérite von Navarra den Heptameron schreiben konnte, ohne ihrem Rufe irgendwie zu schaden, oder wie auch die gefeierte Nûrdschehân, des indischen Groſsmoghuls Dschehângîr Lieblingsgemahlin, recht obszöne Verse gemacht hat. Eine geistreiche Hetäre, als welche Mehistî in der Legende und so u. a. auch in einem Verse des Dichters Ibn Chatîb aus Gendsche erscheint, ist im 12. Jahrhundert eigentlich nicht gut mehr denkbar, zumal eine, deren Gunst ein Sultân mit anderen geteilt hätte. Zur Abbassidenzeit konnte allerdings eine Fazl († 873/4) als Sängerin und Dichterin die Rolle einer gefeierten, vielbegehrten Courtisane spielen, aber auch hier tritt der Chalife selbst nicht als Liebhaber auf (s. Huart im Journal asiatique 1881, S. 1—43). Mehistîs Hetärenleben hätte zum mindesten erst nach Sandschars Tode beginnen können.

Geistreiche Frauen treten übrigens im Islâm nur in beschränkter Anzahl hervor. Die Frau ist im muslimischen Leben in den Harem gebannt, selbständige Herrscherinnen sind eigentlich unmöglich. Selbst eine so energische Frau wie Turkân Chatun, die Gemahlin des Seldschukensultâns Malikschâh, muſste, als sie nach dessen Tode eine politische Rolle zu spielen begann, wieder nach einer männlichen, als Gatte äuſserlich über ihr stehenden Autorität ausschauen. Doch auch im Harem ward gelegentlich die Poesie gepflegt; Frauen, die sich über die sehr niedrige Durchschnittsbildung der Schönen des Enderûns erhoben, griffen schon aus Langeweile gern zu dichterischem Zeitvertreibe, und so werden einzelnen 15000, 10000, 5000, 3000 Verse nachgesagt. Um welche Nichtigkeiten sich das Leben der persischen Frauen dreht, zeigt das Frauentaschenbuch der Kulzum Nene, das Thonnelier (Paris 1881) in das Französische übersetzt hat. Ein persischer Litterarhistoriker, Machmûd Chân, hat eine eigene Schrift über die Dichterinnen unter seinen Landsmänninnen geschrieben (vergl. einen Artikel Vambérys in der Zeitschrift der deutschen morgenländ. Gesellschaft, Bd. 45, S. 403 bis 428 — jedoch nur für die Thatsache an sich, denn die Originaltexte wie die Übersetzungen sind ärgerlich fehlerhaft, die einzelnen Zeilen bisweilen ganz durcheinandergestellt). Dafs Machmûd Chân speziell dem Fetch Alî Schâh, unter dessen Regierung er im Jahre 1825 sein Werk schrieb, eine plötzliche Belebung des Bildungstriebes der Frauenwelt zuschreibt, ist allerdings insofern richtig, als der Schâh selbst leidenschaftlich gern Verse machte und seine Umgebung zu gleichem Thun veranlafste. So sind in Machmûd Châns Anthologie Töchter und Frauen des Schâhs vertreten, aber gedichtet hatten Perserinnen schon längst und zum Teil besser. Auch Fetch Alî Schâh selbst war nur ein Dilettantenpoet, dafs er aber einen Spafs verstand, sogar wenn seine dichterische Eitelkeit in Frage kam, zeigt die folgende Anekdote. Als sein Hofdichter eines Tages ein königliches Ghazel nicht schön genug fand, verbannte ihn dieser dahin, wo er hin gehöre, nämlich in den Stall zu den Eseln. Der Zorn des gutmütigen Herrschers dauerte jedoch nicht lange, er nahm seinen Leibpoeten bald wieder zu Gnaden auf. Bei der ersten Gelegenheit, wo dieser nun wieder Verse seines fürstlichen Herrn anhören sollte, lief er schnell davon, freiwillig von neuem in den Stall, ehe der Schâh selbst ihn dahin zurückschicke.

Als die berühmtesten persischen Dichterinnen nennt Machmûd Chân fünf, darunter Mehistî. Diese Perserinnen besingen nun durchweg die Liebe; des weiteren finden wir aus dem Frauenleben Lieder zur Erinnerung an Besuche der fürstlichen Gatten im Harem oder die Klage einer Mutter über den Tod ihres Sohnes, und an allgemeineren Themen besonders die üblichen Reflexionen über die Vergänglichkeit alles Irdischen u. dgl. Eine ausgeprägte Originalität tritt jedoch nirgends hervor. Was unter europäischem Himmel allerdings bisweilen hysterisch überspannt erscheinen würde, fällt im Orient aus dem gewöhnlichen Rahmen kaum heraus. Doch wir nehmen nach dieser Abschweifung über die persischen Dichterinnen, die gerade an Mehistî anzuknüpfen uns nur ihr Geschlecht, nicht der Inhalt ihrer Poesieen veranlassen konnte, den abgerissenen Faden wieder auf.

Selbst Scheich Saadî, der Verfasser des «Rosengartens» und «Lustgartens», der zwei wegen ihrer ethischen Tendenz stets mit am höchsten gefeierten Dichtungen des Morgenlandes, hat eine gereimte Sammlung von «Spälsen» verfalst, die an Unanständigkeit alles übertreffen, was der Abendländer sich nur vorstellen kann. Nizâmî schildert in seinem berühmten Epos «Joseph und Zuleichâ» die Vereinigung der Liebenden in höchst realistischer Weise, die von dem sonstigen Tone des Gedichtes auf das grellste absticht, Dschelâleddîn Rûmî hat einige recht gemeine Geschichten in seinem Mäthnäwî, einer der erhabensten Schöpfungen der gesamten persischen Litteratur, Dschâmî hat in seinen «Frühlingsgarten» ebenfalls Spälse oder vielmehr Zoten eingeflochten. Wenn so die vornehmsten Geister gelegentlich den groben Instinkten Rechnung trugen, so kann es nicht wundernehmen, wenn andere minder erhabene dieses Thema fast ausschlieslich gepflegt haben. Das Vergnügen an einer Zote ist ja nun nicht etwa nur orientalisch oder ein notwendiges Zeichen der Dekadenz, wie in der römischen Kaiserzeit. Wie oft kann man es bei uns in der besten Gesellschaft erleben, dals ein würdiger Herr, dem man dies nie zugetraut hätte, mit dem sichtlichsten Vergnügen eine recht pikante Mikoschgeschichte anhört oder auch selbst erzählt. Von Friedrich Wilhelm IV. sagt Treitschke in seiner «Deutschen Geschichte»: «Selbst sittenstreng, urteilte er hart, fast prüde über lockeren Lebenswandel; das schlols nicht aus, dals er an saftigen Eulenspiegeleien seine Freude fand.» Und der Perserin Mehistî stehen die Derbheiten einer Bettina von Arnim gegenüber. Wenn dergleichen im Orient schriftlich aufgezeichnet wurde, so darf man dabei nicht vergessen, dals solchen nur handschriftlich weiter verbreiteten Produkten zunächst immer mehr ein privater Charakter gewahrt blieb. So konnte sich der türkische Prinz Korkud, ein Sohn Sultân Bâjezîd II., eher die recht zügellosen Schwänke des «närrischen Bruders» widmen lassen, als dies unter europäischen Verhältnissen möglich gewesen wäre, selbst wenn ein derartiges Buch nur «als Manuskript» gedruckt würde.

Als einen Hauptvertreter des Genres und zugleich der Satire wollen wir hier Ubeid Zâkânî vorführen, über den die Litteraturgeschichten bisher fast nichts zu berichten wufsten, da Handschriften seiner Werke fast ebenso selten sind, wie Exemplare ihres 1886 nur in einer Auflage von 100 Stück zu Konstantinopel hergestellten Drucks, der dann noch dazu dort verboten wurde. Allerdings nicht auf Grund eines § 184 unseres Strafgesetzbuches, unter den er bei uns fallen würde, sondern weil Zâkânî auch ein arger Spötter in religiösen Dingen war. In der Art seiner Satire kann man ihn mit Juvenal vergleichen, nur ist er viel amüsanter als der mürrische Römer. Aber wie dieser scheut er sich vor nichts. Kein Laster ist ihm zu ekelhaft, er malt es in seiner nacktesten Wirklichkeit aus, doch mildert gewöhnlich sein nie ausgehender Witz die allzu unzarten Dinge. Wenn man ihm glauben darf, so mufs der Stand der Moral zu seiner Zeit (er starb 1370 oder 1371 in Baghdâd, nachdem er vorher in Schîrâz gelebt hatte) ein aufserordentlich niederer gewesen sein. In seinen «Hundert guten Ratschlägen», die natürlich alle satirisch gemeint sind, empfiehlt er Lebensregeln, die geradezu haarsträubend sind. Und das alles mit einer Naivetät, die ihresgleichen sucht. Doch übertreibt der Satiriker natürlich und trägt stets die dicksten Farben auf. Das braucht er, um grotesk zu wirken. Seine «Wahrheit über Männer und Frauen» lautet daher auch keineswegs zart. Sie ist «Junggesellenlektüre» derbsten Kalibers. Ratschläge, die sich hier mitteilen lassen, sind u. a. die folgenden:

«Glaubet den Worten von Scheichen nicht, sonst geht ihr irre und kommt in die Hölle. Haltet euch aber zu ehrlichen Derwischen, so werdet ihr glücklich.»

Oder:

«Geht durch keine Strafsen mit Gebetstürmen (Minarets), damit ihr keine Kopfschmerzen von dem üblen Geschrei der Ausrufer (Muëzzins) bekommt» — an sich ist der Sang der Gebetsrufer wohlklingend, und es wird bei diesem Berufe besonders auf eine gute Stimme gesehen.

«Heiratet keine Töchter von Theologen, Scheichen, Richtern oder Wucherern; denn deren Kinder können nur Bettler, Heuchler und Lügner werden, die ihren Eltern nichts als Kummer machen. Könnt ihr die Heirat aber durchaus nicht vermeiden, so sorgt dafür, daſs sie keine Kinder bekommen» — (das Wie? läſst sich unmöglich wiedergeben, was auch von den meisten anderen Lehren des «Buches des Rates» gilt).

Kulturgeschichtlich ist Zâkânî höchst interessant. Wir erwähnen hier noch, daſs ihm das Nerd- wie das Schachspiel als Laster gilt, vor denen er verschiedentlich warnt. Da der Dichter viel zu vorurteilsfrei war, als daſs er gedankenlos mit dem Korân in das Verbot aller Spiele eingestimmt hätte, so müssen Nerd wie Schach zu seiner Zeit viel Anlaſs zu Ausartungen gegeben haben. Bei van der Linde (Geschichte und Litteratur des Schachspiels) finde ich keine Andeutung hieran, nur ist die Thatsache verzeichnet, daſs ein fatimidischer Chalife das «unschuldige Schachspiel» verboten habe (I, 100), natürlich auf Grund des Korâns. Von Zâkânîs «Definitionen» lauten einige:

«Der Richter: Den alle Welt verwünscht.
Der Glückliche: Der nie einen Richter zu sehen bekommt.
Der Prediger: Der spricht aber nicht danach handelt.
Der Geistliche: Ein Gebetsverkäufer.
Der Kaufmann: Der sich nicht vor Gott fürchtet.
Der Wechsler: Ein Kleindieb.
Der Schneider: Eine Feinhand (er eskamotiert beim Zuschneiden unbemerkt Stücke Zeugs, selbst in Gegenwart des Kunden, wie Zâkânî es in einer Anekdote einmal beschreibt; als «Resterdiebe» kommen Schneider bei Mâchmûd Karî (oben S. 130 ff.) mehrfach vor.
Der Apotheker: Der alle Welt krank wünscht.
Der Arzt: Ein Henker.» U. s. w.

Weniger witzig ist die Schrift «Die Sitten der Vornehmen». Hier wird die alte Zeit in Gegensatz zu der Gegenwart gestellt. Früher übte man die Tugenden der Tapferkeit, Enthaltsamkeit, Gerechtigkeit, Freigebigkeit, Nachsicht u. a. m., heute, wo wir «in der besten der Zeiten und der vollkommensten der Epochen» leben (man fühlte also bereits damals, wie man es so herrlich weit gebracht habe), gelten diese Eigenschaften als altmodisch und unpraktisch. Diese Theorie wird in einer Anzahl Kapiteln im einzelnen durchgeführt.

Wie Bushâk und Kârî parodiert Zâkânî auch die Verse anderer Dichter, seine Umdichtungen sind meist lasziv. Schulden hat er im Hause, in der Straſse, im Stadtviertel, im Palaste, kurz überall. Das Thema «Schulden» hat dann der ganz moderne Dichter Schâjek mit besonderer Virtuosität wieder behandelt.

Anständig ist das «Bartbuch», ein ergötzliches Schriftchen, das von der herrschenden Idee ausgeht, der keimende Bart entstelle die Schönheit des geliebten Knaben. Rîscheddîn Abul-Mahâsin («das Gefieder des Glaubens, der Vater der Bärte»), selbst mit einem Barte ausgestattet, dafs der Dichter bei seinem Anblicke nur ausrufen kann: «Was für ein Bart! Was für ein Bart! Was für ein Bart!» ist der Popanz, der jedem Manne seinen Anteil an Bartwuchs zukommen läfst. Zâkânî heifst seinen jungen Freund, in dessen Gegenwart ihn jener überrascht, sich noch der jugendlichen Schönheit freuen, denn bald werde der häfsliche erste Flaum kommen. Unter dem Titel «Die herzerfreuende Schrift» hat er endlich eine Menge Anekdoten vereinigt, die in der Schwanklitteratur Beachtung verdienen. Es kommen hier anderweitig gar nicht bekannte Typen vor, wie Talhak, eine Art Hofnarr Sultân Machmûds von Ghazna u. a. (vgl. einen Aufsatz von mir in der Revue orientale I, 66 ff., Budapest 1890). Leider enthält die Konstantinopeler Ausgabe die zwei komischen Epen «Der Steinschneider» und «Maus und Katze» nicht, die Ethé als an Langbein oder Blumauer erinnernd kennzeichnet.

Der persischen Lyrik sind noch zwei Spielarten eigentümlich, die wegen ihrer grofsen Beliebtheit eine besondere Erwähnung verdienen: Das Chronogramm und das Rätsel.

Unter einem Chronogramm (Târîch) versteht man ein Merkwort oder einen Merkspruch für ein historisches Ereignis. Jedem einzelnen Buchstaben haftet im arabischen Alphabet zugleich ein bestimmter Buchstabenwert an (so ist a = 1, b = 2, dsch = 3, d = 4, s = 60, sch = 300, gh = 1000 u. s. w.), die Gesamtsumme der Buchstaben eines Târîchs mufs die Jahreszahl ergeben, welche man festlegen will. Die Kunst besteht darin, ein Wort oder einen Satz zu wählen, der zu dem betreffenden Ereignisse in denkbar engstem Zusammenhange steht. So z. B. für das Todesjahr des Grofsmoghuls Humâjûn, der durch einen Sturz vom Dache seines Palastes ums Leben kam, die Worte: «Kaiser Humâjûn fiel vom Dache», für Kaiser Akbar: «Schâh Akbars Tod», für Sultân Sandschar: «Schâh von Merw» u. a. m. So frappant nun solche Anspielungen sind, so darf man sich doch nicht zu sehr durch sie verblüffen lassen. Ist einmal ein hübscher Gedanke gefunden, so ist es bei dem Reichtum der persischen Sprache meist nicht schwer, ihn dann auch in Worte zu fassen. Wie zu allen geistreichen Gedanken gehörte auch zum Târîch eine poetische Einkleidung, wenn es vollkommen sein sollte. Es wurde dann gewöhnlich in den Schluſs einer Kit'ä (oben S. 70) eingefügt.

Für den Tod Sultân Bâbers fand ein Dichter die Worte «Weh! Bâber Chân!» sehr schön passend, leider zählten sie jedoch eins zu viel, nämlich 862 (nach der Ära der Flucht gerechnet) statt 861. Das schöne Chronogramm wollte er indes nicht aufgeben, und so half er sich auf die folgende Weise. Er dichtete:

«Im Todesjahr des Schâhs war jeder leidgeschlagen,
Wer dacht' an andres da, als Thränen nur und Klagen?
Erst ein Jahr später, heuer erst vermochte man
Das Chronogramm zu sinnen aus: Weh! Bâber Chân!»

Ein anderer Dichter widmete demselben Ereignisse folgende Verse:

«Dem Leu'n, der mit dem Schwert die Welt erobert,
Kam nach dem Paradiese Sehnsucht an.
Wer seines Todes Jahr sich merken will,
Der sag': Das Haupt neigte 'Schah Bâber Chân.'»

Hier haben wir noch eine besondere Feinheit. «Neigte sein Haupt» (wörtlich: legte es hin) bedeutet, daſs man von den Worten 'Schah Bâber Chân', dem eigentlichen Târîch, das Haupt, d. i. den ersten Buchstaben 'Sch', wegnehmen soll. Der Rest «(a)h Bâb(e)r Chân» ergiebt die Summe 861 (die eingeklammerten Buchstaben werden in der Originalschrift, welche nur die langen, nicht auch die kurzen Vokale ausdrückt, nicht geschrieben, haben also auch keinen Zahlwert, im übrigen ist h = 5, b = 2, â = 1, b = 2, r = 200, ch = 600, â = 1, n = 50).

Diese Kunst ist sehr viel geübt worden — auf Bâbers Tod sind z. B. auſser diesen beiden noch manche andere Mersprüche überliefert. Man hat sogar besondere Târîchsammlungen veranstaltet. Das Chronogramm kann nämlich ein wertvolles Hilfsmittel zur Feststellung eines Datums sein, Verschreibungen der Jahreszahlen lassen sich mittelst seiner berichtigen. Vielfach findet man die ärgsten Künsteleien, das thatsächliche Chronogramm muſs häufig erst durch Subtraktionen und Additionen, die man aus feinen Andeutungen erraten muſs, mühsam herausgebracht werden. Eine ganz besondere Begabung für Târîchs hat der Türke Surûrî zu Beginn des 19. Jahrh. besessen. Er vermochte solche sogar aus dem Stegreif zu machen. Die Improvisation erfordert hier eine ganz auſserordentliche geistige Konzentration, sie läſst sich etwa mit dem Schachblindlingsspiel auf eine Stufe stellen.

Mit diesen Târîchs kann man die gelehrten neulateinischen Chronogramme vergleichen, wie

«LVtetIa Mater natos sVos DeVoraVIt»

auf die Pariser Bluthochzeit 1572, die, wenn sie metrisch abgefaſst waren, Chronostiche genannt wurden. Es kommt auch bei Târîchs, wennschon mehr als Ausnahme, vor, daſs nur bestimmte Buchstaben (entweder die mit diakritischen Punkten oder die ohne solche) gerechnet werden. Mit solchen stimmen die lateinischen genau überein, wo bekanntlich überhaupt nur gewisse Buchstaben einen Zahlenwert haben. Das Komplizierteste wäre, wenn in diesen Fällen die Târîchbuchstaben selbst wieder ein sinnvolles Merkwort ergäben. Die Perser haben gewiſs auch dieses Kunststück fertig gebracht, wenn ich auch im Augenblick kein Beispiel dafür nachzuweisen vermag.

Gleichen die Târîchs schon vielfach Rätseln, so dürfen wir uns nicht wundern, wenn wir wirkliche Rätsel sogar von einem Dichter wie Dschâmî verfaſst sehen. Es sind jedoch weniger Sinnrätsel, wie sie sich überall in der Welt finden und wie sie uns auch schon in älterer, sassanidischer Zeit begegnet sind (s. oben S. 38), sondern hauptsächlich Logogryphen, die den Scharfsinn des Persers reizen. Und diesen hat er dazu noch eine ganz eigenartige Form gegeben, die seiner Vorliebe für Künstelei entsprungen ist.

«Läſst in die Ka'ba der Verein'gung man dich ein,
So bau' des Hadsches Säulen und sprich ein 'Dank!' zu Gott.»

«Herr, dunkel ist der Rede Sinn» wird allerdings mancher bei diesen Zeilen denken; daſs sie aber geradezu ein Rätsel sein sollen, würde er doch vielleicht nicht merken, wenn sie ihm nicht ausdrücklich als ein solches vorgestellt würden. Denn sie ergeben auch so schon den Sinn: Wenn du nach langem Liebeswerben (nach beschwerlicher Pilgerfahrt) von deiner Geliebten erhört wirst (in die Ka'ba, das Heiligtum der Vereinigung mit ihr, gelangst), so danke Gott dafür; nur «der Bau der Säulen des Hadschs» bleibt allerdings schwierig. Nun, des Hadschs (der Pilgerfahrt nach der Ka'ba zu Mekka) Säulen sind die Buchstaben, aus denen das Wort Hadsch besteht, nämlich H und und Dsch (das a zählt nicht, da es nicht geschrieben wird), die *Hâ* und *Dschîm* heifsen. Sie bauen, bedeutet soviel, wie sie aussprechen, also *Hâdschîm* sagen. «Dank», das man nun sprechen soll, ist *hamd*, also zusammen mit *Hâdschîm*, unter Einsetzung der erforderlichen kurzen Vokale, die wieder nicht geschrieben werden: *Hâdschî M(u)ham(m)(e)d.* Dieser Name ist die Auflösung des Rätsels, mit dessen Sinn er sonst nicht das Geringste zu thun hat. Das liegt aber auch gar nicht im Prinzip dieser Logogryphen.

«Schâh Machmûds Hand ist, glaube mir,
Gleich $9 \times 9 + 3 \times 4$.»

$9 \times 9 + 3 \times 4 = 93$. In der Zeichensprache wird die Zahl 90 dadurch ausgedrückt, dafs man den Zeigefinger unter den Daumen zusammenkrümmt; die drei anderen Finger noch danebengelegt, so dafs eine Faust entsteht, bedeuten dann 3, das Ganze also 93. Schâh Machmûds Hand ist demnach eine Faust, d. h. nicht offen, er ist also ein Knicker — das Rätsel ist in der Erinnerung an Firdausîs Satire gemacht worden.

«Setze in die Mitte einer umgedrehten Kiste ohne Boden ein 'die', so erhältst du einen Namen.»

Dieser Satz ist nur eine ganz mangelhafte Nachahmung des persischen Originals, das, wie sehr viele andere, sich unmöglich übersetzen liefs und sehr witzig ist. Eine Kiste ohne Boden ist *Kis*, umgedreht also *Sik*; setzt man «die» in die Mitte von *Si-k*, so erhält man *Si-die-k* oder den Namen *Siddîk*, den Beinamen des Chalifen Abû Bekr.

Selbst eingeborene Perser müssen häufig freimütig eingestehen, dafs sie solche Rätsel nicht zu lösen vermögen. Und Sinnrätsel wie die beiden letzterwähnten sind immer noch natürlicher als Logogryphen. Bei diesen mufs man eine Reihe konventioneller Regeln kennen, in denen häufig das ganze Geheimnis steckt. So bezeichnen Begriffe wie «Kopf», «Lippe», «Krone», «Mütze», «Anfang» den ersten, solche wie «Herz», «Hirn», «Zentrum» den mittelsten, endlich «Fufs», «Saum», «Grenze» und ähnliche den letzten Buchstaben eines Wortes. Ein «Edelstein», ein «Korn», ein «Schönheitsfleck», die etwas zieren, sind diakritische Punkte, die einen Buchstaben von einem anderen unterscheiden. Der Buchstabe M kann sich unter dem Ausdrucke «Mund», S unter «Zähne», N unter «Mondsichel» oder «Augenbraue» verbergen, und zwar wegen einer gewissen Ähnlichkeit der Formen dieser Buchstaben mit den betreffenden Dingen. «Mund und Zähne» können also die Lautverbindung M + S bezeichnen. Das Wort «Locke» hat aus demselben Grunde unter Umständen die konventionelle Bedeutung der Buchstaben Dsch, L oder D, die Worte «Zypresse», «Wuchs», «Fahne» die eines A u. dgl. m. Der Perser ist an eine derartige Symbolik gewöhnt, nicht erst Dschâmî hat sie in die Lyrik eingeführt, obgleich allerdings dieser grofse Rätselfreund in dieser Hinsicht besonders viel geleistet hat. So wird ein Orientale bei einigem Nachdenken den verborgenen Sinn des folgenden Verses unschwer verstehen:

«Öffne das Auge, ringle die Locke, mein Lieb,
Meinem brennenden Herzen zur Ruh'.»

Das klingt zunächst wie die Bitte eines Liebenden um Erhörung, hat aber einen tieferen Sinn, es ist nämlich ein Logogryph. «Auge» bedeutet den Buchstaben Ajin, «Locke» ein L, «brennendes Herz» ein langes i. «Öffnen» ist eine konventionelle Bezeichnung für den kurzen Vokal a, mit dem das Ajin, «ringeln» eine solche für das i, mit dem das L zu sprechen ist. «Ruhe» zeigt, dafs dem letzten langen i kein weiterer Vokal mehr folgt. Die Auflösung des Rätsels ist also «Alî».

Sehr leicht ist das folgende Rätsel:

«400 Köpfe, 10 Leiber und 200 Füfs',
Es fliegt durch die Luft, welcher Vogel ist dies?»

So würde man wenigstens die persischen Verse zunächst unbefangen übersetzen, doch da man hierbei schwerlich auf einen Sinn kommen wird, so mufs man die erste Zeile anders, wenn dies auch zuerst eigenartig erscheint, verstehen, nämlich:

«400 der Kopf, 10 der Leib, 200 die Füfs'»,

und nun ist alles einfach. 400 ist der Zahlwert des Buchstabens *t*, 10 der des langen *i*, 200 der des *r*, Kopf, Leib und Bein sind die Anfangs-, Mittel- und Endbuchstaben des so entstehenden Wortes *tîr*, das «Pfeil» bedeutet, also ist «Pfeil» die Lösung des Rätsels. Wir haben hier einmal das umgekehrte Prinzip der Târîchs.

Komplizierter ist dieses Rätsel:

«Ein dreibuchstab'ger Name soll es sein,
Doch jeder wiegt fünfzig und fünf allein.»

Auflösung: T(a)j(j)(i)b. Die eingeklammerten Buchstaben werden nicht geschrieben, zählen daher auch nicht. T hat den Wert 9, 9 heiſst aber auf persisch *n(u)h*, d. i. nach dem Zahlenwerte 50 (n) + 5 (h) = 55; j hat den Wert 10, 10 heiſst aber auf persisch *d(ä)h*, d. i. nach dem Zahlenwerte 4 (d) + 5 (h), also wieder 9 und daher wie eben *n(u)h* 55; b endlich hat den Wert 2, 2 heiſst aber auf persisch *du*, d. i. nach dem Zahlenwerte 4 (d) + 6 (u), also wieder 10, d. i. *d(ä)h* und daher wie oben auch 55. Ob jemand dieses Rätsel lösen könnte, wenn er von 55 ausgehen würde, scheint höchst zweifelhaft; selbst wenn er die Auflösung kennt, giebt deren Verständnis im einzelnen immer wieder neue Rätsel auf. Wer sich noch tiefer in diese Buchstaben- und Zahlensymbolik versenken will, dem sei neben Rückert-Pertschs schon erwähnter Poetik und Rhetorik (S. 317 ff.) das Buch von Kuka, The Wit and Humour of the Persians, Bombay 1894, S. 121—131 empfohlen, das auch in Europa (Leipzig, Harrassowitz) zu kaufen ist.

Neben der Kunstlyrik ist immer auch die dialektische Dichtung gepflegt worden. Männer wie Saadî und Hâfiz haben es nicht verschmäht, gelegentlich schirâzisch zu dichten, Abû Ishâk und Machmûd Kârî folgten ihrem Beispiele; kazwinische Verse haben u. a. Abul Mâdschid und Dschemâleddîn Rustuk el-Kutnî, karâdschîsche (Ort bei Kazwîn) Kâfî Karâdschî, taberistanische Prinz Merzbân, teheranische Sachrî, solche im modernen Pechlewî der schon oben genannte Pindâr aus Rei, Bâbâ Tâhir Urjân aus Hamadân, Dschûlâhe («der Weber») aus Abher verfaſst. Doch bedienten sich diese Dichter auch hier der üblichen Kunstformen; etwaige volkstümliche Gepflogenheiten kommen höchstens in gelegentlicher auffälliger Anordnung des Reims zum Ausdruck (so vielleicht bei Kâfî Karâdschî in der Reimordnung ace gegen bdf). Neben diesen völlig dialektischen Poesieen sind auch eine groſse Anzahl einzelner dialektischer Vokabeln in die Litteratursprache übergegangen. Wie im Deutschen niederdeutsches Stapel neben hochdeutschem Staffel und vieles andere Ähnliche steht, so auch im Persischen. Nur können wir hier vielfach solchen Formen im einzelnen noch nicht ihre eigentliche

Herkunft nachweisen. Sie stehen unvermittelt und gleichberechtigt nebeneinander. Da die Dichtung sich bald in allen Teilen Persiens mächtig bethätigte, so kam von allen Seiten neues Material in die Litteratursprache hinein, das sofort zum Allgemeingut ward. Doch hat sich die Vermehrung des Wortschatzes, die auf diese Weise eintrat, immer in bestimmten Grenzen gehalten und blieb im Grunde nur auf mehr vereinzelte Worte beschränkt.

VIERTES KAPITEL.

Die religiöse, besonders die mystische, sowie die moralische Poesie.

Daſs dem lebhaften persischen Sinne die Gebundenheit des Geistes, wie sie der Korân verlangte, nicht zusagen konnte, war kein Wunder. Zunächst äuſserte sich sein Widerspruch in der Umwandlung einzelner orthodoxer Lehrsätze, wie sie die Schîa, die sich in Persien bald von einer politischen zu einer religiösen Partei entwickelte, aufstellte. Daneben fanden aber auch bald mystische Ideen, nach denen der Mensch durch geistige, innerliche Betrachtung mit Gott völlig eins werden könne, viel Anklang. Der trockene Monotheismus des Korâns mit seinen starren, der Phantasie keinen Spielraum gewährenden Dogmen machte pantheistischen Anschauungen Platz; zoroastrische, christliche, buddhistische Ideen wurden miteinander zu einem undeutlichen Ganzen verschmolzen. Die Seele suchte in der Glut der göttlichen Liebe ihre Vernichtung.

> «Mach' der Vereinigung teilhaftig mich,
> Daſs ich nicht weiſs, ob du es bist ob ich» (Ethé)

drückt es Hilâlî in seinem Gedichte «König und Derwisch» aus. Dieses Ziel zu erreichen, gab es verschiedene Mittel. Durch äussere Askese oder innere Ekstase konnte der Zustand gänzlicher Losgelöstheit von allem Irdischen und die Vereinigung mit Gott herbeigeführt werden. Dabei mag sich der Mensch schlieſslich selbst als Gott fühlen, eine Blasphemie, für die schon unter den Chalifen manche derartige Schwärmer den Tod erleiden muſsten. Aufgekeimt war diese Lehre bereits im Arabertume, ihre weitere

Ausbildung fand sie aber auf persischem Boden und im persischen Gemüte. Hier ward der Sufismus (neben Sufi kam auch bald der Name Derwisch, eigentlich «Bettler», auf, während «Schiefmütze» mehr ein Spitzname war) ein Faktor, der auf das Lebendigste in die Litteratur eingriff. In seinem phantastischen Wesen steckte selbst ein gutes Stück Poesie — streng logischen Verstand darf man in keinem sufischen Systeme suchen — es war also ganz natürlich, daſs er in der Poesie auch hervorragend zum Ausdruck kam. Dieser Einfluſs ist so enorm, daſs verhältnismäſsig wenig übrig bleiben würde, wenn man alles von sufischen Ideen Beeinfluſste aus ihr ausscheiden wollte. Selbst Firdausîs Schâhnâme ist nicht frei von solchen, obwohl dies Lied der altiranischen Heldenkraft naturgemäſs kein geeigneter Ablagerungsplatz für theosophische Ergüsse war. Kei Chosraus freiwilliges Abscheiden von der Welt ist sufischem Fühlen, wenn auch in sehr abgeklärter Form, entsprungen:

«Des treulosen Staubes bin ich satt.
Ich gehe zu Gottes reinem Licht,
Den Weg der Rückkehr seh' ich nicht . . . . .
Keiner blieb auf der Welt so lang,
Der nicht endlich zu gehen verlang' . . . . .
Laut ruft er: 'O Herr der Majestät,
Bringe mich schnell zu deiner Statt,
Denn des dunkeln Staubes bin ich satt'» (Rückert).

Der Korân konnte solche Gedanken nicht eingeben, wenn sich der fromme Muslim nach der anderen Welt sehnt, so geschieht dies nur in Hinblick auf die sinnlichen Freuden des Paradieses, Allah zu schauen, danach verlangt er nicht.

Neben den Dichtern, welche den Sufismus direkt zum Thema ihrer Poesie gemacht haben, stehen zahlreiche, die ihm nur Ideen und Bilder zur Ausschmückung ihrer Dichtungen entleihen. Hâfiz' Reiz liegt gerade in dem beständigen Doppelsinn zwischen Mystik und Wirklichkeit. Der wahre Sufi bleibt äuſserlich immer ein Anhänger der Lehre Muhammeds — bei den ältesten Vertretern der Richtung galt die strengste Erfüllung der äuſseren Satzungen des Islâms als die unerläſsliche Vorstufe zu den höchsten Stationen der «Erkenntnis» und «Gewiſsheit» — aber er sieht zugleich auch in allen übrigen Religionen «Wege, die zu Gott führen». Aus jeder von ihnen kann der gottsuchende

Mensch etwas lernen, da alle dem einen gleichen Ziele nachgehen. Der Liebenden sind viele, der Geliebte ist nur einer. Die Dichter haben diesem Gedanken häufig Ausdruck geliehen, Browne hat in einem lesenswerten Aufsatze «Súfíism» (in «Religious Systems of the World», London 1892) mehrere besonders schöne Stellen zusammengestellt. So erzählt Nizâmî in seinem mystischen Gedichte «Die Sprache der Vögel»: Als der Wundervogel Sîmurgh einst über China dahinflog, entfiel ihr eine Feder aus ihrem Gefieder. Diese erfüllte ganz China mit Entzücken, jeder, der sie sah, suchte ihre unvergleichliche Pracht nachzumalen. Darum soll Muhammed den Ausspruch gethan haben: 'Suche Wissen selbst in China', d. h. überall, selbst in dem entlegensten und seltsamsten Lande findet man Spuren dessen, nach dem alle suchen. Oder der Dichter Hâtifî fragt einen Christen: Wie lange werdet ihr noch vom Wege der Einheit abirren? Wie lange noch den Einen mit dem Brandmale der Dreiheit schänden? Als Antwort legt er dem Christen die schönen Worte in den Mund:

«Wenn du der Einheit Wesen kennst,
So nenne uns 'ungläubig' nicht.
Auf dreien Spiegeln gleicherweis'
Der ew'gen Schönheit Licht sich bricht.
Harîr, pärnijân und *päränd*[1]
Bleibt Seide stets, wie man's auch nennt.
Er sprach's, da rief in seine Rede
Der Kirchenglocke[2] Klang hinein:
Nur einer ist, neben ihm keiner,
Kein Gott ist als nur Gott allein!»

Oder Omar Chajjâm sagt:

«Zur Ka'ba treibt's die Gläubigen des Propheten,
Den Kirchenglocken folgt der Christ zum Beten.
Kreuz, Rosenkranz und Kanzel will ich preisen,
Wo sie den Weg zu Gott und Wahrheit weisen»
(Bodenstedt).

Oder Machmûd Schebisterî im «Rosenbeet des Geheimnisses»:

«Verstünde nur der Muslim des Fetischs wahren Sinn,
Er sähe bald die echte Religion darin.»

---

[1] Bezeichnungen für «Seide».
[2] Einer Christenkirche.

Oder Abû Saîd:

«Dein Pfad ist, ob man ihn auch walle in dem, in jenem Gleise, schön!
Dein Huldgenufs ist, ob erstrebt auch in mannigfacher Weise, schön!
Von gleicher Schönheit ist dein Antlitz, mit welchem Auge man dich
schaue,
Dein Lobpreis ist, in welcher Sprache man immer auch dich preise,
schön!» (Ethé).

Das ist höchste Frömmigkeit und eine edle Toleranz, die ihresgleichen sucht. Und derartiges hat der Sufismus bändevoll hervorgebracht. Allerdings überschreitet solche allgemeine Duldsamkeit oft alle Grenzen, so dafs eine Kirche, die ihre Autorität aufrecht erhalten will, notwendig zur Gegenwehr gezwungen ist. So, wenn Abû Saîd sagt:

«So lang' Moschee und Medresse nicht ganz in Schutt und Trümmer
geh'n,
Wird freier Gottesmänner Werk auch wirkungslos in Nichts verweh'n.
Solange Glaub' und Götzentum nicht auf ein Haar sich ähnlich seh'n,
Wird auch kein einz'ger Erdensohn als echter Muslim je besteh'n»
(Ethé).

Die Blüten, welche der Sufismus im Garten der persischen Poesie getrieben hat, zählen unstreitig zu den schönsten, die überhaupt in ihm hervorgesprofst sind. In der Lyrik haben wir den lieblichen Duft der Veilchen, Rosen, Hyazinthen, der den Sinnen schmeichelt, hier den berauschenden und bestrickenden narkotischer Blumen, der die Seele in Verzückung versetzt und sie der Welt entrückt.

Der älteste persische sufische Dichter scheint bisher Scheich Bâjezîd aus Bistâm († 875, nach anderen schon 848/9) gewesen zu sein. Wenn der «Dîwân des Bistâmî» in der Bibliothek der Moschee Sultan Muhammeds des Eroberers zu Konstantinopel wirklich ihm angehören sollte, so würde dies eine sehr wertvolle Handschrift sein; denn die drei bislang von ihm bekannten Vierzeiler, von denen einer auch dem gleich zu nennenden Abû Saîd zugeschrieben wird, können uns kein Bild seiner Lehre und Persönlichkeit liefern. Völlig entwickelt finden wir die sufische Dichtkunst bei Abû Saîd ibn Abul Cheir (968—1049), von dem uns zahlreiche «Vierzeiler» erhalten sind. Von ihm erzählt die Legende, er habe einmal sieben Jahre hintereinander, Baumwolle in den Ohren, in einem Winkel gesessen und weder Nacht noch Tag geschlafen, sondern fortwährend Allah! Allah! gerufen, bis schliefslich Thür und Wände in diesen Ruf eingestimmt hätten. Auch weiterhin lebte er dann noch lange Jahre in strenger Askese. Jedenfalls kam bei ihr Erfreulicheres heraus als z. B. bei derjenigen der syrischen Heiligen und anderer ähnlicher Schwärmer. Bei der persischen Askese liegt das Versöhnende darin, dafs sie nicht nur die Seelen derer, die sich ihr hingaben, befriedigte, sondern dafs diese so häufig ihre innersten Empfindungen in Poesieen ausgeströmt haben, die noch Jahrhunderte nach ihnen Tausenden etwas zu sagen wufsten. Die Schale blieb den Weltflüchtigen allein, sie drängten sie niemandem auf, der sie nicht begehrte, aber den wirklich schönen Kern wufsten sie in edelster Form anderen zu bieten.

Gott erscheint in der sufischen Lyrik unter dem Bilde des oder der Geliebten, mit allegorischer Anwendung der gesamten Sprache der Erotik, bald den Liebenden beglückend, bald ihn spröde zurückweisend. Oder als der Schenke, der dem durstenden Zecher den himmlischen Wein reicht, an dem sich seine Seele berauscht; oder als die Kerze, in deren Licht die Seele gleich einem Falter sich selbst versengt, nachdem sie es lange umflattert hat. Einige Beispiele:

«O du, dess' Antlitz gleich dem Mond das Weltall allen rings verklärt,
Mit dem in Liebe eins zu sein, ein jeder Tag und Nacht begehrt,
Weh mir allein, wenn besser du mit andern als mit mir verkehrst,
Doch allen weh, wenn just so schlecht wie ich ein jeder mit dir fährt.»

Das Original ist prägnanter als diese und auch die folgenden Übersetzungen Ethés.

«O schilt mich nicht, mein Meister du, wenn mir die Becher munden,
Wenn ich an Lieb' und Rebensaft so sklavisch mich gebunden!
Denn ach! solang ich nüchtern bin, da weil' ich stets bei Fremden,
Doch sink' dem Freund ich an die Brust, wenn mein Verstand entschwunden!»

«An jenem Tage, da zuerst der Liebe Feuer aufgegangen,
Hat Unterricht im Liebesdienst der Liebende vom Lieb empfangen.
Dies Schmelzen all in Flammenglut, es rührt allein vom Lieben her,
Denn eh' er in das Licht nicht fährt, wird nie der Falter Feuer fangen!»

Manche Gedichte scheinen dagegen nur eine weltliche Deutung vertragen zu können, jedenfalls war der Boden für den gröfsten Rubâî-Dichter, für Omar Chajjâm, vorbereitet. Doch wuchs dieser nicht aus der Mystik heraus, in seiner Richtung lehnte er sich vielmehr an einen der gröſsten Gelehrten des Orients, an Avicenna (Ibn Sînâ) an, der gelegentlich auch wie Saul unter die Propheten, d. h. hier die Dichter, ging und sich dann meist in Rubâîs versuchte. Der berühmte Arzt und Philosoph zeigt sich in ihnen als Skeptiker, der den Verstand in den Vordergrund stellt, gegenüber der Phantastik der Mystiker. Dabei schaut besonders der Arzt immer heraus:

«Von Erdentiefe bis zu Himmelshöhn
Hab' sämtliche Probleme ich erkannt,
Jedwedem Truge wuſst' ich zu entgehn,
Nur eines löst' ich nicht — des Todes Band.»

Wie er in seinem «Kanon» den Wein als die edelste Gabe Gottes preist, so auch wiederholentlich in seinen Gedichten. Doch muſs man ihn mit Maſsen trinken, dann wirkt er als Arzenei; oder er sagt, nur der König, der Arzt und der Lump dürften Wein trinken (der König darf alles thun, was er will, der Arzt trinkt verständig, und dem Lumpen steht die Trunkenheit an).

«Nach Arztes Weise trink', wie Ibn Sînâ Wein,
Dann wirst, bei Gott! zuletzt wie Gott du selber sein.»

Da Avicenna den freien Willen des Menschen leugnete, so stellte er das Dogma auf, es sei ganz gleichgültig, ob jemand Böses oder Gutes thue; nach dem Tode kehre die Seele in jedem Falle in ihre ursprüngliche Vollkommenheit zurück. So sagt er:

«Wir haben nun durch Gottes Huld den Stand der Heiligen gewonnen,
Dem Guten sind, dem Bösen wir, das uns in Banden hielt, entronnen;
Denn da, wo deine Gnade wirkt, vergeht in Nichts, was wir vollbrachten;
Und dennoch zum Vollbrachten wird, was wir noch nie zu thun begonnen» (Ethé).

Damit fand er Abû Saîds Zustimmung nicht, der ihm erwiderte (die Entgegnung wird auch, weniger gut, Omar Chajjâm zugeschrieben):

«Wenn Gutes du noch nie gethan, wenn stets du Schlechtes nur ersonnen,
Und wähnst, du seist gerettet nun, du seiest allem frei entronnen,
O bau' auf Gottes Huld dann nicht; denn nimmer wird zu Nichts Vollbrachtes,
Und nimmer zu Vollbrachtem wird, was wir noch nie zu thun begonnen» (Ethé).

Ibn Sînâs Gröfse hatte nicht in seinen Poesieen gelegen, der grofse Gelehrte und Prosaist war kein gewandter Verskünstler. Die von ihm eingeschlagene Richtung fand aber schon kurz nach seinem Tode ihren dichterischen Hauptvertreter in Omar Chajjâm, eigentlich Omar ibn Chajjâm. Die Sage hat drei der interessantesten und bedeutendsten Männer jener Zeit miteinander zu einer Jugendfreundschaft verknüpft, Nizâm el-Mulk, den gröfsten Vezier des Seldschukenreiches, Hassan aç-Çabbâch, den «Alten vom Berge», den Begründer der unheimlichen Assassinen, und unseren Dichter. In einer feierlichen Stunde sollen die drei einander geschworen haben, wer von ihnen zuerst emporkomme, solle seinen Einflufs dazu benutzen, den beiden anderen ebenfalls in die Höhe zu helfen. Als Vezier Malikschâhs kam Nizâm in die Lage, das Gelöbnis der Jugend zu erfüllen. Hassans Weg nahm indes bald eine andere Richtung; Omar hatte dagegen dem Freunde eine entscheidende Gestaltung seines Schicksals zu danken. Ein vielseitig gebildeter Geist, ward er der erste Astronom und Mathematiker seiner Zeit und hatte sich zugleich der besonderen Gunst seines Herrschers zu erfreuen, dessen Namen er in der von ihm aufgestellten neuen Zeitrechnung verewigt hat. In Omar Chajjâm haben sich Wissenschaft und Poesie in der seltensten Weise vereinigt, er hat die Form des Rubâîs auf die höchste Höhe gehoben, die dies je erreicht hat. Für kurzen Gedankenausdruck ist diese Versform geeignet wie keine zweite. Was Omar in ihr zu sagen wufste, waren die tiefsten, kühnsten Ideen, die gerade in der Prägnanz des Vierzeilers so gewaltig wirken mufsten. Zuerst zwei einleitende reimende Halbverse, die das Milieu in wenigen Strichen festlegen, darauf, gewöhnlich nicht reimend, ein Gegensatz, Einwand oder Paradoxon und in der letzten, wieder mit Nr. 1 und 2 reimenden Zeile die Lösung oder Pointe. Wenn sie ihnen nicht bequem lag, haben Rückert, Bodenstedt und Graf Schack diese Art zu reimen in ihren Übersetzungen häufig nicht nachgeahmt, sondern statt dessen den beiden ersten und den beiden letzten Zeilen je einen gemeinsamen Reim gegeben. Das italienische Stornell sucht eine ähnliche Wirkung in nur drei Zeilen, von denen die erste und dritte reimen, zu erzielen; da es aber blofs volksmäfsig geblieben, nicht in die Kunstpoesie eingedrungen ist, so hat es keine derartig kunstmäfsige Ausbildung wie das Rubâî erhalten — die einzelnen Zeilen können sogar ziemlich unmetrisch sein. Aber dabei klingt es in seiner anspruchslosen Schlichtheit doch oft sehr nett und pointiert, z. B.:

«O welches Sternenheer!
Komm, mein Peppino, komm, sie zählen:
Machst du mir Qualen doch viel mehr!»

(Tigri, Canti popolari Toscani, 3. ed. 1869, S. 338 Nr. 148, sowie ebenda zahlreiche andere). Sonst sind allerdings vierzeilige volkstümliche Lieder allenthalben am beliebtesten (vgl. Gust. Meyer, Essays und Studien I S. 289 ff.; auch im Türkischen).

Omar war kein Dichter von Profession. Die Hofgunst hat ihm keinen einzigen Vers zum Lobe seines Herrschers oder anderer hoher Gönner abgelockt, wie wir dies sonst bei allen persischen Dichtern in derartiger Stellung finden. Er dichtete, wenn ihn die innere Stimme drängte; was aus seinen Versen wurde, kümmerte ihn nicht. Selbst sammelte er sie nicht, aber wegen ihrer Originalität und der unerhörten Freimütigkeit ihrer Gesinnung fanden sie überall begeisterte Freunde und gingen von Hand zu Hand und von Mund zu Mund. Die Geistlichkeit sah in dem witzigen, oft beißend scharfen, unerschrockenen Manne ihren gefährlichsten Feind, zu Malikschâhs Lebzeiten scheint man ihm aber nichts haben anhaben können, und auch später muß er trotz aller Schwierigkeiten, die man ihm nach Kräften bereitete, mit seinen Gegnern fertig geworden sein. Erst nach seinem Tode hat man seine Gedichte gesammelt; natürlich ist aber auf diese Weise keineswegs etwas Authentisches zu stande gekommen, manche der unter seinem Namen gehenden Rubâîs werden auch schon anderen früheren Dichtern zugeschrieben. Dazu hatte die Geistlichkeit ihn in Acht und Bann gethan, da der Versuch, ihn nach der sonst beliebten Methode allegorisch-mystisch zu erklären, bei ihm zu häufig fehlschlug. Wer seine Verse las, mußte dies im geheimen thun, und das wirkte doch derartig, daß er bald nicht mehr sehr bekannt war. Seine gesammelten Gedichte sind in neuerer Zeit in Persien nicht viel öfter als nur einmal lithographiert worden, und auch der neueste Anthologist, Rizâkuli Chân, verzeichnet nur 8 Rubâîs von ihm. Als Hâfiz auftrat, der vielfach Omar Chajjâms Gedanken wiederholte, jubelte man diesem wie einer neuen Offenbarung zu, zumal er dann auch wohl oder übel vor dem Klerus Gnade fand.

In Omars Vierzeilern stehen nun die allerverschiedenartigsten Gedanken unvermittelt nebeneinander. Hier ärgster Spott über den Fatalismus des Islâms (oft im Sinne von Grisebach-Tannhäusers: Wir sind ja Sünder, sünd'gen wir!):

«Als mich Gott geknetet aus Thon, auf Erden zu wandeln,
Kannt' er genau vorher mein Streben und Handeln,
Da ich so sündhaft nur, wie Gott es wollte, geraten,
Warum am jüngsten Tag noch in der Hölle braten!» —

dort stille Ergebung in das unerbittliche Schicksal:

«O Herz, da die Welt nichts als Schatten und Schein,
Warum quälst du dich ab in unendlicher Pein?
Mit ruhigem Sinn geh' dem Schicksal entgegen,
Und glaub' nicht, es ändre sich deinetwegen!»

Hier die Aufforderung zum heiteren, ja oft ungezügelten Lebensgenusse:

«O Freund, da dich der Gedanke durchschauert,
Daſs die Seele im Körper nicht lange dauert,
Erfreu' dich des Lebens im frischen Grün,
Eh' Blumen aus deinem Staube erblühn»

mit dem hochpoetischen Schluſsgedanken; oder

«Auf alles kann ich verzichten, nur auf den Wein nicht;
Denn alles kann ich ersetzen, nur ihn allein nicht.
Soll ich Muselmann heiſsen, um allen Wein zu verschwören?
Nein, ich ertrüg' ohne ihn dies muselmännische Sein nicht.»

«Trink' Wein, der dir das Herz erhellt,
Eh' dein Name verschwindet aus dieser Welt.
Löse der jungen Huldinnen Locken,
Eh' deine Glieder die Grabwürmer locken»;

dort die tiefste Sehnsucht nach Läuterung der Seele von allem Sündhaften:

«Ich bin in stetem Kampf mit meinem Herzen — was soll ich thun?
Erinn'rung früh'rer Schuld macht mir viel Schmerzen — was soll ich thun?
Verzeihst du, Herr, auch gnädig meine Sünden:
Das Schuldbewuſstsein ist nicht auszumerzen — was soll ich thun?»

Hier die stärkste Frivolität:

«Verzweifle nie in deiner Sündenpein
An des Allmächt'gen Gnade und Verzeihn!
Gingst du im tollsten Rausche heut' zu Grunde,
Gott strafte morgen doch nicht dein Gebein.»

«Ich trinke Wein, und die Gegner klagen
Von links und rechts mich an und sagen,
Es sei der Wein des Korâns Feind;
Da ich das auch bin, wie mir scheint,
Will ich erst recht am Wein mich laben,
Da wir im Korân gelesen haben (Sûre 2, Vers 187)[1],
Der Feinde Blut zu trinken sei
Erlaubt — und ich bin gern dabei.»

Den Gedanken «Lieg' gar nicht gern trocken, lieg' alleweil gern nafs» hat der Dichter mehrfach ausgedrückt, z. B.:

«Wenn ich tot bin, so wascht mit Wein meine Glieder,
Und am Grab, statt Gebete, singt lustige Lieder;
Und forscht ihr nach mir am jüngsten Tage,
Ihr findet im Staub vor der Schenke mich wieder»

oder:

«Sink' ich häuptlings dem Engel des Todes zu Füfsen,
Wie ein gerupfter Vogel mein Leben zu büfsen,
So macht eine Weinflasche aus meinem Staube;
Vielleicht belebt mich dann wieder der Geist der Traube.»

Schöner hatte übrigens schon Minôtschichrî gesagt:

«Lieben Freunde, werd' ich einst tot sein,
Wascht meinen Leib mit dem rötesten Wein!
Streuet darauf edele Trauben,
Hüllet mich rings in Weinlaub ein!
Pflanzt auf mein Grab den Stamm der Rebe,
Dafs wie auf heimischem Grunde ich lebe» —

und der nämliche Gedanke findet sich schon bei altarabischen Dichtern (Abû Michdschân). Die Idee, dafs der verweste, zu Erde gewordene Leib des Menschen in Weinkrügen wieder erstehe, hat Omar häufig wiederholt.

Dort höchste Ethik und tiefstes religiöses Gefühl:

«Glaub nicht, dafs Furcht vor der Welt mich quäle
Oder Furcht vor dem Tod und der Flucht der Seele!
Nichts fürcht' ich, als, wenn sie mich einst begraben,
Nicht würdig genug gelebt zu haben.»

An Gott.

«Ich mag lieber mit dir sein in der Schenke,
Um dir alles zu sagen, was ich denke,
Als ohne dich vor die Kanzel treten,
In gedankenlosen Worten zu beten.

---

[1] In der Korânstelle ist nur vom Vergiefsen des Blutes die Rede.

Ja, du Schöpfer aller Dinge
Im kreisenden Weltenringe,
So will ich leben und sterben,
Zum Segen oder Verderben!»

Hier (jedoch selten) Abû Saîdsche Mystik:

«Dieser Wein (d. i. der Weltgeist), dessen Geist vielgestaltiger Art
In der Pflanze sich gleichwie im Tier offenbart,
Bleibt immer derselbe, ein ewiges Eins,
Nur wechselnd die Formen des schwindenden Seins» —

dort (wie meist) Avicennasche Skepsis:

«Ich bin dein Sklav', der die Kette bricht —
Wo ist dein Wille? Er hemmt mich nicht.
Mein Herz ist schwarzer Sünden voll —
Wo ist dein Licht, das mir leuchten soll?
Kommt nur der Fromme ins Himmelreich,
So kommt der Lohn dem Verdienste gleich —
Wo aber bleibt bei meiner Schuld
Dann dein Erbarmen, deine Huld?»

Diese Widersprüche erklären sich zunächst durch die verschiedenen Zeiten der Entstehung der Gedichte. Der jüngere Omar Chajjâm wird in vielem anders gedacht haben als der ältere; seine innere Entwicklung können wir jedoch nicht verfolgen. Seine Gedichte liegen uns heute ohne jeden chronologischen Anhalt in der üblichen Anordnung der Dîwâne nach dem letzten Buchstaben, also nach dem Reim, inhaltlich völlig zusammengewürfelt vor. Manche seiner Verse sind dazu ironisch aufzufassen, der Dichter meint bisweilen gerade das Gegenteil von dem, was er sagt; er spottet im geheimen des thörichten Lesers, der ihn falsch versteht. Das Beste, was er weiſs, darf er den Buben doch nicht sagen. Bisweilen scheint es fast, als sei er gar kein Muslim mehr gewesen. Natürlich sind auch manche Gedichte in die Sammlung hineingeraten, die gar nicht von Omar Chajjâm stammen, aber gerade unter den zweifellos echten finden sich die auffälligsten Widersprüche. Es hat seinen eigenen Reiz, diesen Meister die verschiedensten Meinungen vortragen zu hören. Vielfach erscheint er als ein ganz moderner Mensch, und das hat in England und in den Vereinigten Staaten von Nordamerika den Fitzgeraldschen Nachdichtungen einen so auſserordentlichen Erfolg verschafft. Die oben mitgeteilten Proben stammen sämtlich von Bodenstedt (Die Lieder und Sprüche des O. Ch.,

2. Aufl. Breslau 1881), dessen Verdeutschungen weit besser als des Grafen Schack «Strophen des Omar Chijam» (Stuttgart 1878) gelungen sind. Bei Omar wird die Auswahl schwer; der Leser, der an die Quelle geht, wird noch zahlreiche prächtige Stücke finden.

In stetem Suchen nach der ewigen Wahrheit verrann das Leben Nâçir-i Chosraus (1004—1088), in dem die tiefen religiösen Bedürfnisse seiner Zeit ganz besonders charakteristisch zum Ausdruck kommen. Aus erlauchter theologischer Familie, dem Geschlechte des achten Imâms Alî Rizâ, stammend, war er orthodox sunnitisch erzogen. Aber schon in früher Jugend ergab er sich dem eingehenden Studium der anderen damals bekannten Religionen und beschäftigte sich zugleich nicht minder eifrig mit den weltlichen Wissenschaften. Beides befriedigte ihn nicht, er ward vielmehr zum Skeptiker. Da er für sufische Asketen eine aristokratische Verachtung hatte —

«Nie wird ein Kluger Derwisch; denn Verzicht
Auf Glauben und Verstand thut solch ein Wicht» (Ethé)

motiviert er in gereiften Jahren seine Abneigung gegen diese — so konnte er dem Zuge seiner Zeit nicht folgen und selbst ein solcher werden. Vielmehr verfiel er auf das Gegenteil und suchte in ungezügeltem Sinnengenusse Ersatz für seine unerfüllt gebliebenen Erwartungen. Doch war dies nur ein Übergangszustand. In der Fremde hoffte er die Ruhe der Seele zu finden, und so unternahm er längere Reisen. Aber keiner der fremden Theologen, mit denen er Aussprache suchte, vermochte ihm diese zu geben. Er kehrte wieder in die Heimat zurück und wirkte dort in hoher staatlicher Stellung am Seldschukenhofe. Doch die innere Unruhe liefs ihn auch hier nicht bleiben, es drängte ihn, es nochmals mit dem Islâm an dessen Quelle selbst zu versuchen. Viermal wallfahrtete er nach Mekka, ein Beweis, wie ernst es ihm war. Aber diese zu häufige Wiederholung — Saadî schadete allerdings die 14malige (wenn wir der Überlieferung glauben dürfen) Pilgerfahrt nichts — bewirkte das Gegenteil von dem, was er erwartet hatte. Die äufsere Mache stiefs ihn zuletzt für immer ab, so guten Willen er auch bei jedem Besuche mitgebracht hatte. Sieben Jahre lang war er auf Reisen, in seinem «Reisebuche» hat er eine fesselnde Darstellung von dem gegeben, was er in Persien, Syrien, Palästina, Arabien und Ägypten erlebt und gesehen hat. In Kairo fand seine innere Entwicklung ihren letzten Abschlufs. Der Sunnit ward Schiit und schliefslich Ismaïlit, Anhänger des Geheimbundes, der dann unter dem Namen der Assassinen eine so unheilvolle Rolle in Vorderasien gespielt hat. An der politischen Entwicklung der Sekte hat Nâçir-i Chosrau allerdings keinen Anteil gehabt, aber für die Ausbreitung ihrer Ideen hat er auf das eifrigste gewirkt und gelitten. Als «der Alte vom Berge» im Jahre 1090 seine Macht durch die Eroberung der Bergfeste Alamut begründete, war Nâçir bereits zwei Jahre tot.

Nâçir-i Chosrau war ein ziemlich fruchtbarer Schriftsteller. In seinem «Buche der Erleuchtung» zeigt er dem Menschen den Weg in

«eine Welt, in Glanz gebadet,
Drin eine Schaar von Geistern gottbegnadet,
Die ganz vom Erdenschmutze sich befreit,
Die Seele voll der Herzenswelt geweiht,
Der Elemente Fesseln sich entrungen,
Von Banden frei, aus Kerkerhaft entsprungen» (Ethé) —

eine Welt, die er einst im Traume geschaut hatte. Im «Buche der Erleuchtung» hat er sein metaphysisch-ethisches System entwickelt, das allerdings recht wunderliche Mischungen schiitischer, sufischer, neuplatonischer, aristotelischer Lehren in sich vereinigt. Ein nüchterner Denker war Nâçir nicht; seine Phantasie hat in seine allzu vielseitigen Studien stets stark hineingespielt. Aber seine Ethik ist jedenfalls eine edle, sein Streben war durchweg ein wahrhaftes. Es ist nach allem nicht verwunderlich, dafs die von ihm gegründete Sekte der Nâçirîje es zu keiner weiteren als nur lokalen Bedeutung in seinem letzten Wohnsitze Jumgân in Badachschân gebracht hat. Das «Buch der Glückseligkeit» stellt das Leben des einfachen Landmannes als das Ideal allen menschlichen Daseins hin — eine dem orientalischen Empfinden sonst ganz ungewohnte Auffassung; die «Wegkost der Gotteswaller», ebenfalls eine Darstellung seiner Lehre, ist noch nicht herausgegeben worden. In dem Kataloge der Bibliothek der Aja Sophia zu Konstantinopel sind noch zwei bisher unbekannte Schriften von ihm verzeichnet: «Die Sammlung der beiden Weisheiten» und «Das Mahl der Brüder»; das «Reisebuch» haben wir bereits oben genannt. Auch eine umfangreiche Sammlung von Kassiden, alle theosophischen Inhalts, hat der Dichter hinterlassen.

Deutsche Übersetzungen: Das Buch der Erleuchtung von Ethé, Zeitschr. der deutschen morgenländ. Gesellsch. Bd. 33, S. 645—665 (1879) u. Bd. 34, S. 428—464 sowie 617—642 (1880); kürzere Lieder von Ethé, Nachrichten der Gesellsch. d. Wissensch. zu Göttingen 1882, S. 124—152; Kassiden von Ethé, Zeitschr. der deutschen morgenländ. Gesellsch. Bd. 36, S. 478–508 (1882).

Schon in Nâçir-i Chosraus Dichtung hatte sich das Lehrhafte stark hervorgekehrt. In der Folgezeit ward dies nun immer mehr der Fall. Naturgemäfs trat die Skepsis wieder gegen die sufische Mystik zurück, da diese der Phantasie weit höhere dichterische Anregung bot als jene. Einen viel gröfseren Erfolg, als ihm wegen seines Kunstwertes eigentlich zukam, errang Sanâjîs mystisch-moralischer «Garten der Wahrheit». Der Dichter verstand es aber, wie etwa L. Büchners seiner Zeit vielgelesenes Buch «Kraft und Stoff», den Gegenstand populär zu machen; zugleich blieb er nicht streng bei seinem Thema sondern sprach über alles Mögliche und noch etwas mehr, und so wird sein Werk noch heute als Volksbuch gelesen und hat zahlreiche Nachahmungen hervorgerufen.

Einem wahrhaft grofsen Dichter begegnen wir in Ferîdeddîn Attâr (1119—1230). Attâr hat sein langes Leben -- bei der muhammedanischen Zählung nach Mondjahren würden sich seine angeblichen 111 Lebensjahre noch auf 114 erhöhen — fleifsig zu litterarischer Arbeit ausgenutzt. Neben mehr als 20 selbständigen Schriften hat er einen umfangreichen Dîwân kürzerer Gedichte hinterlassen. Bei ihm sind die Stufen, welche die Seele bis zum völligen Aufgehen in Gott zu durchlaufen hat, sieben geworden: das unablässige Suchen, die überirdische Liebe, die Erkenntnis, die Selbstgenügsamkeit, die Einheit mit Gott, die Betäubung und die völlige Zernichtung. In seinem berühmtesten Werke, den «Vögelgesprächen», läfst er den Sufi diese sieben Stationen durchwallen, und zwar unter dem Bilde einer höchst beschwerlichen und an Abenteuern reichen Reise, welche die Vögel über die sieben Thäler nach dem mythischen Berge Kâf unternehmen, auf dem ihr König, der allweise Sîmurgh oder Phönix, wohnt. Nachdem sie bisher kein Oberhaupt gehabt hatten, hatten sie diesen auf Vorschlag des Hudhuds (des Wiedehopfs) gewählt, der einst

Salomo zur Königin von Saba den Weg gewiesen hatte. Nun wollen sie dem neuen Könige huldigen und ihm die Krone überbringen. Unterwegs kommen fast alle durch Entbehrungen um, nur dreifsig erreichen das Ziel. Dreifsig, weil die Volksetymologie in dem Worte Sîmurgh die Bedeutung «dreifsig Vögel» sieht, während es eigentlich einen fabelhaften «Adlervogel» bedeutet. Die Sufis, welche sich gleich den Vögeln überhaupt zu der Reise entschliefsen — ein grofser Teil war gleich von vornherein furchtsam zurückgeblieben — sind schon Auserwählte, aber auch von ihnen gelangen nur die allerwenigsten wirklich auf die ersehnte Höhe. Leider kann ich von diesem wirklich hochpoetischen Gedichte, dessen Grundidee sich im Abendlande in Bunyans berühmter «Pilgerfahrt» (The Pilgrim's Progress) wiederfindet, keine Proben geben, da es wie die meisten Werke Attârs nicht in das Deutsche übersetzt worden ist; ich verweise daher auf die französische Prosaübersetzung Garcin de Tassys (Paris 1863).

Volkstümlichere Töne schlug Attâr mit seinem «Buche des Rats», einer Sammlung moralischer Sprüche an, die, wie alle derartigen Schriften, in Persien einen aufserordentlichen Erfolg hatte. Allegorisch wie die Vögelgespräche schildern dann das «Kamelbuch» und das «Nachtigallenbuch» die Sehnsucht der Seele zu Gott, jenes unter dem Bilde eines nach Mekka eilenden Kamels mit dem Pilger auf dem Rücken, dieses unter der Liebe der Nachtigall zur Rose. Die mystische Liebe ist das immer wiederkehrende Thema. Über «die Substanz der Wesenheit» urteilt Pizzi: «Viele Verse (50 000), viele Worte, aber recht wenig Gedanken.» Dafs sich der Dichter auch sonst sehr oft wiederholt, läfst sich nicht leugnen. Höchst dankenswert ist Attârs Thätigkeit als Geschichtsschreiber des Sufismus. Sein «Leben der Heiligen» enthält die wertvollen Biographieen 97 berühmter Scheiche, die zum Teil auf authentische eigene Forschungen zurückgehen. Dschâmîs ähnliches Werk «Die Hauche der Innigkeit» hat sich dann viel weitere Ziele gesteckt und es auf mehr als 600 gebracht.

Deutsche Übersetzungen: Buch des Rats (Pandnâme) von Nesselmann, Königsberg 1871; Buch der Schicksalsfügungen (Muçîbatnâme), ein Auszug daraus von Rückert in der Zeitschr. der deutschen morgenländ. Gesellsch. Bd. 14, S. 280—287 (1860); Substanz der Wesenheit, Auszüge von Tholuck, Blütensammlung aus der morgenländ. Mystik, Berlin 1825, S. 265—287.

Ziemlich selbständig hat sich augenscheinlich Nizâmî entwickelt, der anfänglich in strenger Askese sein Leben verbrachte. Schliefslich regte sich jedoch die Poesie zu gewaltig in ihm und rüttelte ihn aus der Unthätigkeit der Bufsübungen in stiller Klause auf. Dafs er erst im Alter von vierzig Jahren sein erstes Gedicht «Das Schatzhaus der Geheimnisse», um dessentwillen wir ihn hier nennen müssen, verfafst habe, scheint mir aus den Versen der Einleitung:

«Wess' Natur sich vom Verstand läfst leiten,
Wartet, bis er vierzig Jahr gelebt hat,
Dafs er, sind erreicht die Vierzig, sammle
Reisegeld, das reicht zur weitern Reise.
Freundschaft thut dir not jetzt, nicht Geheimkunst,
Frage noch nicht nach den vierzig Jahren» (Bacher)

nicht hervorzugehen. Der Dichter hatte wohl vielmehr das auch persische Schwabenalter damals noch nicht erreicht. In dem späteren «Chosrau und Schîrîn» spricht er von sich als einem über die Dreifsig Gekommenen. Dafs er das «Schatzhaus» aber schon mit siebzehn Jahren gedichtet habe, wie eine Handschrift behauptet, scheint ebensowenig glaublich. Die Geheimnisse, die er in seinem Schatzhause aufgespeichert hat, sind moralisch-religiöse Lehren, überall stark von mystischen Anschauungen durchsetzt, worauf schon die Bezeichnung «Geheimnisse» hindeutet. Zur Erläuterung fügt er Anekdoten ein, wie es die persischen Moralisten fast alle thun. Indes, Nizâmîs eigentliches Feld war die episierende Erzählung, in den erzählenden Partieen des «Schatzhauses» sehen wir den künftigen Epiker sich bereits entwickeln, der uns an anderer Stelle noch ausführlicher beschäftigen wird.

Die unablässig schaffende Einbildungskraft des Orientalen sucht gern die zeitlich getrennten Glieder einer Kette miteinander zu verbinden. So ersinnt sie den grofsen Mystikern einen Stammbaum, der sie zu berühmten Vorgängern in Beziehung setzt, oder sie läfst mit Vorliebe wenigstens ihre Kutten von solchen ererbt sein. Das Ehrenkleid vertritt im älteren Orient die Stelle unserer Orden, ein Herrscher verleiht ein von ihm getragenes oder auch ein neues Gewand als besondere Gunstbezeugung an einen verdienten Beamten. Die Derwischkutte, die ein verehrter Scheich getragen, erhielt sein liebster

Schüler. So wird die Kutte Scheich Çefîs, des Ahnherrn der Sefewidendynastie, durch fortlaufende Vererbung schliefslich auf Alî und Muhammed zurückgeführt. Der Dichter Muhammed Aççâr aus Tebrîz hat den ehrwürdigen Brauch einmal folgendermafsen verspottet:

«Des Scheich ul-Islâms hohe Huld hab' ich gewonnen,
Dafs seinen alten Kuttenrock er mir verehrt.
Den Faden hatt' für Adam Eva einst gesponnen,
Maria ihn gewebt für Jesus, staunt und hört!
Mit Zwirn aus Wolle vom Kamele des Propheten
Hat Fâtime dann seine Löcher ausgeflickt.
Wer bin denn ich, dafs mir gebühren thäten
Die Lumpen, die solch' heil'ge Männer einst geschmückt?»

So hat auch der gröfste mystische Dichter Persiens, Dschelâleddîn Rûmî, seinen wohlausgearbeiteten Stammbaum, aber aufserdem hat ihn die Legende auch mit seinem unmittelbaren grofsen dichtenden Vorgänger Attâr verknüpft. Zu Balch im Jahre 1207 geboren, kam der dreijährige Knabe Dschelâl 1210 mit seinem Vater nach Nîschâpûr und ward dem greisen Attâr vorgestellt. Dieser soll ahnend die künftige Bedeutung des Kleinen vorausgeschaut und ihm sein «Buch der Geheimnisse» geschenkt haben. In seiner frühen Jugend hat der Knabe ein gutes Stück der Welt durchstreift: In Baghdâd, Mekka, Damaskus, Malatia, Arzandschân (Armenien), Larinda nahm sein Vater der Reihe nach Aufenthalt. Seit etwa 1226 oder 1227 lebte er dann in Konia und hat diese Stadt, abgesehen von einer kurzen Reise, bis zu seinem Tode 1273 nicht wieder verlassen. Die welterschütternden Ereignisse des Mongoleneinfalls, der Vernichtung des Chalifates samt der Zerstörung Baghdâds sind völlig spurlos an ihm vorübergegangen. Schon von Anbeginn ein Wunderkind, hatte Dschelâl zunächst eifrig die Wissenschaften studiert, sich dann aber ausschliefslich der Mystik hingegeben. Der 35jährige war bereits ein berühmter Theologieprofessor, als eine Persönlichkeit in sein Leben eintrat, die den entscheidendsten Einflufs auf ihn gewinnen sollte. Ein wandernder Derwisch Namens Schemseddîn aus Tebrîz tauchte plötzlich in Konia auf und wirkte geradezu faszinierend auf Dschelâl. Ein genialer Fanatiker, der sich für ein auserwähltes Rüstzeug Gottes hielt, wufste er diese Überzeugung auch seiner Umgebung einzuflöfsen. In seinen Predigten war er beifsend scharf und benannte die Gelehrtesten unter seinen Hörern «Ochsen und Esel». Aber die Gewalt seiner Persönlichkeit war so hinreiſsend, daſs alle wie unter einem Zauberbann standen. Sein Leben war tadellos, zu seiner äuſsersten Bedürfnislosigkeit stand allerdings sein hochfahrender Stolz in auffälligem Gegensatze. Wie maſslos er sein konnte, zeigt die folgende Anekdote. Eines Tages rief ihm einer seiner Verehrer auf der Straſse zu: «Es ist kein Gott auſser Gott, und Schemseddîn ist sein Prophet!» Das Volk wollte den Blasphemisten auf der Stelle erschlagen, Schemseddîn aber rettete ihn und sagte dann zu ihm: «Ich heiſse ja auch Muhammed, du hättest also ruhig rufen können 'und Muhammed ist sein Prophet'.» So plötzlich wie er in Konia erschienen war, so plötzlich verschwand er auch wieder. Dschelâleddîn hatte unter dem Einflusse des Derwischs ebenfalls ein asketisches Leben begonnen und seine Vorlesungen zum Leidwesen seiner zahlreichen Schüler aufgegeben. Diese waren darob stark erbittert, und auch sonst hatte sich Schemseddîn durch sein hochmütiges Wesen zahlreiche Feinde gemacht. In einem Tumulte verschwand er 1247 spurlos, niemand hat je wieder etwas von ihm vernommen. Der Tod des Freundes und Lehrers erschütterte Dschelâleddîn auf das tiefste. Zur Erinnerung an ihn soll er den Orden der Maulawîderwische gestiftet haben, der noch heute besteht und durch seinen ergreifenden Tanz auf den Zuschauer feierlich wirkt. Ich werde nie den Anblick vergessen, wie in der Tekke (Kloster) in der Grande rue de Péra zu Konstantinopel sich gegen zwanzig gleichgekleidete Gestalten ununterbrochen sieben Minuten, darauf nach kurzen Zwischenpausen noch zweimal je fünf und einmal zwei Minuten lang im Einzelreigen gleichmäſsig drehten, das harmonische Kreisen der Sphären im All um den einen ewigen Pol symbolisierend. Die weltentrückten, leicht über die rechten Schultern geneigten Gesichter hatten nichts Irdisches mehr, die Tänzer dachten nichts, nur mechanisch flüsterte der Mund kaum hörbar beständig Allah! Allah! Sie hatten das ersehnte Endziel, die völlige Vernichtung alles Bewuſstseins, des Ichs, auf Augenblicke erreicht. Ihre Weise, in einen solchen Zustand zu gelangen, ist jedenfalls schöner und würdiger als das Haschischrauchen oder das wahnwitzige Geheul der Rufâiderwische. Man mag weit davon entfernt sein, ihr Thun nachzuahmen, aber Achtung erweckt ihre Zeremonie sicherlich.

In Dschelâleddîns System finden wir auch die Idee der Seelenwanderung. Diese war in Persien zuerst ismaïlitisch, von Nâçir-i Chosrau hat sie Dschelâleddîn übernommen.

«Ich starb als Stein und ward daraus zur Pflanze;
Ich starb als Pflanze, ward erhöht zum Tier;
Ich starb als Tier und ward ein Mensch, nicht fürcht' ich,
Daſs ich bei neuem Sterben je verlier'.
Und auch als Mensch muſs wiederum ich sterben,
Erstehn als Engel, auch der bleib' ich nicht,
Auch über'n Engel komme ich hinaus, denn
'Alles vergeht, nur nicht dein Angesicht' (Korân, Sûre 28, 88).
Den Engel werd' ich also überwinden
Und etwas werden, was erschaut kein Blick,
Dann bin ich Nichts, Nichts! Horch, die Orgel tönet:
'Ja wahrlich! Zu ihm kehren wir zurück'» (Sûre 2, 151).

Dschelâleddîns Phantasie ist unerschöpflich in Bildern, die seine Gedanken versinnbildlichen sollen, in den Gedichten noch mehr als im Mäthnäwî. Die Liebe ist ein hellstrahlendes Feuer, der Liebende leuchtet unter seinen Mitmenschen hervor wie am Himmel die Sonne unter den Sternen. Die Seele gleicht einem blanken Spiegel, in dem sich Gottes Schönheit spiegelt; in der Trennungsstunde wird sie wie ein glühender Ofen. Oder sie ist ein Falke, dem der Vogelsteller, sein Herr, pfeift, daſs er sich auf seine Hand setze, oder eine einsame Taube, die ihren Genossen sucht und unaufhörlich nach ihm girrt. Wie eine Flöte beim leisesten Anhauch des Spielers ertönt oder ein Echo beim zartesten Anruf klingt, so auch die Seele. Gott offenbart sich in allem; der Mensch, der in ihm aufgehen will, kann sich also auch selbst pantheistisch in allem erblicken.

«Ich bin das Sonnenstäubchen, ich bin der Sonnenball,
Zum Stäubchen sag' ich: Bleibe! und zu der Sonn': Entwall!
Ich bin der Morgenschimmer, ich bin der Abendhauch,
Ich bin des Haines Säuseln, des Meeres Wogenschwall.
Ich bin der Mast, das Steuer, der Steuermann, das Schiff,
Ich bin, woran es scheitert, die Klippe von Korall.
Ich bin der Vogelsteller, der Vogel und das Netz,
Ich bin das Bild, der Spiegel, der Hall und Wiederhall.
Ich bin der Baum des Lebens und drauf der Papagei,
Das Schweigen, der Gedanke, die Zunge und der Schall.
Ich bin der Hauch der Flöte, ich bin des Menschen Geist,
Ich bin der Funk' im Steine, der Goldblick im Metall.
Ich bin der Rausch, die Rebe, die Kelter und der Most,

Der Zecher und der Schenke, der Becher von Krystall.
Die Kerz' und der die Kerze umkreist, der Schmetterling,
Die Ros' und, von der Rose berauscht, die Nachtigall.
Ich bin der Arzt, die Krankheit, das Gift und Gegengift,
Das Süſse und das Bittre, der Honig und die Gall'.
Ich bin der Krieg, der Friede, die Wahlstatt und der Sieg,
Die Stadt und ihr Beschirmer, der Stürmer und der Wall.
Ich bin der Kalk, die Kelle, der Meister und der Riſs,
Der Grundstein und der Giebel, der Bau und sein Verfall.
Ich bin der Hirsch, der Löwe, das Lamm und auch der Wolf,
Ich bin der Hirt, der alle beschlieſst in einem Stall.
Ich bin der Wesen Kette, ich bin der Welten Ring,
Der Schöpfung Stufenleiter, das Steigen und der Fall»
(Rückert).

Das ist logisch gewiſs stark anfechtbar, aber logisch durchdachte Systeme kann man von Mystikern und Dichtern in einer Person nicht erwarten. Machmûd Schebisterîs «Rosenbeet des Geheimnisses» bildet in dieser Hinsicht eine auffällige Ausnahme; wissenschaftliche Spekulation tritt sonst immer auſserordentlich hinter die Phantasie zurück. Der Mystiker hält es gar nicht für nötig, die Lehren des Sufismus anders zu beweisen als durch Anführung zahlloser Einzelerscheinungen, in denen sie sich nach seiner Auffassung dem Auge deutlich sichtbar offenbaren. Dazu spricht er zu ebenso gläubigen Mystikern, wie er selber einer ist, nicht zu kritischen Skeptikern, die auf jeden Widerspruch lauern und jeden seiner Gedanken auf die Goldwage der Logik legen. Ein stренggläubiger Christ wie Tholuck hat Dschelâleddîn seine Bewunderung nicht versagt. «Einer der tiefsten Aussprüche, den Menschen ohne Offenbarung gethan» und ähnliche Bemerkungen kann man in seiner «Blütensammlung» verschiedentlich finden, und eine Stelle bei Attâr, die schon genau das pantheistische Sich-in-allem-finden Dschelâleddîns ausspricht, begleitet er mit der Anmerkung «Dies ist eine der groſsartigsten Stellen, die sich irgend auf dem pantheistischen Gebiete auffinden lassen. Es gehört die wunderbarste Ursprünglichkeit des Lebensgefühles dazu, auf die Weise, wie es hier geschehen, das Rätsel, das jedes Einzelwesen in sich trägt, auszusprechen.» Daſs das Mäthnäwî auch viele Stellen enthält, die jeden ethisch fühlenden Menschen erfreuen müssen, zeigen die Stücke daraus, die wir weiter unten mitteilen.

Auch einen Dîwân hat Dschelâleddîn zum Andenken an

den ihm entrissenen Derwisch gedichtet, und zwar ging er in dem Kulte seiner Erinnerung hier so weit, dafs er allen Gedichten das Pseudonym Schems-i Tebrîz beifügte. Sein Hauptwerk, «das geistige Mäthnäwî» oder kurz «das Mäthnäwî», d. h. also das Mäthnäwî der Mäthnäwîs, entstand erst 10 Jahre später, und die Ausführung hat sich über einen Zeitraum von 14 Jahren hingezogen. Eine Prosa-Abhandlung endlich, «Darin ist, was darin ist» (d. h. etwa «Allerlei»), die in Persien ganz unbekannt zu sein scheint, ist in Stambuler Bibliotheken sehr häufig vertreten, vielleicht ist die Schrift des «Römers» (Rûmî) gar nie nach Iran gelangt. In Dschelâleddîns Werken haben wir überall den Geist des Tebrîzer Derwischs zu suchen, doch so innig mit ihm selbst verwoben, dafs eine Scheidung unmöglich ist. Jedenfalls hat aber Schemseddîn erst Dschelâls Dichtergenius voll geweckt. Nicholson (Selected Poems from the Dīvāni Shamsi Tabrīz, Cambridge 1898) hat nachgewiesen, wie aufserordentlich viel Dschelâleddîn und überhaupt die persische Mystik dem Neuplatonismus verdankt. Die Perser, welche vornehmlich auf Dschelâleddîn Einflufs gehabt haben, sind Sanâjî und Attâr, an zweiter Stelle Saadî, Nizâmî, Omar Chajjâm und Nâçir-i Chosrau. In der künstlerischen Komposition läfst sich gegen das Mäthnäwî manches einwenden. Es ist unleugbar breit und voller Wiederholungen, die Anordnung des Ganzen ist keineswegs straff. Das erklärt sich durch die lange Dauer seiner Abfassung. Aber in einem Zuge hintereinander soll es auch nicht gelesen werden, bruchstückweise wird es seine grofse Wirkung auf den Leser nicht verfehlen. In edler, aber oft nicht leichter Sprache predigt es die tiefsten Ideen der Mystik. Auf Erden ist alles eitel, nur die göttliche Liebe ist ewig. Jedes einzelne Ich mufs gänzlich vernichtet werden, um wie ein Tropfen in jenes grofse Meer, seine ursprüngliche Heimat, aus der es stammt, zurückzukehren. Die gesamte Wesenheit der Welt seufzt nach dieser Wiedervereinigung mit Gott, durch den es allein zur Existenz gelangt ist und besteht. In dem Tone der Flöte oder der Laute hört die gottsuchende Seele den Ruf: Kehre zurück! (s. oben), daher darf die Musik bei dem Maulawîtanze nicht fehlen. Da das Geschöpf die Entscheidung über sein Schicksal, also völlige Freiheit des Willens hat, so mufs es sich selbst zu dem Aufgehen in die Gottheit würdig machen, und dazu ist die höchste Tugendhaftigkeit unerläſslich, deren einzelne Äuſserungen Dschelâleddîn in seinem Testamente zusammengestellt hat:

«Eſst wenig, schlaft wenig, sprecht wenig. Haltet euch fern von Bosheit und Sünde. Seid beständig in Nüchternheit und fest in Wachsamkeit. Flieht mit allen euren Kräften die fleischlichen Begierden. Ertragt geduldig die Beleidigungen aller. Meidet die Gemeinschaft jedes Niedrigen und Thörichten und sucht die Gesellschaft Hochgesinnter und Frommer. Der beste Mensch ist der, welcher anderen Gutes thut, und die beste Rede ist die, welche die Menschen kurz und gerade führt. Preis sei Gott, der die Einheit der Wesenheit ist.»

In einem seiner Gedichte heiſst es:

«Wohl endet Tod des Lebens Not,
Doch schauert Leben vor dem Tod.
Das Leben sieht die dunkle Hand,
Den hellen Kelch nicht, den sie bot.
So schauert vor der Lieb' ein Herz,
Als wie vom Untergang bedroht;
Denn wo die Lieb' erwachet, stirbt
Das Ich, der dunkele Despot.
Du, laſs ihn sterben über Nacht
Und atme frei im Morgenrot!» (Rückert).

Zur Probe noch zwei Stellen aus dem Mäthnäwî nach Rosens Übersetzung:

«Ach, manches Netz ist uns gestellt, und wir,
Hungrigen Vögeln gleichen wir an Gier!
Immer ein neues Netz, in das wir fallen,
Und wär' uns Adlerblick beschieden allen;
Immer befreit uns Gott, doch keiner Warnung
Achtend gehn wieder wir in die Umgarnung!
Füllten wir unsre Speicher noch so sehr
Mit Weizen an, die Speicher blieben leer,
Und keiner war vor uns, der je bedachte,
Daſs ihm die List der Maus den Schaden brachte,
Der Maus, die ihren Wohnsitz aufgeschlagen
Im Speicher und das Korn davongetragen.
O Mensch! Die Maus muſst du zunächst verjagen,
Dann kannst du Weizen aufzuspeichern wagen.
Merk' wohl auf jene Worte des Propheten:
'Vollendung giebt die Inbrunst nur dem Beten'.
Der vierzigjähr'gen Arbeit Korn, wo blieb es,
Wenn nicht die Maus entwendete, der Dieb, es?
Wir häufen gute Werke mehr und mehr —
Warum bleibt des Verdienstes Schrein denn leer?

Vom Feuerstahl gar mancher Funke fällt,
Den zundergleich das Herz auffängt und hält;
Jedoch ein Dieb in Finsternis und Graus
Drückt mit dem Finger diese Funken aus,
Löscht, einen nach dem andern, diese Funken,
Damit kein Licht vom Himmel möge prunken!
Sind tausend Netze auch auf unserm Pfade,
Wir sind getrost, o Gott, in deiner Gnade;
Wenn deine Huld, Allgüt'ger, mit uns ist,
Fürchten wir nicht des argen Feindes List!»

Gleichnis.

«Zur Morgenzeit trat einst ein edler Gast
Mit banger Eil' in Salomos Palast,
Aus Gram sein Antlitz bleich, und blau sein Mund.
Der König sprach: «Was ist dir? Thu' mir's kund!»
Er sprach: «Es sah, im Auge wilde Gier,
Der Todesengel Asrael nach mir.»
Der König sprach: «Was soll ich thun? Verkünde!»
Er sprach: «O Seelenhort, befiehl dem Winde,
Dafs er nach Indien alsobald mich bringe,
Ob dort vielleicht zu leben mir gelinge!»
So find't der Mensch, der vor der Armut bang
Sich scheut, in Gier und Geiz den Untergang.
Der Armutscheu glich jenes Manns Erbeben,
Es glich sein Indien solchem nicht'gen Streben.
Und über Land und Meer trug ihn sofort
Der Wind nach Indien auf des Königs Wort.
Im Ratsaal aber sprach am andern Tage
Der König zu dem Todesengel: «Sage,
Was schautest du so grimm nach jenem Frommen,
Dafs ihm die Angst das Leben fast genommen?»
Er sprach: «Nicht grimm hab' ich ihn angesehn,
Verwundert nur sah ich am Weg ihn stehn,
Da für denselben Tag mir Gott befohlen,
Aus Indien seine Seele herzuholen.
Ich sprach erstaunt: 'Und hätt' er hundert Schwingen,
Gar weit ist's, heut' bis Indien noch zu dringen!'»
Was alles ird'sche Thun, hiernach ermifs es!
Mach' klar dein Auge und zum Sehn erschliefs' es!
Vermagst du je, dir selber zu entfliehn,
Sündhaft dich dem Allmächt'gen zu entziehn?»

Deutsche Übersetzungen: Aus dem Dîwân von Rückert 1819 (Ges. Werke, herausgeg. von Laistner III, 246—258); von v. Rosenzweig, Auswahl aus den Divanen des gröfsten mystischen Dichters Persiens, Wien 1838. Aus dem Mäthnäwî von Tholuck in dessen Blütensammlung, S. 53—191; von G. Rosen, Mesnewi oder Doppelverse des Scheich Mewlânâ Dschelâl-ed-dîn Rûmî, Leipzig 1849.

Der Sufismus war in der Abgeschiedenheit von der Welt entstanden, und die ihn dichterisch verherrlicht hatten, waren alle mehr oder weniger strenge Asketen gewesen. Ihn nun auch hoffähig zu machen, war Saadî (1184—1291) vorbehalten, dem populärsten Moralisten des Morgenlandes. Des Dichters Leben war in seiner ersten Hälfte ein bunt bewegtes. Er hat den gröſsten Teil der damals bekannten Welt durchreist, Kaschgar, Indien (?), Arabien, Abessynien, Mauritanien, Kleinasien bezeichnen die Grenzen, zwischen denen sich seine Wanderungen erstreckt haben. Dabei hat er sich auch um die Sprachen der von ihm besuchten Völker bekümmert, Arabisch und Türkisch hat er vortrefflich verstanden, auch die persischen Lokaldialekte sind ihm geläufig gewesen. In Tripolis muſste er als Gefangener der Franken (Kreuzfahrer) an den Festungsbauten arbeiten, die Befreiung schlug ihn in die noch härteren Fesseln einer höchst unglücklichen Ehe. Viel Legendenhaftes hat sich natürlich um ein so abenteuerliches Leben geschlungen. So, wenn er der erste hindustanische Dichter gewesen sein (dasselbe wird bereits von dem 1121 oder 1131 gestorbenen Mas'ûd ibn Saad ibn Selmân berichtet) oder in Sûmanât ein hochheiliges Çiwabild zerschlagen haben soll, ohne daſs ihm dies das Leben gekostet hätte — die Götzengeschichte, die er selbst im Bostân erzählt, ist sichtlich erfunden. Dafür war ihm dann eine lange Ruhe im Alter beschieden. Von 1256—1291 hat er wieder in Schîrâz, seiner Vaterstadt, gelebt. Der Süden Persiens war von dem Mongolensturme unter Dschingiz Chân glücklich verschont geblieben, unter der Dynastie der Selghuriden blühte hier Wohlstand und Kultur. In die Zahl der Dichter, welche der kunstsinnige Fürst Abû Bekr an seinen Hof gezogen hatte, trat nun Saadî als gröſster ein. Hier fühlte er sich nach der Unruhe der langen Wanderjahre glücklich.

»Die Grenzen aller Welt durchschweift' ich weit und lang
Und Umgang hielt ich gern mit jedem auf dem Gang.
In jedem Winkel ward ich an Erfahrung reicher,
Und Ähren las ich mir aus jedem Garbenspeicher.
Den Männern Schîrâz' gleich, fromm und bescheiden, fand
Ich keine sonst; von Gott gesegnet sei dies Land!

Mit Freundesneigung zu den Edlen dieser Auen
Erweckt' ich mein Gemüt aus Roms und Syriens Gauen»
(Rückert)

sagt er im Bostân. Der Dichter konnte sich sein Leben nun ganz nach seiner Neigung einrichten. Innerlich wie ein Derwisch gesinnt, äuſserlich dank der Gunst seines Fürsten in behaglichen Verhältnissen, verbrachte er seine Tage in heiterer Beschaulichkeit. Saadî ist eine höchst sympathische Greisengestalt, wie sie in Persien keineswegs häufig sind. Er hat das Leben in jeder Beziehung kennen gelernt, sich aber dabei an Körper und Geist gesund erhalten. Er hat nicht als Haupteindruck die Empfindung davongetragen, daſs alle irdische Lust zwecklos sei. Wohl ist sie eitel in Hinblick auf die Ewigkeit, aber der Genuſs alles des Schönen, was die Erde bietet, ist doch erfreulich, und die Erinnerung daran bleibt immer ein Gewinn. Der Mensch soll sich das Leben verschönern, nicht es in trüber Askese verbringen, und wie er dies anfangen soll, will Saadî lehren. So zieht er die Summe seiner Erfahrungen und gestaltet sie zu einer Lebensweisheit, die ebenso schön wie human ist. Die sufischen Anschauungen Saadîs sind so abgeklärt, daſs sie sich auf das harmonischste mit seiner Ethik verschmelzen. Wahre Frömmigkeit gilt ihm als das Wesentliche, die Armut ist kein Verdienst, das ein Anrecht auf das Paradies gäbe, gute Werke und die Gnade Gottes thuen alles allein.

Der Bostân («Lustgarten») und der Gulistân («Rosengarten») sind seine beiden moralisierenden Hauptwerke, der Bostân ist von beiden das dichterisch wertvollere. Gerechtigkeit, Regierungskunst, Wohlthätigkeit, Liebe (auch die mystische), Demut und andere Tugenden werden in zehn Gesängen der Reihe nach behandelt. Mit der Theorie geht die praktische Erläuterung durch reizend erzählte Anekdoten Hand in Hand. Eine behagliche Breite, wie sie das Alter liebt, artet doch nie in Langweiligkeit oder Geschwätzigkeit aus. Daſs man den klugen, milden Greis so häufig selbst aus den Zeilen hervorlugen sieht, macht die Lektüre noch besonders reizvoll. Der «Rosengarten» verfolgt eine ähnliche Tendenz, nur sind hier die Erzählungen in Prosa, die Nutzanwendungen in Versen. Er ist weit populärer als der «Lustgarten» geworden, wegen der Einfachheit der Sprache in den prosaischen Partieen wird er gern als Einführungsbuch der persischen Jugend in die Moral verwendet. Er ist in fast alle Kultursprachen übersetzt worden. In der treuherzigen Sprache des trefflichen Reisenden Olearius nehmen sich die schlichten Erzählungen des persischen Scheichs auch heute noch prächtig aus, wie das folgende Beispiel zeigen mag:

Ein König kommt ins Paradies, ein Derwisch aber in die Hölle.

«Ein Derwisch sahe einstmals im Traum, daſs ein König im Paradies und ein Derwisch in der Hölle saſs, über welches er sich nicht wenig wunderte, indem er vielmehr das Widerspiel, nämlich, daſs der König in der Hölle und der Derwisch als ein Geistlicher im Paradies sich befinden sollte, vermutete. Fragte deswegen andere, was solches zu bedeuten hätte. Dem man antwortete: Der König sitzt deswegen in dem Paradies, weil er sich gerne zu den Derwischen und Geistlichen gehalten. Der Derwisch aber ist in die Hölle gekommen, weil er sich allzuviel um den König befunden und sich seiner Gesellschaft gebrauchet. Fromm werden die Könige, wenn sie sich zu frommen Geistlichen halten. Hingegen werden die Geistlichen verführet und gottlos, wenn sie sich zu viel bei Hofe befinden und in das Hofleben verlieben.

Was hilft es dir, daſs du ein geistlich Kleid willst tragen,
Und willst im Herzen dich der Laster nicht entschlagen?
Unnötig, daſs du willst mit woll'ner Mütze gehn,
Dein Herz sei fromm, dein Kopf mag wie ein Tarter sehn.»

Aus dem Bostân diene als Probe ein Stück in Rückerts Übersetzung, das den toleranten Sinn Saadîs kennzeichnet:

«Ich hörte, daſs einmal in einer ganzen Wochen
Kein Gast in Abrahams Gezelten eingesprochen.
Sein hoher Sinn litt nicht, daſs er ein Frühstück nähme,
Wo nicht ein Dürftiger dran teilzunehmen käme.
Er ging hinaus vor's Zelt, umschauend hier und da,
Er richtete den Blick zur Seit' im Thal und sah:
Dort stand ein Mann allein, als wie ein Weidenbaum,
Sein Haupt von Alters Schnee bestreut mit weiſsem Flaum.
Ein menschenfreundliches Willkommen rief er ihm,
Zum gastlichen Empfang zu kommen rief er ihm:
'Stern meines Auges, komm, nimm an das Gastgebot,
Verschmähen mögest du bei mir nicht Salz und Brot.'
Der sagte ja und hob zum Wandern seine Schritte,
Es war ihm wohlbekannt des Gottgeliebten Sitte.
Die Diener, die er lieſs sein Gastgezelt verwalten,
Empfingen ehrenvoll den kümmerlichen Alten.
Er selbst gebot alsdann, den Gasttisch zu bereiten,
Und alle setzten sich umher an dessen Seiten.

Als man das Tischgebet zu sprechen nun begann,
Vernahm man keinen Laut dabei vom alten Mann.
Zu ihm sprach Gottes Freund: 'Betagter Mann, ich finde,
Dafs minder Andacht dich, als Greisen ziemt, entzünde.
Ist es nicht billig, wenn die Speise du verzehrst,
Dafs du den Namen auch des Speisegebers ehrst?'
Er sprach: 'Zu keinem Brauch bequem' ich Mund und Hand,
Den bei des Feuerdiensts Hochmeistern ich nicht fand.'
Da merkte Gottes Freund, den alle Welt lobpreise,
Der Gebern einer sei der glückverlass'ne Greise.
Da trieb er ihn mit Schmach als einen Fremden aus,
Denn ein Ungläubiger ist Schmutz im reinen Haus.
Der Engel aber kam vom Herrn der Majestät,
Um ihn mit Nachdruck auszuschelten: 'O Prophet!
Ich hab' ihm hundert Jahr Leibunterhalt verlieh'n,
Und keinen Augenblick willst du ertragen ihn?
Wenn seine Andacht er dem Feuer zugewandt,
Was wendest du darum von ihm der Milde Hand?'»

Aufser diesen beiden gröfseren Werken hat Saadî auch noch einen umfangreichen Dîwân aller möglichen Gedichte hinterlassen. Dank Rückerts Übersetzungen können wir aus ihm Proben mitteilen. Der höfische Sufi zeigt sich bei Saadî in seinen Lobgedichten nicht nur auf seine heimischen Fürsten, deren er mehrere in kürzester Aufeinanderfolge erlebte, sondern sogar auf die mongolischen Eroberer, welche auch der Herrschaft seiner Gönner ein Ende machten. Die neuen Machthaber waren ihm eben auch gewogen, und Schîrâz blieb wiederum verschont. So drückte denn der lebensfrohe, sufisch-weltmännische Greis ein Auge über die sonstigen Greuel der Mongolen zu. Und als ein Prinz laszive Gedichte von ihm verlangte, hat er die «Späfse» gedichtet, die wir bereits oben erwähnt haben (S. 136). Er konnte dem hohen Herrn seinen Wunsch nicht abschlagen, wenn er ihm auch höchst unsympathisch war. So sagt er selbst zu seiner Entschuldigung. Im starken Gegensatze dazu stehen allerdings manche andere Verse von ihm, wie diese:

«O Gott, der du mir gabst das Reich des Glaubens,
Woll' auch den Schatz der G'nügsamkeit mir spenden.
Ja, hab' ich nichts zu leben, nun so sterb' ich
Eh'r, als ich esse Brot aus schmutz'gen Händen» (Rückert).

Doch vielleicht hat er die ganze Einkleidung seiner «Späfse» nur ersonnen, der Dichter hatte eben in seinen alten Tagen selbst

Sinn für Pikanterieen. Ihm selbst mochte dergleichen harmlos erscheinen, aber mit seiner Neigung, andere zu belehren, vertrug es sich schlecht, dafs er sie schriftlich weitergab. Interessant ist auch sein Rendezvous mit Abaka. Er soll ungern zu ihm gegangen sein, aber der Grofs-Chân forderte sein Erscheinen zu dringend. Als er dann auf des Herrschers Verlangen ihm einen schönen Spruch über einen guten Fürsten improvisiert habe, habe Abaka weinend gefragt, ob er ein solcher sei. Diese Thränen, zu denen man zunächst gar keinen Grund einsieht — denn so sentimental war ein Mongole nicht, dafs er aus Rührung über einen moralischen Spruch geweint hätte, und wenn er ihn auch direkt aus einem Munde wie demjenigen Saadîs hörte — deuten darauf hin, dafs die ganze Geschichte wahr sein wird. Abaka ist am Delirium tremens gestorben, wie Aug. Müller so hübsch aus der von den Historikern ganz ernsthaft überlieferten Geschichte erkannt hat: «Eines Abends glaubte er in seiner Trunkenheit einen schwarzen Vogel vor sich zu sehen. 'Weg mit dem schwarzen Vogel!' rief er, aber soviel die Leibwachen auch spähten, war von einem schwarzen Vogel nichts zu sehen. Auf einmal schlofs er die Augen und gab, auf goldenem Throne sitzend, den Geist auf.» Nun, Säufer haben im sogenannten «grauen Elend» bekanntlich gern melancholische Anwandlungen, in denen sie plötzlich in Thränen ausbrechen. Das ist offenbar auch der Kern des rührenden Zusammentreffens von Abaka und Saadî.

Im übrigen ist Saadî eine der edelsten Erscheinungen der ganzen orientalischen Litteratur, seinen Namen führt noch heute jeder Muslim mit Ehrfurcht im Munde. Dem Alter nach steht er um einige Jahre hinter Ferîdeddîn Attâr zurück, sonst ist er aber in jeder Beziehung der Patriarch unter den persischen Dichtern, von einem Ansehen, das sich dem unseres Goethe vergleichen läfst. Respektlose Äufserungen, wie der Vers seines jüngeren Zeitgenossen Dschemâleddîn Kâschî:

«Dafs Sa'dî still im Winkel safs,
War, weil er schwach und kraftlos ward»

sind selten.

Aus seinen «politischen Gedichten», wie Rückert verdeutscht hat, greifen wir hier als Probe die Kasside auf den Atabegen Seldschuk im Namen der Stadt Schîrâz heraus, die trotz aller

Lobeserhebungen doch die Würde bewahrt. Bei der Bezeichnung «politisch» darf man übrigens nicht etwa an Anastasius Grüns

«Politisch' Lied, du Donner, der Felsenherzen spaltet!»

denken, nicht an Freiheitsgesänge; denn diese Seite dichterischen Empfindens geht dem Muhammedaner völlig ab, der nur für die despotische Monarchie Verständnis hat und sie als die einzig mögliche Regierungsform ganz in der Ordnung findet, mag sie ihn auch noch so hart drücken. Höchstens den Trost vermag auch Saadî nur in solchem Falle zu geben:

«Der Bedrücker ist der Wespe gleich,
Jammern macht er manchen armen Tropf.
Warte, bis er eines Tages fällt,
Dann tritt man mit Füfsen ihm den Kopf» (Rückert).

Es sind vielmehr Lob- und Trauergedichte auf politische Persönlichkeiten und eine Art Fürstenspiegel, die als «politisch» zusammengefafst sind.

«Nun ist das Volk von Schîrâz von Gott beglückt genug,
Zu ruhen unter'm Fittig des Adlers hoch von Flug.
Zur Freudenzeit der Herrschaft des Fürsten tugendsam,
In dessen Schirm einträchtig der Wolf ist und das Lamm.
Muzaffereddîn Seldschuk, ob dessen Tugend heut'
Die Seelen Abû Bekers und Tekles[1] sind erfreut.
In dir hat Gott dem Volke ein solches Heil verlieh'n,
Dafs jedes sonst verlieh'ne dagegen klein ihm schien.
Dich rächt an deinem Feinde der Gang der Welt: ihm fällt
Auf's Haupt der Stein, den trotzig er wirft an's Himmelszelt.
Die Wunderkraft der Rechte von Moses, Amrans Sohn,
Spricht mächtig allem Zauber und Trug der Zaubrer Hohn.
Dein Leben soll begleiten der Frommen treu Gebet;
In Fârs ist fromme Treue zu Hause früh und spät.»

Ein Ghazel (im Original) aus den «Süfsigkeiten»:

«Nun Rosengeruch und Vogelgesang,
Tage der Lust und Flurengang.
Herbst Kämmerer hatte die Blätter gestreut,
Lenz Maler hat nun den Garten erneut.
Wir haben nicht Lust, in den Garten zu gehn,
Frühling ist überall, wo wir dich sehn.
Nach Schönen zu blicken, verpönt ist es, traun,
Doch nicht mit solchem Blick, wie wir schaun.
Der Schöpfung Geheimnis, so klar ist das
In deinem Antlitz wie Wasser im Glas.

---

[1] Seine Vorgänger auf dem Throne.

Um dich mit dem rechten Auge zu sehn,
Möcht' ich des linken verlustig gehn.
Welch' Herz kein Gepräge vom Siegelstein
Der Lieb' annimmt, ist ein Ziegelstein.
Mich hat verbrannt mit Haut und Schopf
Das Feuer unter der Sehnsucht Topf.
Das Klagen Saadîs ohne Mafs,
Sie sagen, wider Vernunft ist das.
Der weifs es nicht, in welcher Flut
Wir stecken, der draufsen am Ufer ruht» —

der Gedanke der letzten Zeilen wieder bei Hâfiz oben S. 121, letzter Vers.

Aus den «Vierzeilern»:

«Wer sündiget und meint, dafs er recht thut,
Der spiegelt sich in seinem Fleisch und Blut.
Bestärk' ihn nicht, er sei auf rechtem Pfade:
Der schiefe Spiegel zeigt das Bild nicht g'rade.»

«Sie sagen mir: die Luft des Maien ist angenehm,
Rosenduft und Gesang im Freien ist angenehm,
Die grüne Flur, der blaue Himmel; allein ich bin
Allein, da all das nur zu zweien ist angenehm.»

«Wer seinen Blick nach jedem Antlitz wendet,
Ist vor dem Blick Einsichtiger geschändet!
Der Kadi mag zwei Liebchen wohl erlauben,
Ein Liebchen aber ist der Liebe Glauben.»

«Jeder Pinienwuchs, der mir vorüberwallt,
Dauernd hängt mein Herz an seiner Wohlgestalt.
Da ich jung nicht wieder werden kann, warum
Säh' ich mich nicht wenigstens nach Jugend um?»

Aus den «Ghazelenbruchstücken» (Kit'äs):

«Schilt den Mann nicht, der vor Fürsten nieder
Krümmt den Rücken und aufrichtet wieder.
Wo du dich zu Tische setzen gehest,
Fordert man auch, dafs zu Dienst du stehest.
Da du nicht bezahlen kannst die Huld,
Bleibst du unterthänig in der Schuld.»

«O der du baust auf Gottes Segen,
Lafs nur den Segen seinen Lauf gehn.
Wie fruchtbar immer sei der Regen,
Wo du nichts säest, wird nichts aufgehn.»

«Verlier' die Zeit nicht, Äufsres zu studieren,
Als nur soweit dich's mag zu Innerm führen.
Wirf weg das Äufsr' und sei des Innern froh,
Denn dies ist Korn und jenes lauter Stroh.
Mag Hippokrat die Weberei nicht kennen,
Man wird ihn eben keinen Weber nennen.»

«Ob du von Tugenden ein Schacht seist und ein Meer,
Wenn du nicht Menschenlieb' erwirbst, so bist du leer.»

«Mir ist's erlaubt, die Schönheit anzublicken,
Weil ich in allem Schönheit kann erblicken.
Zwei Augen jedem Haupt sind aufgethan,
Doch du siehst Bilder, ich den Bildner an.»

«Der Gesell, der ruchlos hingebracht sein gottlos Leben,
Thut bereuend einen Eidschwur bei des Tods Erstarren:
Ich bekehre mich und sündigen will ich nicht weiter.
Ja, du kannst's nicht weiter, habe dich nicht selbst zum Narren!»

Aus den «Einzelversen»:

«Auch wo der Zahn fehlt, kaut man Brot zur Not;
Das Unglück ist, wo fehlt zum Kau'n das Brot.»

«Wie sich einer giebt, mufst du ihn fassen,
Mufst mit der Gesellschaft stimmen oder sie verlassen.»

«Um einen zu verbinden, einen andern kränken,
Ist nicht wohl denken.»

«Als Throngeschenk vor Salomo das Bein
Von einer Heuschreck' bringen, ist nicht fein:
Doch ist's verdienstlich für ein Ameislein» —
nach einer im Orient sehr beliebten Parabel.

Deutsche Übersetzungen: Bostân von Graf, Jena 1850; von Schlechta-Wssehrd, Wien 1852; Rückert, Leipzig 1882. Gulistân von Olearius (Persianisches Rosenthal), Schleswig 1654 und 1660; Dorn (Drei Lustgänge aus Sadis Rosenhain), Hamburg 1827; Wolf, Stuttgart 1841; Graf, Leipzig 1846. Dîwân: Auszüge von Graf in der Zeitschr. der deutschen morgenländ. Gesellsch. Bd. 9 S. 92—135 (1855), Bd. 12 S. 82—116 (1858), Bd. 13 S. 445—467 (1859), Bd. 15 S. 541—576 (1861), Bd. 18 S. 570—572 (1864); Rückert, Aus Saadis Diwan, Leipzig 1893 und Saadis Politische Gedichte, Berlin 1894; Bacher, Aphorismen und Sinngedichte, Strafsburg 1879.

Von den zahlreichen mystischen und didaktischen Werken, die sich — abgesehen von den direkten Kommentaren — entweder (und diese bilden weitaus die Mehrheit) an die Richtung Sanâjî-Nizâmî(«Schatzhaus der Geheimnisse»)-Mäthnäwî oder an Saadî anschliefsen, nennen wir hier nur einige der bekanntesten, doch haben auch sehr viele andere eine hohe Berühmtheit erlangt. Einerseits Irâkîs († 1287 oder 1289) «Strahlen» oder «Funken», zu denen auch Dschâmî einen Kommentar geschrieben hat, Machmûd Schebisterîs «Rosenbeet des Geheimnisses» (1317), Auhadîs «Becher des Dschemschîd» (1332/3), Kâsim-i Anwârs († 1356) «Freund der Mystiker», sowie Dschâmîs «Geschenk der Freien» (d. h. der erwählten Mystiker, 1481), sein «Rosenkranz der Frommen» und seine «Goldkette» (1485); andererseits Dschâmîs «Frühlingsgarten» (1486), aus dem der siebente Abschnitt, kurze Biographieen persischer Dichter nebst einzelnen Versen von ihnen, am meisten gelesen wird.

Deutsche Übersetzungen: Aus Schebisterîs «Rosenbeet der Geheimnisse», Dschâmîs «Geschenk der Freien» und «Frühlingsgarten» in Tholucks Blütensammlung S. 192—224, 297—309; Schebisterî von v. Hammer, Pest und Leipzig 1838; Dschâmîs Frühlingsgarten von v. Schlechta-Wssehrd, Wien 1846 (mit pers. Text), Bruchstücke daraus von Rob. Hamerling im Triester Gymasialprogramm 1856, endlich einige Stücke aus dem «Rosenkranz der Frommen» von Rückert in den Jahrbüchern der Litteratur, Bd. 40 (1827) S. 212.

Die besondere Verherrlichung Muhammeds und der Imâme spielt in der lyrischen Poesie keine so bedeutende Rolle, als man vielleicht erwarten könnte. Da jedes Mäthnäwî in der Einleitung eine längere oder kürzere Lobpreisung des Propheten enthielt (s. oben S. 70), so war damit schon reichlich Gelegenheit gegeben, den Stifter der Religion dichterisch zu feiern. Doch haben nicht wenige Dichter ihm, Fâtime, Alî, Hassan und Hussein, sowie anderen Imâmen eigene Hymnen gewidmet. Zu höherem Ruhme haben es aber nur wenige derselben gebracht. Zu nennen wären von solchen Kisâjî im Alter (S. 77), sowie Kassiden von Dschâmî.

FÜNFTES KAPITEL.

Die romantische Erzählungsdichtung.

Gewöhnlich bezeichnet man die Dichtungen, welche wir in diesem Abschnitte behandeln wollen, als romantische Epen. Das sind sie aber eigentlich nicht, sondern vielmehr Liebesromane in Versen, die allerdings die epischen Formen nachahmen. Firdausîs «Jûsuf und Zuleichâ» und Unçurîs «Wâmik und Adhrâ», die ältesten uns erhaltenen Werke dieser Gattung — jenes völlig, dieses nur in Bruchstücken — haben wir bereits erwähnt (S. 80, 108). Firdausî hatte schon zwei Vorgänger gehabt, von deren Gedichten aber nichts auf uns gekommen ist. Wie das Epos die Heroen der Vorzeit besang, so die romantische Dichtung berühmte Liebespaare. Bereits die altpersische Zeit hat solche Liebesepisoden aufzuweisen. Die Sakenkönigin Zarinaea und Stryangaeus (Strygalius), die Prinzessin Odatis und Prinz Zariadres, der Bruder des Hystaspes, waren bekannte Liebespaare. Der letzteren Geschichte kehrt in der Liebe der römischen Kaiserstochter Katâjûn zu dem Prinzen Guschtâsp im Schâhnâme wieder. In neupersischer Zeit sind es nun bestimmte Stoffe, die immer wieder von neuem mit Vorliebe behandelt werden. Gewisse typische Züge sind allen gemeinsam, so verlieben sich die Paare meist ineinander, ohne dafs sie sich je zuvor gesehen haben, auf einen Traum oder eine Beschreibung hin; die Liebe ist so übermächtig, dafs die keusche, sittsamst erzogene Jungfrau dreist das Äufserste wagt. Diese Erzählungen galten den Persern als ewig jung und schön, eine Empfindung, die wir schwerlich so grundsätzlich mit ihnen teilen werden. Neben Figuren aus der altpersischen Heldensage sind es dann auch islamisch-arabische Paare, die sich besonderer Beliebtheit erfreuen. Von Stoffen aus der ersteren sind am berühmtesten der Sassanidenkönig Chosrau und seine Gemahlin, die schöne Armenierin Schîrîn oder auch Schîrîn und ihr Geliebter, der Baumeister Ferhâd. Ethé zählt bis in das 19. Jahrhundert hinein 21 Bearbeitungen auf, wozu noch die eine oder die andere hinzukommen werden (z. B. von Sandschar aus Kâschân). Ferner Bechrâm Gôrs sieben oder acht Liebschaften (zehn Bearbeitungen). Dafs die bekannten Episoden Zâl und Rôdâbe oder Bêschen und Menêsche keine neue Behandlung erfahren haben, erklärt sich daraus, dafs sie bereits im Schâhnâme vom Dichter erschöpft worden sind, während Bechrâms Amouren dort nur mehr angedeutet sind und zahlreicher Variationen fähig waren; in Chosrau und Schîrîns Liebe war Ferhâd dort noch gar nicht eingetreten. Zu dem zweiten Kreise gehören Jûsuf und Zuleichâ (nach Firdausî dreizehn neue Bearbeitungen), Wâmik und Adhrâ (siebenmal, Unçurî eingeschlossen — die Angabe, daſs der Stoff ursprünglich aus dem Pechlewî stamme, ist wegen der rein arabischen Namen unwahrscheinlich), Leilâ und Madschnûn (achtzehnmal).

Die häufige Wiederholung des gleichen Stoffes ist kein Zeichen besonderer Originalität. Den Dichtern war der Stoff aber nur Mittel zum Zweck, nämlich ihre Kunstfertigkeit zu zeigen. Nicht was man zu sagen hatte, war die Hauptsache, sondern wie man es sagte; wuſste man nichts Neues zu sagen, so sagte man eben das Alte wieder. Wir dürfen daher auch einen Dichter, der Weisheitslehren und Sprüche gut in Verse zu kleiden verstanden hat, nicht schon um deswillen als einen groſsen Ethiker ansprechen. «Gute Ratschläge» zu geben und selbst nach ihnen zu leben, sind nicht nur in Persien zwei verschiedene Dinge. Die meisten romantischen Werke gehören dazu nicht mehr der Glanzperiode der persischen Dichtkunst an, sondern sind die Schöpfungen von Epigonen, welche nichts Besseres wuſsten, als nur die alten Meister nachzuahmen. Aber das bedauernswerte Publikum, das sich diese ewigen Wiederholungen gefallen lassen muſste? Nun, *volenti non fit iniuria.* Die Perser haben sich nicht darüber beschwert; der gute Magen, mit dem sie den stetigen Zuckerkand der Liebeslyrik und überhaupt die schön gedrechselten, konventionellen Phrasen und Bilder ihrer gesamten Kunstpoesie immer wieder zu verdauen vermocht haben, hat sich auch an zwanzig und mehr «Schîrîns» (die meisten hieſsen besser gleich Schîrînîs, d. i. «Leckereien» — Schîrin bedeutet auf Persisch «die Süſse») und ähnlichem nicht verdorben. Daſs viele dieser Dichtungen nur eine sehr geringe, zum Teil wohl gar keine Verbreitung gefunden haben, kommt als mildernder Umstand nicht in Betracht: die Dichter hätten sich ganz gewiſs die Stoffe nicht gewählt, wenn sie nicht auf ein so lebhaftes Interesse für sie hätten rechnen können. Etwa zu verfolgen, wie weit ein Individualitätchen hier und da einen neuen selbständigen Zug in «Jûsuf und Zuleichâ» oder «Ferhâd und Schîrîn» hineingebracht habe, lohnt kaum der Mühe und kann schwerlich jemanden reizen, wo soviel wichtigere Fragen in der persischen Litteraturgeschichte der Beantwortung harren.

Die meisten romantischen Epiker nach Firdausî und Unçurî sind Nachahmer Nizâmîs. Doch diesem Meister ging noch ein anderer Dichter voran, der eine ganz eigenartige Stellung einnimmt, Fachreddîn aus Gurgân (geboren um 1048). Er besingt in einem langen Gedichte von gegen 9000 Beits die Geschichte eines Königs Môbed von Merw und seiner Gemahlin Wîs. Wîs' Mutter war die schöne Schechrô, die Königin von Mâh (Medien), die Môbed zuerst geliebt hatte. Da sie aber bereits verheiratet war, als er sie kennen lernte, so läſst er sich ihre noch ungeborene Tochter verloben. Diese wird, zur schönsten Jungfrau erwachsen, nach verschiedenen Hindernissen gezwungen, die Gemahlin des viel älteren Môbed, der ihr Vater sein könnte, zu werden. Wîs hat ihm schon im voraus angekündigt, daſs er keine Freude an ihr erleben werde, und betrügt ihn nun mit seinem jüngeren Bruder Râmîn. Das ganze Gedicht dreht sich um die fortgesetzte Täuschung des leichtgläubigen Gatten. Der Dichter zeigt uns den gehörnten Ehemann in allen möglichen Situationen, wie es Boccaccio nicht besser vermocht hat, und mit der gleichen Naivetät wie der Italiener. Der verliebte Alte ist mit Absicht komisch geschildert, er scheint nur dazu da zu sein, von der Jugend genasführt zu werden. Sogar Gott wird von den Liebenden als Helfer in die Sache hineingezogen: die fast in flagranti ertappte Wîs entschuldigt ihren Aufenthalt im Rosenhain statt im Frauenhause damit, daſs ein Engel sie dorthin getragen habe — und der einfältige Mann glaubt alles. Trotzdem er schlieſslich an Wîs' Untreue nicht mehr zweifeln kann, setzt er den Nebenbuhler in die höchsten Stellungen ein. Da wird dieser zur Abwechslung seiner Geliebten eine Zeit lang untreu. Er vermählt sich mit einer anderen jungen Prinzessin, kehrt aber schlieſslich reuig in die Arme seiner alten Liebe zurück, die ihm alles verzeiht. Zuletzt kommt Môbed auf der Jagd um, Râmîn wird sein Nachfolger auf dem Throne, regiert lange Jahre mit Wîs und beglückt alle seine Unterthanen.

Wir haben hier eine altiranische Volkssage, in welcher der historische Hintergrund nicht mehr zu erkennen ist. Merw ist mächtiger als Medien, sein König ist der Herrscher der Welt, das setzt also eine alte Zeit voraus. Daſs er den Namen Môbed führt, scheint auf priesterliche Tradition zu deuten. Zu einer solchen passen auch die langen Moralpredigten über die schrecklichen Folgen des Meineides und anderer Sünden, was nicht hindert, daſs falsche Eide alle Augenblicke geschworen werden. Wieviel der Dichter Eigenes dazugethan hat, können wir nicht bestimmen. Er erzählt, seine Quelle sei eine prosaische Bearbeitung einer Pechlewîschrift gewesen, jedenfalls hat er den Stoff nicht gänzlich erfunden. Eine Heirat zwischen Bruder und Schwester, ein Feuerordal u. a. sind sichtlich alte Züge der Sage. Die sinnliche Liebe spielt in dem Gedichte die allbeherrschende Rolle,. in einer Weise, wie in keinem zweiten gröſseren Werke der neupersischen Litteratur. Der Mangel jeglicher Moral ist einzigartig, aber eine Burleske ist es darum doch nicht. Pizzi sieht es als eine solche und als das Werk eines ganz untergeordneten Dichterlings an, doch schieſst er damit weit über das Ziel hinaus. Das Genre des Schâhnâmes ist allerdings ein ganz anderes. Schon das Metrum scheidet es von diesem. Statt des feierlichen Mutakâribs, das noch Unçurî in «Wâmik und Adhrâ» verwendet hatte, haben wir hier ein anderes, und sò haben auch alle späteren Romantiker das Firdausîsche vermieden, das nur dem wirklichen Epos verblieb. In Ausmalung der sinnlichen Liebe war schon Firdausî in «Jûsuf und Zuleichâ» gelegentlich vorangegangen, in weniger reinen Händen muſste das heikle Thema leicht verrohen. Fachreddîns Gedicht ist gewiſs gerade wegen der Raffiniertheit seiner Frivolität eine Schöpfung der Kunstpoesie, als eines der frühesten der Gattung noch mit den Auswüchsen und Unvollkommenheiten, die feinerer Geschmack dann beseitigte. Und direkt unanständig ist es nie, was bei dem Produkte eines Proleten doch gewiſs zu erwarten gewesen wäre. Mindestens zwei Stellen, die «einen Hauch von Poesie und Anflug von Schönheit» aufweisen, giebt auch Pizzi zu, bei weniger Voreingenommenheit, als er zeigt, wird man noch beträchtlich mehr finden. Fachreddîn war kein Firdausî, seine Sprache und sein Stil sind weit davon entfernt, meisterhaft zu sein, auch weniger Breite wäre seinem Werke sehr nützlich gewesen. Die Perser selbst schätzen ihn und bewundern «Wîs und Râmîn», als eine Burleske haben sie es nie angesehen. Übrigens läſst die Überlieferung des Textes manches zu wünschen übrig, sicherlich fallen nicht alle Unebenheiten darin dem Dichter zur Last. Graf hat in der Zeitschr. d. deutschen morgenländ. Gesellsch. Bd. 23 (1869) S. 375—433 den Inhalt des Gedichtes ausführlich angegeben und auch einzelne Stücke daraus metrisch übersetzt.

Der gröſste romantische Erzähler Persiens, Nizâmî, hatte, wie wir gesehen haben, als Mystiker begonnen (S. 160). Von den beliebten Stoffen der Romantik hat er drei, nämlich Chosrau und Schîrîn, Leilâ und Madschnûn und Bechrâm Gôrs sieben Liebesabenteuer zuerst in die Kunstpoesie eingeführt. Der fromme Asket wählte sich lauter heidnische, nichtkoranische Gegenstände, aber er «setzte dabei das Götzenbild in die Ka'ba», d. h. er verstand es, zwar in unaufdringlicher, aber doch nicht miſszuverstehender Weise den Islâm im Gegensatz zu den ketzerischen Religionen der Helden seiner Gedichte als die einzig wahre hinzustellen.

«Leilâ und Madschnûn» ist eine Beduinengeschichte. Zwei Liebende verschiedener Stämme werden durch Familienfeindschaft getrennt und Leilâ an einen ungeliebten anderen Jüngling verheiratet. Ihr Geliebter, Madschnûn, wird aus Kummer schwermütig und vergräbt sich in die Wüste. Da stirbt Leilâs Gatte, heimlich genieſsen die Liebenden kurz das höchste Glück, dann müssen sie sich wieder trennen. Leilâ stirbt bald darauf, und Madschnûn folgt ihr gebrochenen Herzens schnell im Tode nach, das Paradies vereinigt nun beide auf ewig. Nur mit wenig Handlung ausgestattet ist die ganze Geschichte sehr sentimental. Doch hat es Nizâmî, obwohl ihm der düstere Stoff anfänglich gar nicht sympathisch war, meisterhaft verstanden, die überschwengliche Liebe der beiden Unglücklichen auf das ergreifendste zu schildern.

Um dem Leser einen Begriff von der Leidenschaft dieser überspannten Menschen zu geben, wählen wir ein Stück aus Graf Schacks Verdeutschung von Dschâmîs gleichnamigem Gedichte, die Parallele zu der abendländischen, mittelalterlichen Minne liegt auf der Hand. Ein Besucher findet Madschnûn in folgender Situation:

«Da, mich verirrend auf meinem Gang,
In eine Wüste, sonnenverbrannt,
Kam ich und durchpflügte tagelang
Mit meinem Fuſse den brennenden Sand.

Dem Verschmachten schon war ich nah,
Als ich einen Unglücklichen sah,
Der, wie ein zum Bogen gekrümmter Ast,
Gebeugt schien unter des Elends Last.
Zu seinen Füſsen lag eine Schlinge,
Um die wilden Tiere zu fangen.
Ich sprach: ‘Hilf — daſs mir's gelinge —
Zu stillen nach Speise und Trank mein Verlangen.’
‘Ach!’ gab er zur Antwort, ‘den Meinen fern,
Gefloh'n vor den Feinden, welche mir gern
Den Tod bereiteten, hab' ich nicht Trank
Noch Speise. Wie oft schon zu Boden sank
Ich halb verschmachtet, und nur die Dünste,
Auf denen mit ihrem Strahlengespinnste
Die Sonne hinzaubert des Wassers Bild,
Haben den zehrenden Durst mir gestillt.
Nur einige Früchte ohne Saft
Genoſs ich, doch gaben sie mir nicht Kraft.
Aber setze dich hier; vielleicht,
Daſs irgend ein Tier die Wildnis durchschleicht
Und in der Schlinge sich fängt. Dann haben
Wir Nahrung, um uns an ihr zu laben!’
Ich setzte mich ihm zur Seite nieder,
Indem ich nach dem Netze blickte.
Da in seine Fäden verstrickte
Sich eine Gazelle; fein waren die Glieder
Des Tierchens. Aus seinem Auge taute
Ein schmachtender Liebreiz, wie aufwärts es schaute.
Gleich einer Huri Locken entquoll
Duft von Moschus ihm wonnevoll.
Kaum daſs der Jäger die liebliche, zarte
Gazelle, die sich gefangen, gewahrte,
So eilt' er zu ihr. Er hielt sie fest
Lange an seine Brust gepreſst.
Die Augen ihr küssend drauf anhob,
Ein Lied er zu singen zu ihrem Lob,
Und als er die zierlichen Füſse der Kleinen
Befreit von den Banden, sprach er zu ihr:
‘Auf deine Triften zurück zu den Deinen
Kehre nun, du liebliches Tier!
Du, dessen Auge so sanft, so mild
Meiner geliebten Leila Bild
Vor Augen mir führt — o möchtest geborgen
Du leben vor allen Leiden und Sorgen!’
Also rief er. Da fing eine zweite
Gazelle sich in des Netzes Fäden,
Und eine dritte noch, die er befreite.

Ich aber sagte: ‘Einer jeden
Schenkst du die Freiheit. Und meines herben
Schicksals nicht denkst du? Vor Hunger sterben
Mufs ich. Sage mir, was es frommt,
Wenn jede Rettung, sobald sie uns kommt,
Du von dir weisest?’ ‘Nicht zu erfüllen’,
Sprach jener, ‘vermag ich deinen Willen.
Wenn ein anderes Tier in den Netzen
Sich finge, du dürftest an ihm dich letzen.
Doch diese reizenden Bergesrehe,
Diese Gazellen, jag’ ich allein,
Damit einen Augenblick in der Nähe
Meiner Leila ich glaube zu sein,
In ihren Augen den Wiederschein
Von meiner Geliebten Blicken sehe.
Nachdem ich das flüchtige Glück genossen,
In ihnen zu schauen der Herrlichen Bildnis,
Send’ ich zurück sie in die Wildnis,
Welcher die holden Geschöpfe entsprossen.
Glaube! Des grimmen Hungers Nagen
Hab’ ich so sehr, wie du, zu ertragen.
Nur von wilden Beeren mich nähr’ ich,
Die Wurzeln des Bodens einzig verzehr’ ich.
Aber wie könnt’ ich ein Tierchen morden,
Durch das mir so süfse Tröstung geworden?’
Er redete noch, als in dem Geschling
Eine vierte Gazelle sich fing.
Diese, dacht’ ich, soll nicht mir entrinnen
Und hatte den Dolch schon gezückt zum Stofs.
Doch schon aus des Netzes Verstrickung los
Hatt’ er sie gemacht. Er drückte, in Sinnen
Vertieft, den Mund auf die Flüchtige, Scheue,
Herzte und küfste sie auf’s neue,
Und trieb sie dann in die Freiheit von hinnen.
Weil ich von einer solchen Jagd
Nichts hoffen durfte, verliefs ich vor Nacht
Noch jene Wildnis und dachte: als sicher
Gilt mir, dafs Keis (Madschnûn) dies nur sein kann.
Gleich diesem ist er ein jugendlicher,
Schöner und schlankgebauter Mann:
Aber durch Liebe, Wahnsinn bethört —
Wie ich oftmals sagen gehört.»

In ein ihm weit mehr zusagendes Gebiet führte Nizâmî dann wieder sein nächstes Werk «Die sieben Schönheiten» (eigentlich «Bilder», wie man auch im Deutschen etwas besonders Schönes als «wie gemalt» bezeichnet). Bechrâm Gôr ist der persische Don Juan, schon im Schâhnâme spielen seine immer lustigen Liebesabenteuer eine Rolle. Eine der sieben Prinzessinnen, Töchter der Kaiser von China und Konstantinopel, der Könige von Chwârezm, Rufsland, Marokko, Indien, sowie eine Tochter aus altiranischem Königsstamme, ist das Vorbild für Turandot geworden, deren Geschichte Schiller nach Gozzis Märchen in seinem Lustspiel behandelt hat.

In allen drei Gedichten ist die Erzählung stark lyrisch gefärbt. Das verlangte schon der Stoff. Da die Liebe überall den Grundton abgab, so war eine kraftvolle epische Form nicht am Platze. Das gilt für alle Gedichte der Gattung. Eine solche stand Nizâmî auch gar nicht zu Gebote, wie er in seinem «Alexanderbuche» beweist, das er als ein wirkliches Epos gedacht hatte, was schon die Wahl des eigentlichen epischen Metrums zeigt. Die Kunst ist in allen dreien eine aufserordentliche, ja sie sind direkt künstlich, allerdings im besten Sinne des Wortes. Nizâmî war kein Höfling. Zwar hat er alle seine Werke Fürsten gewidmet, um den Unterhalt seines Lebens zu gewinnen. Doch war der klingende Lohn stets nur ein bescheidener, da er sich nicht zu den üblichen Extraschmeicheleien in besonderen Lobgedichten verstand. Er hat nicht am Hofe sondern in bescheidener Stille und Zurückgezogenheit gelebt, seine Poesie hat aber etwas aristokratisch Vornehmes und strömt Hofluft aus. Ihre Feinheiten konnten am ehesten in den feinsten höfischen Kreisen auf Verständnis rechnen und waren von dem Dichter von vornherein auf diese berechnet. In der Turandotepisode handelt es sich bei Nizâmî nicht um drei Rätselfragen, sondern um drei symbolische Handlungen, deren Sinn der Freier verstehen mufs. Und wie künstlich geht es dabei zu! Aus der Erklärung, welche die Prinzessin zum Schlufs ihren Eltern, die den ganzen Vorgang auch nicht verstanden haben, giebt, mag der Leser entnehmen, wieviel Geist dazu gehörte, die geistreiche Jungfrau zu erringen (dieselbe Weise hat übrigens auch schon das Schâhnâme in der Episode zwischen Alexander dem Grofsen und dem indischen Weisen):

«Und sprach: Wenn Einsicht mir zuförderst eingeflöfst,
Dafs ich die Perlenschnur vom Ohrgehänge löst',
So meint' ich durch der beiden Perlen glanzvoll Bild,
Dafs mir das kurze Leben nur zwei Tage gilt;

Fügt' er zu diesen zwei noch andre drei hinzu,
Vergeht's bei fünfen selbst nach ihm im schnellsten Nu.
Wenn Zuckers eine Handvoll ich auf sie gestreut,
Durch Zucker diese Perlen gleichsam eingeweiht,
So ist, nach mir, an Sinnenlust das Leben reich,
Den Perlen wie dem Zucker in der Mischung gleich.
Da aber Alchymie und Zauberformel lehrt,
Wie bei der Scheidung man am richtigsten verfährt,
So hat der schon, der Milch auf beides reichlich goſs,
Wodurch das eine blieb, das andre schnell zerfloſs,
Erklärt, daſs Zucker, wenn man ihn mit Perlen mischt,
Durch einen einz'gen Tropfen klarer Milch verlischt.
Wenn ich aus seinem Napf den Zucker dann verschlang,
Verstand ich mich zum Milchgericht zeitlebens lang;
Und durch den Ring, den ich für seine Hand gesandt,
Hatt' ich mich willig schon zur Ehe ihm bekannt.
Er aber sagte mir durch diesen Edelstein,
Er werd' ein Gatte mir gleich einer Perle sein.
Ich legte diesen Schmuck von Perlen hurtig an,
Und trat damit vor ihn als seine Gattin dann.
Wenn er nach der Betrachtung beider Perlen drauf —
Und eine dritte weist die Welt nicht weiter auf —
Den himmelblauen Stein in seine Hand gelegt,
So hatt' zum Engel sich die Lust in ihm erregt.
Wenn ich sofort zum Schmuck den Stein mir einverleibt,
So ist's des Herzens gleiche Stimmung, die mich treibt,
Und wie an meiner Brust des Siegelringes Stein,
So wird in meinem Schatz sein Ring ein Kleinod sein»
(v. Erdmann).

Der Hergang war also — es dürfte gar nicht so überflüssig sein, ihn noch ausdrücklich zu wiederholen — der folgende gewesen: Die Prinzessin hatte ihrem Freier zwei Perlen aus ihrem Ohrgehänge zugesandt, zu denen dieser drei eigene hinzufügte. Darauf hatte sie alle fünf mit Zucker bestreut, er Milch darüber gegossen. Sie trank die Milch aus und gab ihm zugleich einen Ring, ein Geschenk, das er durch eine Perle erwiderte. Sie entnahm eine ähnliche ihrem Halsbande, worauf er noch einen blauen und einen kleineren Edelstein dazuthat, welche sie als Schmuck an Ohr und Finger anlegte.

Im «Alexanderbuche» wollte Nizâmî dem Schâhnâme ein Epos an die Seite stellen, das einem bisher noch nicht genügend behandelten Stoffe zu seinem Rechte verhelfe. Im allgemeinen folgt er im Verlaufe der Ereignisse Firdausî, doch hat er daneben auch noch andere Quellen benutzt. Aber er verfährt recht willkürlich mit der Überlieferung. Alexander stammt bei ihm mütterlicherseits aus dem Geschlechte Abrahams, ist also ein Jude. Er zerstört die persischen Tempel, verbrennt die heiligen Bücher, löscht die geweihten Feuer aus, läſst zahllose Priester umbringen, alles mit der vollen Billigung des Dichters, dem jedes alte Nationalgefühl abgeht. Das ist in den anderthalb Jahrhunderten seit dem Tode des groſsen Patrioten Firdausî unter dem Druck des Islâms gänzlich verloren gegangen, und kein Dichter, der altnationale Stoffe behandelt, hat je wieder auch nur eine Spur davon gehabt. Daſs Nizâmî im Grunde seines Herzens doch kein rechter Epiker ist, zeigt sich vor allem im zweiten Teile, wo der bisherige Welteroberer zum Philosophen und Propheten wird, dessen Thaten alle eine mystische Bedeutung haben, mutatis mutandis ein persischer Faust. Er disputiert mit sieben Weisen, Aristoteles, Thales, Apollonius von Tyana, Sokrates, Porphyrius, Hermes Trismegistos und Plato, durchreist die ganze Welt, macht eine Fahrt zum Lebensquell, kurz das Gedicht verliert sich unter auſserordentlicher Breite völlig ins Spekulative. Der alte Nizâmî ist wieder zu der Mystik seiner Jugend zurückgekehrt. In eine Lobpreisung des einsiedlerischen, beschaulichen Daseins, das der Dichter selbst immer geführt hat, klingt das Alexanderbuch aus; Alexanders Sohn verzichtet auf den väterlichen Thron und wird Eremit. Rückert hat den Abstand im Stil zwischen dem Königs- und Alexanderbuche fein zum Ausdruck gebracht. Jenes hat er in markigen, kurzen Zeilen, dieses in wohlgebauten, kunstvollen, gleichmäſsigen Strophen verdeutscht. Der Kraft dort steht hier die Zierlichkeit gegenüber. Das Epos ist zum Nippes geworden.

Alexander vor dem todwunden Dârâ (Darius).

«Er forschte nach dem lichten Weltenpreis,
Wo er den Schlafort hab' im blut'gen Schweiſs.
Die beiden Frevler[1] führten ihn den Pfad,
Sie führten ihn zu ihrer Frevelthat.
Des Fürsten Leib sah er in Blut und Staube,
Sah umgestürzet die Kejânenhaube,
Suleimân (Salomo) liegend unter'm Fuſs der Ämse,
Erlegt den Elefanten von der Bremse,

[1] Zwei persische Hauptleute, die auf Belohnung durch Alexander rechnend ihren König meuchlerisch niedergestochen hatten.

Vom Schlangenknoten Bechmens Arm umschürzt,
Isfendijâr der ehr'nen Burg entstürzt,
Ferîdûns Lenz, Dschemschîdens Rosenbeet
Des Grames Raub, vom Herbstwind abgemäht,
Vom königlichen Stammbaum Keikobâds
Das letzte Blatt, verweht im Staub des Pfads.
Sikender (Alexander) stieg von seines Rosses Rücken,
Sich zu des Helden Lager hinzubücken,
Hin, wo der König lag, von Blut beschwemmt,
Er löste ihm das Königspanzerhemd.
Auf seinen Schofs das Haupt des Matten legt' er,
Auf lichten Tag den nächt'gen Schatten legt' er.
Geschlossnen Augs, der Wunde, schlummertaub,
Sprach: 'O steh auf von diesem Blut und Staub!
Lafs mich! Es hat mein Herz die Kraft verlassen,
Das Licht hat meiner Kerze Schaft verlassen.
Geschick hat mir die Seiten aufgerissen,
Vom Saitenspiel den Saitenlauf gerissen.
Gerissen ist in mein Gewölk die Kluft,
Es strömt hervor der blut'ge Schwerterduft.
O thu' am Fürstenhaupte keine Schmach!
Zerbrich mich nicht, den schon die Welt zerbrach.
Willst du die Hand nach meinem Staub ausstrecken,
Die Hand nach der Kejânenhaub' ausstrecken,
Halt ein die Hand! Denn Dârâ liegt vor dir,
Dârâ, der helle Tag, versiegt vor dir.
Da meiner Sonnen Angesicht wird trüber,
O, einen dunklen Schleier wirf mir über.
Schau' einen Fürsten nicht in der Erniedrung,
Den Königsfalken in der Schmach Entfiedrung!
O, gieb nicht in die Hand des Spottes mich,
O, gieb in die Erbarmung Gottes mich!
Ich bin's, der diese Welt im Arme hält,
Nicht rüttle mich, du rüttelst diese Welt.
O lafs mich, dafs mich süfser Schlummer fasse,
Luft meinen Hauch, Staub meinen Kummer fasse,
Rück' nicht mein wundes Haupt von seinem Kissen!
Des Himmels Wölbung wird von Schmerz zerrissen.
Die Zeit kommt unverhofft mit mir zu Thal;
O lafs mich, dafs ich schlummre süfs einmal!
Willst du die Krone rauben meinem Haupte?
O wart' ein Kleines, bis der Tod sie raubte!
Da ich mich nun entgürte dieses Reiches,
Willst du mein Schwert? Nimm's hin! Mein Herz? Ich reich' es.'»

Dieser langen, wohlgesetzten Rede des Sterbenden folgt eine ebensolche Antwort Alexanders und weiteres Gespräch, bis Dârâ stirbt. Schon Firdausî hat die Szene im Schâhnâme ähnlich behandelt, aber schlichter und darum ergreifender.

Seine «fünf Schätze» vereinigte Nizâmî zu einem «Fünfer» und führte damit einen Brauch ein, der nachmals häufig nachgeahmt worden ist. Überhaupt ward Nizâmî das Vorbild für die gesamte spätere Romantik. Der bedeutendste persische Dichter Indiens, Emîr Chosrau (1253—1325), dichtete zuerst wieder einen Fünfer, dessen einzelne Stücke ganz denjenigen Nizâmîs nachgebildet waren und einen «Chosrau und Schîrîn», eine «Leilâ und Madschnûn», «Acht Paradiese» (diesmal acht Liebesabenteuer Bechrâm Gôrs), ein mystisches Gedicht «Den Aufgang der Gestirne» und einen «Spiegel Alexanders» enthielten. Kâtibîs († um 1434) geplanter «Fünfer» gedieh nur bis zu einem «Rosenbeet der Frommen» und einer «Leilâ und Madschnûn», derjenige Hâtifîs († 1520) bis zu vieren, nämlich «Leilâ und Madschnûn», «Chosrau und Schîrîn», «Sieben Lustschlösser», «Timurbuch» (dem Alexanderbuche entsprechend). Dschemâli (Anfang des 15. Jahrhunderts) dichtete «Liebe und Schönheit» (Chosrau und Schîrîn), «Der Betrübte und die Verliebte» (Leilâ und Madschnûn), «Die sieben Throne», «Geschenk der Frommen». Dies sind die berühmtesten persischen «Fünfer» Nizâmîscher Art. Daneben findet sich gelegentlich auch einmal ein «Sechser» oder «Siebener», wie Dschâmîs «Sieben Throne» und Zulâlîs († 1616) «Sieben Planeten».

Aus ihrem engen Bannkreise erlöste die romantische Erzählung der schon erwähnte Emîr Chosrau, indem er ihr zuerst auch zeitgenössische Ereignisse, nicht nur die konventionellen Stoffe aus der Vergangenheit zuwies. So behandelte dieser fruchtbare Dichter die tragische Liebesaffaire des indischen Prinzen Chizrchân mit der Tochter des Râdschâs von Gudscherât, ein Beispiel, das bald besonders in Indien Nachahmung fand, wo muhammedanische Dichter nationale Sagen aufnahmen. Auch weitere altiranische Stoffe zog man herein, doch sind diese, wie z. B. des Kirmaners Chwâdschû (1281—1352) «Humâi und Humâjûn» (ein Sohn des alten Königs Hôscheng und eine Tochter des Kaisers von China) durchaus unhistorisch und lediglich freie Erfindungen der Phantasie. Chwâdschûs gesamter «Fünfer» weicht denn überhaupt von der üblichen, durch Nizâmî geschaffenen Norm ab, insofern er zwei Liebesromane, zwei mystischdidaktische Gedichte und ein Enkomion auf einen Vezier enthält. Nur wenige der neuen Stoffe sind mehrmals behandelt worden, eine Ausnahme macht hier die Geschichte Sultân Machmûds und seines Lieblingssklaven Ajaz, die fünf Bearbeiter gefunden hat.

Deutsche Übersetzungen: Chosrau und Schîrîn in v. Hammers Schirin, Ein persisches romantisches Gedicht nach morgenländischen Quellen (nur eine Inhaltsangabe, Leipzig 1809); Bechramgur und die russische Fürstentochter (eines der «7 Bilder») von F. v. Erdmann, Kasan 1832 und 1844, 2. Aufl. (mit Originaltext); Alexanderbuch in Auszügen von Rückert im Frauentaschenbuch, Nürnberg 1824, S. 415—496; Bacher, Nizâmîs Leben und Werke, Leipzig 1871, passim; Ethé, Alexanders Zug zum Lebensquell in den Sitzungsberichten der königl. bayer. Akademie der Wissensch. 1871, S. 344—405.

Zu wirklicher Epik haben sich auch diejenigen, welche nach Nizâmî die Alexandersage behandelt haben, nicht erhoben. Auch Emîr Chosrau und Dschâmî, die namhaftesten dieser Dichter, waren keine Epiker. Im Gegenteil verfielen beide noch mehr in einen lehrhaften, philosophierenden Ton, als es schon Nizâmî im zweiten Teile gethan hatte. So verwischte sich mehr und mehr die einst völlig deutliche Grenze zwischen den romantischen Fünferstücken («Chosrau und Schîrîn» u. s. w.) und den moralisch-mystischen («Schatzhaus der Geheimnisse»). Kâtibî († um 1434) dichtete ein Lied zur Verherrlichung der sufischen Liebe zwischen Nâzir («der Sehende») und Manzûr («der Gesehene, Geliebte»); Dschâmî behandelte das Thema der Vereinigung von Seele und Leib in der Erzählung von der Freundschaft der beiden Jünglinge Selâmân und Absâl. Den gleichen oder ganz ähnlichen Stoff wiederholten zahlreiche andere nur unter anderer äußerer Form, so Muhammed Açças als «Sonne und (der Planet) Jupiter» (1377), Ârifî als «Ball und Schlägel» oder «Buch der Ekstase» (1438), Hilâlî († 1532) als «König und Derwisch» (übersetzt von Ethé, Morgenländische Studien, Leipzig 1870, S. 197—282), Achlî als «Kerze und Falter» (1489), Zulâlî († 1616) als «Feuer und Salamander», Behâ-eddîn Âmilî († 1621 oder 1622) als «Brot und Konfekt» und «Milch und Zucker» u. a. m. Dschâmî haben wir ferner noch als Verfasser eines «Jûsuf und Zuleichâ» sowie einer «Leilâ und Madschnûn» zu nennen, die begreiflicherweise alle übrigen Nachahmungen Firdausîs bezw. Nizâmîs weit überragen. Beide Gedichte sind in das Deutsche übersetzt worden, das erstere von V. v. Rosenzweig (Wien 1824), das zweite vom Grafen Schack (Orient und Occident, Bd. I, Stuttgart 1890 — daraus die Probe oben auf S. 181 ff. — Chezys französische Übersetzung hatte schon Hartmann 1807 in deutsche Prosa übertragen, der deutschen Romantik ein willkommener Stoff). Es ist interessant, den Gegensatz zwischen Firdausîs und Dschâmîs Behandlung des gleichen Themas zu beobachten. Der große Epiker erzählt oder stellt sich doch so, als erzähle er eine wahre Geschichte, der Romantiker faßt alles mystisch auf, die Liebe der Zuleichâ zu Jûsuf symbolisiert bei ihm zugleich die Sehnsucht der Seele nach der ewigen Schönheit. Auch der Stil ist ein ganz anderer als der des Epos, wie die folgende Probe zeigt.

Als Zuleichâs Versuche, Jûsuf zu verführen, alle scheitern, will sie seine Tugend durch ihre Sklavinnen brechen, weil sie hofft, er werde auch sie dann nicht mehr verschmähen.

»Nachts, als im schwarzen, rosenduft'gen Haar
Der Himmel schön wie eine Braut erschien,
Mit dem Plejadenschmuck im zarten Ohr,
Und mit dem Mond als Spiegel in der Hand,
Da reih'n die Mädchen in der Anmut Kleid,
Voll holder List und schlauem Liebesspiel,
In schöner Ordnung sich um Josephs Thron,
Und blasen Anmutszauber auf ihn hin.
Der Ersten süßer Mund streut Zucker aus:
'Verzuck're deinen süßen Gaum' durch mich!
Brich meines Zuckerballens Schloß entzwei,
Und kaue Zucker gleich dem Papagei!'
Die Zweite winkt ihm mit dem Augenlid:
'O Holder, den kein Ausdruck je beschrieb!
Mein weltenschauend' Aug' besäß dich gern,
Komm, setz' dich in dies Aug' als Augenstern!'
Die Dritte zeigt ihm ihres Baumes Pracht:
'Laß meinen Baum heut' Nacht im Arm dir ruhn!
Wie schliefst du in der Wiege sel'ger Lust,
Schlief' nicht mein holder Baum an deiner Brust?'
Die Vierte ringelt schlau ihr Moschushaar:
'Gleich Ringen bin ich, ohne Hand und Fuß[1]!
Laß des Vereines Thor mich offen sehn,
Laß mich als Thorring vor dem Thor nicht stehn!'
Die Fünfte hebt die zartgeformte Hand,

[1] Ohne Hand und Fuß bedeutet zugleich übertragen »traurig«.

Und schlägt vom Arm den Ärmel hoch empor:
'Um dich vom Bosheitsauge (dem bösen Blick) zu befrei'n,
Will ich die Hand zum Amulet dir weih'n.'
Die Sechste wählt' ein Haar zum Gürtel sich
Und schmückt ein Haar (ihre schlanke Taille) mit einem andren Haar:
'Um meine Lende gürte deine Hand,
Schon schwebt für dich mein Geist zum Lippenrand[1]!'»
(v. Rosenzweig).

Wenn der Leser dies süfslich, geziert, unerträglich findet, so kann ich es ihm im Grunde nicht verdenken. In diesem Stile ist das ganze Gedicht. Im Original hat es seinen Reiz, man wird aber doch die Folgerung ziehen müssen, dafs unserem Geschmacke derartig entgegengesetzte Werke nur wissenschaftlicher Zwecke halber übersetzt werden dürfen. Das auch persisch gekünsteltste Mäthnäwî, das ich bisher kenne, bleibt wohl Emîr Chosraus «Konjunktion der beiden Glücksgestirne». Schon rein äufserlich hebt es sich von anderen Mäthnäwîs ab, indem es verschiedene Versmafse aufweist. Das Hauptmetrum wird durch die in einem anderen Versmafse abgefafsten Überschriftsbeits der einzelnen Kapitel unterbrochen, die zu einer einzigen Kasside vereinigt eine kurze Inhaltsangabe des Ganzen bieten. Dazwischen hinein finden sich dann noch Ghazelen verstreut, in denen sich der Dichter selbst zu den wechselnden Episoden seiner Erzählung äufsert. An sich wäre dieses Bestreben, die Darstellung zu beleben, nur zu loben; der ganze Stil ist aber aufserordentlich gesucht, und die unbedeutende Handlung des Gedichtes steht in keinem Verhältnis zu dem übertriebenen Aufwand von Rhetorik und Geschraubtheit.

Wir haben schon oben (S. 112) kurz von der Nachahmung des Schâhnâmes auf wirklich historischem Gebiete gesprochen und wollen hier nur noch einiges nachtragen. Die gewaltigen Gestalten von Welteroberern wie Dschingizchân und Timur (Tamerlan) lockten zuerst wieder zu dichterischer Behandlung. Dem Orientalen imponierten die Zertrümmerer fast der gesamten ihnen bekannten Welt ganz natürlicherweise, Timur besonders hat nicht nur sein Leibhistoriograph Scherefeddîn mit Lob überschüttet, sondern auch spätere unparteiischere Geschichtschreiber haben das Gleiche gethan. Über ihren übermenschlichen Thaten

[1] Er ist bereit, den Leib zu verlassen, d. h. sie ist dem Tode nahe.

verschwanden die begangenen Scheusäligkeiten. Was allerdings ein Orientale sich von seinem Herrscher bieten läſst, ist nach unseren Begriffen geradezu unglaublich. Der Historiker Minhâdscheddîn, der sonst, so oft er Dschingiz' Namen nennt, gern ein «der Verfluchte» hinzufügt, rühmt das Folgende als ein Beispiel der unbeugsamen Gerechtigkeit dieses Herrschers: «An kein Weib in ganz Chorâsân und Persien, das einen Mann hatte, würde ein Sterblicher Hand zu legen gewagt haben (weil Dschingiz es verboten hatte). Hatte ein Mongole doch sein Auge auf ein solches geworfen, so tötete er erst ihren Mann, ehe er sie zu sich nahm.» Dem Orientalen haben auch von jeher raffiniert grausame Strafen, wie z. B. die des Kambyses, der dem Sohne eines ungerechten Richters einen mit der Haut seines hingerichteten Vaters überzogenen Sessel als Richtstuhl zuwies, mehr imponiert als die besten Gesetze, die eine Ungerechtigkeit von vornherein zu unterdrücken suchen. So besang A c h m e d aus Tebrîz in seinem «Buche des Königs der Könige» Dschingizchâns und seiner Nachfolger Thaten bis zum Jahre 1338, und H â t i f î († 1521) dichtete sein «Timurbuch» oder «Siegesbuch Timurs», das bedeutendste historische Epos nach dem Schâhnâme. Die Dynastie der Sefewiden betraute eine ganze Anzahl Poeten mit der Verherrlichung ihrer Familiengeschichte, aber Hâtifîs und B i n â j î s Enkomien auf Schâh Ismaîl I. oder dasjenige K â s i m î s auf diesen und seinen Nachfolger Schâh Tachmâsp I., die ich selbst durchblättert habe, sind nicht nur ohne historischen Wert, sondern stehen auch poetisch ihrem groſsen Vorbilde Firdausî himmelweit nach. Der Geschmack hatte sich mittlerweile völlig geändert. Hâtifî behauptete allerdings, ein Bewuſstsein seiner Inferiorität gegenüber Firdausî zu haben, denn er erwiderte auf den Antrag des Schâhs Ismaîl ganz in den alten abgebrauchten Bildern:

«Wie sollt' ein solches Werk ein Mann wie ich wohl wagen?
Wer sah ein Ameislein je einen Kornhauf' tragen?
Hier eine schwache Mücke, dort Elefantenlast,
Hier nur ein Ameislein, dort Salomos Palast.»

Der Schâh beseitigte jedoch seine Skrupel mit den Worten:

«Daſs unsrer Zeit Firdausî nur du alleine bist,
Die allgemeine Meinung und auch die meine ist.
War er dereinst berühmt, und war er's noch so sehr,
So bist du's heute, wahrlich, noch viele Male mehr!»,

woraufhin sich «der Firdausî seiner Zeit» fügte. Wie weit in dem allen wirklich die wahre Meinung des Dichters oder nur geheuchelte Bescheidenheit steckt, läſst sich natürlich nicht feststellen. Dem Haudegen Schâh Ismaîl war die Gleichstellung Firdausîs mit Hâtifî übrigens nicht so übel zu nehmen; sein feiner gebildeter Sohn Tachmâsp hätte sie sich wohl nicht geleistet. In einer Familienbibliothek der Dynastie, in der Grabmoschee ihres Ahnherrn, des Scheichs Çefî zu Ardebîl, waren diese und andere Produkte der offiziellen Hofhistoriographen und Hofdichter verwahrt worden, bis sie im Jahre 1828 als Kriegsbeute nach St. Petersburg gebracht wurden. Das Gleiche wie von den genannten Epen wird zweifelsohne auch von anderen ihres Genres gelten. Es ward Sitte, daſs eine Dynastie ihre Geschichte poetisch festhalten lieſs. Auch der groſse Sultân Machmûd von Ghazna ist noch drei Jahrhunderte nach seinem Tode zu dieser Ehre gekommen, nachdem er bei seinen Lebzeiten keinen Epiker gefunden hatte. Doch ist er durch Firdausîs gelegentliche Erwähnungen im Schâhnâme berühmter geworden als durch Abdul-Malik Içâmîs «Siege der Sultâne» (1349/50), in denen er die Hauptrolle spielt. So finden wir nach den Sefewiden «Königsbücher» u. dgl. allenthalben in Persien auf Nâdir Schâh, auf Alî Murâd Chân Zend, auf mehrere Kadscharen, und ebenso in Indien nicht nur am Kaiserhofe zu Delhi, sondern auch an den Höfen kleinerer Dynastieen bis auf die Zeit der englischen Herrschaft herunter (s. oben S. 113).

Neben der Profangeschichte fand auch diejenige der Heiligen epische Darstellung, ebenfalls in Nachahmung des Schâhnâmes. Die Gestalten Alîs, seiner Söhne Hassan und Hussain, der Märtyrer von Kerbelâ, sowie seiner Gattin Fâtime sind es hauptsächlich, welche sich die Dichter als Helden gewählt haben. Daneben finden wir auch Verherrlichungen Muhammeds und seiner Nachfolger, der alten Chalifen, die zuweilen allerdings nur als Reimchroniken bezeichnet werden können. Wirklich höheren poetischen Wert hat wohl keines von diesen religiösen Epen. Daſs man Mäthnäwîs regelmäſsig mit einem Lobe des Propheten und anderer Frommer einleitete, ist schon oben (S. 176) erwähnt worden.

SECHSTES KAPITEL.

Die Hofdichtung.

Der höfische Ursprung der Dichtung in Persien führte, wie wir bereits gesehen haben, zur Ausbildung einer ganz besonderen Hofdichtung, in weit höherem Grade, als wir dies anderswo finden. Selbst ganz kleine Machthaber pflegten schon in alter Zeit dichterische Interessen, entweder machten sie selbst Verse oder sie begünstigten andere Poeten, die dann ihren Dank durch Lobpreisungen auf ihre Mäzene zum Ausdruck brachten. Emîr Abû Alî Sîmdschûr, der sâmânidische Statthalter in Ghazna, hatte so den Abul Fardsch Sagzî zum Leibdichter, Behâ-eddaule in Dêlem den Ghizârî aus Rei, Suleimân Schâh in Kurdistân den Aumânî, um nur einige weniger bedeutende Namen zu nennen. An den Höfen der Schâhe von Schîrwân, der Atabege zu Tebrîz, in Kirmân (Imâmî) und anderweitig, sowie an den gröſseren der Ghoriden, Ghaznewiden, Seldschuken, Chwârezmschâhs, allüberall wimmelte es von Dichtern, die nur von dem Lobe ihrer Fürsten lebten. Der Friedhof zu Surchâb bei Tebrîz hatte eine eigene Dichterecke, wo Poeten wie Zehîreddîn aus Fârjâb, Dschemâleddîn aus Abher, Châkânî, Schems aus Sandschâb u. a. lagen. Die Aufgabe der Hofdichter, von denen einer zum Dichterkönig erhoben ward, bestand darin, jede der Handlungen ihres Herrschers im Liede zu feiern, nicht nur Kriegszüge und Siege, sondern auch Feste, Gelage, Jagden und andere durchaus unpolitische Ereignisse des fürstlichen Tagewerks. Wie ernst solche Panegyriker ihre Aufgabe nahmen, mag ein Vers Mas'ûd ibn Saad ibn Selmâns zeigen, der von des groſsen Machmûd Enkel Ibrâhîm — welcher nur durch schleunige Unterwürfigkeit unter die Seldschuken das schon stark verminderte Reich des Groſsvaters sich zu erhalten vermocht hatte — singt:

»Gefeiert ist sein Ruhmespreis in Tausenden von Poesieen,
Und jede dieser tausend soll in tausend Dîwâns wiederklingen.
Doch den gesamten Hauptgehalt des Rühmenswerten, was er that,
Den soll mit seiner Dichterkraft Mas'ûd bin Sa'd bin Selmân singen»
(Ethé).

Ob allerdings die barbarischen Türkenfürsten die Feinheiten ihrer persischen Lobredner immer verstanden haben, darf man wohl bezweifeln. Die Sprache des täglichen Verkehrs ist an

Sultân Machmûds Hofe sicherlich das Türkische gewesen, wie es selbst noch zu Abbâs des Grofsen und seiner Nachfolger Zeiten der Fall war. Der Vater des gegenwärtig regierenden Schâhs mufste, als er zur Regierung kam, erst gründlich Persisch lernen, da er in Âzerbâidschân, wo er aufgewachsen war, nur Türkisch gesprochen hatte. Er hat sich dann auch nie der litterarischen Kunstsprache bedient, sondern seine Reisetagebücher stets im einfachsten Stil, wie er im täglichen Verkehr zu reden pflegte, abgefafst. Verstanden hat er jene natürlich, ob dies indessen schon für einen Machmûd von Ghazna so ohne weiteres anzunehmen ist, kann doch zweifelhaft sein. Trotzdem beugten dieser und andere gewaltige Herrscher sich der höheren persischen Bildung und liefsen sich in ihren Formen verherrlichen. Dafs sie die ihnen gespendeten Komplimente verstehen mufsten, dafür sorgten die Dichter selbst, indem sie ihr Lob so laut sangen, dafs es auch schon mit dem natürlichen Ohr vernehmbar war. Mochten die eigentlichen Feinheiten dann immerhin verloren gehen, etwas empfanden die Gepriesenen doch auch selbst von den an sie gerichteten Hymnen. Und im Laufe der Zeit brach sich die persische schöngeistige Bildung überall Bahn, sogar am Hofe zu Konstantinopel, dem späteren Mittelpunkte des Türkentums und seiner höchsten Macht. Übrigens wirkt gerade die Mafslosigkeit der Schmeichelei gewissermafsen mildernd. Ein Herrscher mochte es schon glauben, wenn man ihm einredete, er überrage alle seine Vorgänger; dafs aber Sonne und Mond eine Ehre darin suchen sollten, ihm dienstbar zu sein, und wie die Hyperbeln der Panegyrik sonst noch lauteten, mufste er doch selbst nur als Rhetorik und Phrase empfinden.

Die Kunstdichter führten nun neue, höchst komplizierte Versarten ein, so mehrfache Reimverschlingungen, die vom «Gedritten», wie aax, bbx, ccx u. s. w., bis zum «Gezehnten», aaaaaaaaax, bbbbbbbbbx etc., fortgesetzt werden konnten, oder das «Wiederkehrband» und das «Verbindungsband», kürzere Ghazelen, die durch regelmäfsige Zwischenbeits oder Miçrâs zu einem Ganzen verknüpft wurden.

Als der Gefeiertste aller Panegyriker gilt den Persern selbst Enwerî. Eine sehr charakteristische Anekdote schildert, wie dieser seinen Beruf zuerst erkannt habe. Einst sah der junge Enwerî in Tûs, wo er sich unter mancherlei Entbehrungen gelehrten Studien hingab, den Seldschukensultân Sandschar mit aller Pracht des orientalischen Herrschertums durch die Strafsen reiten. In dem glänzenden Gefolge fiel ihm besonders ein reich geputzter Reiter auf, der ihm auf sein Befragen als der Hofdichter bezeichnet wurde. Da beschlofs Enwerî, die Wissenschaften an den Nagel zu hängen und auch Dichter zu werden. Noch in derselben Nacht dichtete er eine Kasside auf den Sultân, die ihm dessen Gunst erwarb. Noch lange Jahre nach dem Tode seines königlichen Gönners hat Enwerî als Hofdichter gewirkt, bis zuletzt auch ihn die Ungunst des Schicksals traf. Er hatte aus einer auffälligen Planetenkonjunktion einen kritischen Tag erster Ordnung prophezeit, an dem ein partieller Weltuntergang zu erwarten sein sollte. Seine Vorhersagung, in der er sich übrigens mit anderen Sternkundigen in bester Übereinstimmung befand, traf aber nicht ein, und er mufste sich dem allgemeinen Spotte, ja sogar persönlichen Angriffen durch die Flucht entziehen. Von seiner Höhe herabgestürzt, ist er in Balch zwischen 1189 und 1191 gestorben.

Des Dichters Eigenart wird besser als allgemeine Redensarten die Übersetzung einer seiner Kassiden selbst klar machen, doch ist eine solche ein schweres Stück. Nur notgedrungen wage ich sie, da ich dem Leser diese so beliebte Form der persischen Dichtkunst in ihrem Höhepunkte unbedingt vorführen mufs, und eine andere Probe nicht zur Verfügung steht. Die Feinheit des Originals läfst sich nur höchst unvollkommen nachempfinden, die ganze Art und Weise tritt bei möglichster Wörtlichkeit noch am ehesten hervor. Da der Perser selbst zu vielen Versen eines Kommentars bedarf, so wird man mir keinen zu grofsen Vorwurf daraus machen dürfen, wenn auch mein Übersetzungsversuch auf Erläuterungen nicht verzichten kann.

«Welch' neue Jugend ward der Welt, welch' Schöne wieder!
Welch' neuer Zustand senkt auf Raum und Zeit sich nieder!»

Das Lobgedicht auf den Schâh beginnt, wie so oft, mit einer Schilderung des Frühlings. Zu den gelehrten technischen Ausdrücken «Zustand» und «Raum und Zeit» vgl. oben S. 63.

«Die Nacht war länger als der Tag, doch nun im Nu
Nimmt sie beständig ab und er fortwährend zu.»

Der Dichter konstatiert gewissenhaft die physikalische Thatsache, und zwar mit gelehrten arabischen Bezeichnungen.

«Der lang verhalt'ne Frühlingsodem macht sich kund,
Die Taube öffnete den festverschloss'nen Mund.»

Sie girrt wieder.

«Für Rose Bürge ward bei Nachtigall der Rain
Am Tag, da man dem Herbst den Scheidegrufs würd' weih'n.
Nun ist der Gartenrain zur Zahlung angehalten,
Fürwahr! Mit Bürgen sie wie mit Beklagten schalten!»

Das juristische Bild scheint uns höchst gesucht, diese Poesie findet eine besondere Feinheit darin.

«Es schweigt die Nachtigall mit ihrem Sange nimmer,
Die bebende Zypresse ist in Ekstase immer.»

Sufisches Bild.

«Flofs etwa Moschus gar aus der Zypresse Rinden?
Süfser als Ambra duftet's von der Erde Gründen.
Kaum flüchtig erst der Zephyr noch die Blumen malte,
Und schon ihr Spiegelbild dem Bache Farben strahlte;
Des Wassers Herzgeheimnis schwand dahin, wie schön!
Damit die Erde nun das ihre lasse sehn.»

Ohne Erklärung wird der Leser die letzte Strophe schwerlich verstehen. Das Eis, welches das Wasser und die Erdoberfläche verbarg, ist getaut; die Erde kann nun ihr Geheimnis, Blumen und Grünes enthüllen. Einem Kommentator war diese Deutung wohl zu einfach, er liest das Folgende heraus: Regentropfen fallen auf das Wasser und trüben seine Oberfläche, so dafs man sein Geheimnis, d. h. die Steine etc. auf seinem Grunde und was sich in ihm spiegelt, nicht mehr sehen kann; zugleich befruchtet der Regen die Erde, die nun grünt und spriefst.

«Gleichwie der Weide Frucht nicht Namen hat noch Zeichen,
Mufs man vom Tage nun in ihrem Schatten schweigen.»

Weidenfrüchte giebt es nicht, so giebt es auch keine Tageshelle mehr unter dem Weidenbaume, weil dieser jetzt dichtes Laub erhält. Der schattenspendende Baum wird im heifsen Orient sehr hoch geschätzt.

«Zweikern'ge Mandeln sind die Berge, Demantdegen,
Die nie zum Kufs die Lippe auf den Schleifstein legen.»

Zweikernig sind die gröfsten und vollkommensten Mandeln, so sind die Berge mit Blumen reich geschmückt; oder sie gleichen glänzenden Klingen, deren Damaszierung nie durch Schleifen leiden wird.

«Den Schneeschild von der Schulter hat dem Berg gezogen
Der Reg'n, als Rustem im April gespannt den Bogen.»

Rustem ist hier gewissermaſsen der Frühlingsgott, der den Winter verjagt; sein Bogen ist der Regenbogen.

«Das Weiſs des Kampfers schwand dem Berg, dafür Juwelen
Erwarb er; statt Verlust's durft' so Gewinn er wählen.»

Das Kampferweiſs ist der Schnee, Juwelen die in der Sonne schillernden Regentropfen. Das kaufmännische Bild geniert den Dichter nicht; im Original heiſst es genauer: Welchen Gewinn brachte dem Kapital hier der Verlust!

«Der Feuchtigkeitsgehalt der Luft ist nicht befremdlich,
Wo schon der Nebel hat der Wolke Kräfte sämtlich.»

Auch im Originale wendet ein Meteorologe die Kunstausdrücke seines Faches an.

«Der Wolke ward doch abgeschnitten nicht der Hals?
Was zügelt sie denn nicht den Sturz des Wasserfalls?
Und wär' die Wolke nicht die Amm' der Blumenkinder,
Warum denn streckten sie entgegen ihr die Münder?
Wär' nicht die junge Tulpe ein angezündet' Licht,
Sie könnte ihren Umkreis rings erhellen nicht.
Des Lenzes Speer, das Schilf, ist vorn so hold gerötet,
Als hätt' er alle Feinde des Schâhs damit getötet.»

Nun ist der Dichter auf sein eigentliches Thema, den Schâh, seinen Fürsten, den er besingen will, gekommen.

«Des Siegerschâhs, gerecht, machtvoll, von hohem Ruf,
Der durch Gerechtigkeit die Welt von neuem schuf.
Ein Schâh, zum Angriff schnell, aus dessen milder Hand
Gewicht'ger Wohlthat Gnade strömt wie leichter Sand.
Hat erst der Schâh gefaſst den Pfeil mit beiden Händen,
So kann der Schütze selbst den Flug ihm nicht mehr wenden.»

Der Schütze ist hier das Tierkreiszeichen, im Persischen «der Bogen» genannt.

«Sein Veto wehrt am Himmel böser Sterne Dräuen,
Der Todesengel muſs, wenn er's gebeut, sich scheuen.
Läſst Vorsicht einen Festungswall zum Schutz ihn bauen,
Mag Unheil drauſsen nur nach einem Zugang schauen.»

D. h. auſserhalb des Walls in das Lager der Feinde, nicht in die Festung.

«Und stellet sein Genie des Heeres Reihen auf,
Nimmt auch des Himmels Leu zu ihnen seinen Lauf.»

Das Sternbild des Löwen gilt als siegbringend.

«Wär' gleich dem Skorpion der Stier nicht taub und blind,
Den Schwertgriff ziert' er ihm mit dem Deb'rân geschwind.»

Der Skorpion gilt als taub und blind, was hier auch auf das Tierkreiszeichen übertragen wird. Schwertgriffe werden mit Edelsteinen geschmückt. Der Debarân ist der hellste der fünf Sterne im Stier, sein «Auge»; der Stier, meint der Dichter, könnte nichts Besseres thun, als ihn zur Zier des Schwertgriffes des Schâhs abgeben.

«Du bist ein Fürst, daſs jeder Fürst nicht anders kann,
Als dir sogleich sein Reich zu machen unterthan.
Was Königtum anlangt, bist du des Schachspiels König,
Nicht ziemt der Name andern, weder viel noch wenig.»

Im Schach giebt es nur einen König. «Was anlangt» steht auch im Original.

«Du gleichst der Himmelsscheib', auch nennt mit gleichem Namen
Der Bäcker seine Brote, die schön vom Ofen kamen.»

«Himmelsscheibe» war also eine Bezeichnung für Brotlaibe. Daſs der Dichter sie hier anbringt, scheint uns recht witzlos.

«Welch' Kameraden seiner Milchstraſs' fand der Himmel
Als deinen Hof mit seinem Edelsteingewimmel?
Was ist es denn, das den Vernichtungstrieb der Welt —
Wenn deines Dolches Blutdurst nicht — in Schranken hält?
Wen Fieber schüttelt, denkt als seinen Feind er dich,
Jesus legt um den Leib der Heilung Bind' ihm nicht.»

Eigentlich: Jesus webt ihm nicht den Faden der Kraft um den Leib, d. h. er könnte dies nicht thun, auch wenn er wollte. Jesus wird als Arzt von den Muhammedanern hoch verehrt. Auf welche besondere Legende der Dichter hier anspielt, habe ich nicht ergründen können, und auch alle Fachgenossen, die ich darum befragte, wuſsten mir keine Auskunft zu geben. Wahrscheinlich ist es den meisten Zeitgenossen des Dichters ebenso gegangen; mit entlegener Gelehrsamkeit zu prunken, gehörte zum Kassidenstil.

«Läſst du die Wolke deines Schwerts den Berg berinnen,
So schwängert sie mit Feuerglut die Minen drinnen.»

Doch genug! Die noch folgenden 36 Strophen sind genau in dem gleichen Stile gehalten wie diese 32. Der ganze Enwerî offenbart sich deutlich schon in ihnen. Künstelei in Sprache und Inhalt. Alle Feinheiten der Redekunst, gesuchte Bilder, Anspielungen auf ganz unbekannte Legenden, die Herbeiziehung aller möglichen Wissenschaften, kurz aller nur denkbare gelehrte Aufputz, eigens zu dem Zwecke, das Verständnis zu erschweren.

«Jedwede Wissenschaft, der sich rühmt unsre Zeit,
Beherrsch' ich oder weiſs ziemlich in ihr Bescheid»

sagt der Dichter einmal von sich. Er will imponieren, das Lob seines Fürsten gilt ihm als Haupt- und Staatsaktion, die mit dem höchsten Pomp und Zeremoniell in Szene gesetzt werden muſs. Sultân Sandschar war ein feingebildeter Mann; wie wir sahen, soll er das Talent Enwerîs schon frühzeitig entdeckt haben, und auf ihn hat der Dichter augenscheinlich seine ganze Art und Weise zugeschnitten. Schon seine Vorgänger und Zeitgenossen, besonders Watwât («die Schwalbe», 1088—1182), Mu̧izzî († 1147) und Chakânî hatten die Kassidenpanegyrik in hoher Vollendung ausgeübt, in den Händen Enwerîs wuchsen aber alle die Vorzüge der Einzelnen zu einem Ganzen von bisher noch nie gesehenen und auch später nicht wieder erreichten Dimensionen zusammen.

Am berühmtesten ist seine Kasside an den Sultân Achmed von Samarkand geworden, in der er diesen im Namen Irans anfleht, er möge den von den Ghuzen 1153 gefangenen Sandschar befreien. Der Morgenwind soll ihm von dem Elende der Bewohner Chorâsâns (Persiens) Kunde geben. Von allem Schönen, das dort einst in Überfluſs vorhanden war, ist keine Spur mehr geblieben. Die Edlen erschlagen, erniedrigt oder im Gefängnis, kein Mädchen mehr Jungfrau auſser dem Kinde im Mutterleibe; die Moscheen dienen als Ställe für die Rosse der barbarischen Sieger, die Mütter wagen nicht einmal mehr zu weinen, wenn vor ihren Augen ihr Kind abgeschlachtet wird. Auch hier hat der Dichter alle Rhetorik aufgeboten, aber die tiefe Empfindung, welche ihn bewegt hat, hat ihn vor Banalität und Schwulst bewahrt. Sultân Achmed hat um der «Thränen Chorâsâns» willen, wie das Gedicht genannt wird, keinen Krieg gegen die Ghuzen angefangen, ohne seine Unterstützung entkam Sandschar 1156 aus ihren Händen, aber das Gedicht wird, trotzdem es also keinen praktischen Erfolg hatte, doch als eines der schönsten Enwerîs und zugleich als eine patriotische That nie vergessen werden.

Enwerî besaſs auch ein hervorragendes satirisches Talent. Die sentimentale Liebelei der Lyrik verspottete er gründlich, doch ohne sich, wie es andere so gern thaten, dabei in persönliche Fehden einzulassen. Ebenso wandte er sich mehr im allgemeinen gegen einzelne Klassen der Gesellschaft, gegen die Weiber, gegen das blinde Schicksal, die Laszivität in der Poesie u. a. m. Diese Dichtungen werden meist den allerletzten Jahren seines Lebens angehören, wo er fern vom Glanze des Hofes in Zurückgezogenheit seine Tage verbrachte.

Unserem Geschmack liegt die Kasside fern, wir können in den Enthusiasmus der Orientalen für sie nicht recht einstimmen, selbst kaum in der gemäfsigten Form, wie wir sie z. B. bei Saadi fanden (S. 172/3). Wir erwähnen daher aus der Fülle der Namen bis in die moderne Zeit hinein nur nochmals den des Châkânî († um 1199). Auch er ist vielfach ohne Kommentar nicht zu verstehen, zumal er die entlegensten Anspielungen gern in die knappsten Worte einkleidet. Dies wird ihm zwar als besondere Kunst angerechnet, erschwert aber seine ohnehin nicht leichte Verständlichkeit aufserordentlich. Ich würde gern als eine Probe die Übersetzung seines «Kerkergedichts» oder einer anderen seiner berühmtesten Kassiden geben, aber ich habe an dem Versuche mit Enwerî genug, und auch der Leser wird nicht mehr von dieser Gattung begehren. Diese Stücke verlieren zu viel in der Übersetzung, es gilt auch für sie das zu Dschâmîs Jûsuf und Zuleichâ oben S. 190/1 Bemerkte. Zehn Rubâîs Châkânîs hat Graf in der Zeitschr. d. deutschen morgenländ. Gesellsch. Bd. 5 (1851) S. 390/1 übersetzt.

SIEBENTES KAPITEL.

Das Drama.

Das Drama, zu dem es die Perser gebracht haben, ist religiösen Charakters. Um die Personen Alîs, des schiitischen Hauptheiligen, und seiner Söhne Hassan und Hussein, besonders des letzteren, gruppieren sich dramatisierte Szenen aus der alidischen Kirchengeschichte und Legende. Alljährlich feiert man in Persien seit den Sefewiden den Tod dieser »Märtyrer« während der ersten zehn Tage des Monats Muharram. Die hierbei von jeher üblich gewesenen feierlichen Umzüge und Vorträge von

Trauerliedern haben sich im Laufe der Zeit zu regelmäſsigen theatralischen Aufführungen, den Oberammergauer Passionsspielen vergleichbar, entwickelt. Ein ehemaliger englischer Resident in Persien, Sir Lewis Pelly, hat eine Anzahl der bei dieser Gelegenheit dargestellten Stücke *(tá'zije)* sammeln und ins Englische übersetzen lassen. Zwar wird der ganze Zyklus (Sir Pelly hat von 52 für ihn gesammelten Nummern 37 ausgewählt, und diese füllen zwei Bände: The Miracle Play of Hasan and Husain, London 1879) nirgends so vollständig aufgeführt, aber die Sammlung stellt doch ein ideales Ganzes dar und ist als solches von hohem Interesse. Die Stücke sind sämtlich in einem und demselben Metrum abgefaſst.

Der Zyklus beginnt mit der Geschichte des jungen Josef, deren Beziehung zu dem Märtyrertode Hassans und Husseins wir schon oben S. 111/2 kennen gelernt haben. Die Personen der Josefsepisode in der Ta'zije nehmen in ihren Reden ganz ungeniert auf diese viel späteren Ereignisse Bezug, wie es denn die Begriffe von Raum und Zeit für diese Stücke nicht giebt. Josef erzählt seinem Vater Jakob seinen Traum, der ihm die künftige Erhöhung vorhersagt, die Brüder werden darüber eifersüchtig und bereden den alten Jakob, Josef mit ihnen fortzusenden — alles wie in der Erzählung der Bibel, die Muhammed in die 12. Sûre des Korâns aufgenommen hat. Rührender Abschied des Knaben von Vater und Schwester (Dina). Die Brüder verlassen ihn dann hilflos und nackt in der Wüste in dem Brunnen, in den sie ihn geworfen haben. Der Engel Gabriel tröstet erst ihn und dann auch Jakob, dem die Brüder das Märchen von dem Wolfe, der Josef zerrissen habe, vorgelogen haben. Jakob tröstet sich — umgekehrt wie oben S. 111/2 Muhammed an dem traurigen Geschicke Josefs — an dem elenden Tode Hassans und Husseins, und das Stück klingt in laute Klagen auf die beiden Märtyrer und Flüche auf ihre Mörder aus.

Im nächsten Stücke sehen wir nun schon das Walten Husseins selbst. Ibrâhîm, der kleine noch nicht 1½jährige Sohn Muhammeds, will von Hussein nicht lassen und stirbt daher rührend gern, trotz aller zärtlichen Liebe des Propheten und Fâtimes, und zwar so korrekt, wie ein frommer Muhammedaner dies nur thun kann (das Gesicht genau nach Mekka gewendet, mit dem Glaubensbekenntnis auf den Lippen).

Es folgt «Der ungehorsame Sohn». Eine Mutter verzeiht ihrem ungehorsamen Sohne, der dafür in der Hölle leidet, erst, als Hussein sie bittet, sich zu erbarmen, und ihn so aus seiner Qual erlöst. Dem Zureden Muhammeds, Alîs, Fâtimes und Hassans gegenüber war sie taub geblieben. Der Knabe ist natürlich dem Hussein nun für ewig ergeben.

Das vierte Stück gilt der Verherrlichung Alîs. Ein Jüngling soll das Mädchen, das er leidenschaftlich liebt, nur erhalten, wenn er ihrem Vater das Haupt Alîs bringt. Alî will daher sein Leben freiwillig hingeben, der Jüngling bringt aber seine Liebe zum Opfer, wird Muslim und bekennt als echter Schiit: Es ist kein Gott aufser Gott, Muhammed ist sein Prophet und Alî dessen Stellvertreter.

Muhammeds Tod. Höchst erbaulich in Gegenwart seiner nächsten Anverwandten, denen allen er ihre bevorstehenden Leiden vorher verkündigt.

Abû Bekr reifst mit Unterstützung Omars das Chalifat an sich, unter Mifshandlungen Fâtimes und Demütigungen Alîs. Damit beginnt das Martyrium der Heiligen.

Im nächsten (7.) Stücke stirbt Fâtime. Sie quält die Bewohner Medinas tüchtig (durch ewiges Trauern über den Tod des Propheten, ihres Vaters Muhammed; durch Hervorrufen plötzlicher Nacht am hellen lichten Tage, weil sie ihrer Tochter Zeinab Haupt entschleiert, um ihr die Haare zu kämmen, und nun die Sonne das ihrige verhüllen mufs — weil auch sie nicht das sehen darf, was nach muhammedanischer Sitte niemand unbedeckt schauen darf) und tyrannisiert ihren Gemahl Alî (dieser mufs bei einem verachteten Juden einen Granatapfel erbetteln, den sie verlangt, um ihren Fieberdurst zu löschen), aber alles dient nun zur Hebung ihrer Heiligkeit.

Alîs Tod eröffnet den Reigen der nun folgenden Schiitenmorde. Muhammed sagt ihm im Traume sein nahes Ende voraus, das Geflügel des Hauses steckt, es ebenfalls ahnend, voll Trauer die Köpfe unter die Flügel. Alî weckt selbst seinen in der Moschee eingeschlafenen Mörder, der ihm dann den tödlichen Streich versetzt. Er stirbt, umgeben von den Seinen.

Ihm folgt Hassan, vergiftet von seiner eignen Gattin. Prinz Jezîd wolle sie heiraten, und der Chalife ihr eine hohe Geldsumme geben, durch diese Versprechungen wird sie für den

Mord gewonnen. Aïscha, Muhammeds Gemahlin, verhindert, dafs Hassans Leiche im Grabmale des Propheten bestattet wird, wie Hussein angeordnet hatte.

In Kûfa hatte sich inzwischen eine starke schiitische Partei gebildet. Hussein sandte daher seinen Vetter Muslim ibn Akîl dorthin, und dieser ward mit offenen Armen aufgenommen. Doch der Chalif handelte schnell und energisch, Muslim ward überwältigt und hingerichtet. Dieses Ereignis bildet den Inhalt des 10. Stückes «Das Martyrium Muslims».

Seine beiden unschuldigen Söhne Ibrâhîm und Muhammed teilen des Vaters Schicksal. Ein Soldat verdient sich den auf ihre Köpfe gesetzten Blutlohn, trotzdem seine Frau die Kleinen mitleidig in den Schutz ihres Hauses aufgenommen hat.

Hussein überliefert sich thörichterweise selbst seinen Feinden, indem er samt seiner ganzen Familie und einer Schar Getreuer nach Kûfa aufbricht. Die Einwohner Medinas raten ihm vergeblich ab.

Der vom Chalifen gegen ihn ausgesandte, aber heimlich ihm ergebene Hurr macht Hussein von dem Mifserfolge Muslims Mitteilung und veranlafst ihn, von dem Weitermarsche nach Kûfa abzustehen.

Hussein zieht mit den Seinen nach Kerbelâ, das, wie er schon längst weifs, seine Todesstätte werden soll. Hurr tritt jetzt offen auf seine Seite; er fällt im Kampfe gegen Ibn Saad, den der Chalife an seiner Statt zum Feldherrn ernannt hat.

Noch zwei andere Getreue, Abîth und dessen Sklave Schauzab, opfern sich für Hussein, obwohl dem ersteren hohe Ehren und Belohnungen in Aussicht gestellt werden, wenn er ihn verlasse. Abîth stürzt sich schliefslich ohne Rüstung und Helm in das Schlachtgetümmel und fällt, nachdem Schauzab ihm im Tode vorangegangen ist.

Das nächste (16.) Stück zeigt uns Hussein und die Seinen voll banger Sorgen in ihrem Lager. Alle legen sich zur Ruhe, bis auf ihn und seine Schwester Zeinab. Draufsen wacht auch der Feind. Schamir, der böse Dämon des gegnerischen Anführers — nach schiitischer Auffassung sind übrigens beide ein par nobile fratrum und geben einer dem anderen an Niedertracht nicht viel nach — hetzt zum nächtlichen Überfall; doch werden die Truppen wieder zurückgezogen.

Bei Tage wird es nun aber ernst. Alî Akbar, Husseins ältester Sohn, will sich für die Seinen opfern und Wasser beschaffen, nach dem alle lechzen. Mit dem Turban Muhammeds, dem Schwerte Alîs und dem Panzer von dessen Bruder Dschaafer ausgerüstet, geht er unter den Segenswünschen aller in den Kampf, in dem er fällt.

Jetzt kommt die Reihe an Hassans Sohn Kâsim, dem Hussein, den letzten Willen des Bruders erfüllend, noch schnell seine eigene Tochter Fâtime (nach anderen Zobeide) vermählt. Die junge Braut sieht ihren Gatten nach einem anfänglichen kurzen Erfolge im Kampfe nur als Leiche wieder.

Es folgt der Tod von Husseins Bruder und Fahnenträger Abbâs. Die Umzingelten leiden entsetzliche Durstesqualen, die sich immer mehr steigern.

Hâschim, Ibn Saads Schwiegersohn, verläſst diesen und tritt auf Husseins Seite. Doch bald fällt auch er. Hussein vor den Leichen seiner erschlagenen Verwandten. Er weist trotzdem die Hilfe der Engel zurück und kämpft allein weiter. Schamir höhnt ihn: Es lebten ja noch seine Schwestern und Töchter, die er an Stelle der gefallenen Brüder und Söhne zu Fahnenträger und Heerführern machen könne.

Mitten in der eignen Not findet Hussein noch Zeit, einem Fremden zu helfen. Der schiitische Sultân Ghijâth in Indien wird auf der Jagd von einem Löwen angefallen und ruft Hussein im Gebet um Rettung an. Dieser fährt schleunigst durch die Luft nach Indien, und seine bloſse Frage, wie er es habe wagen können, einen Schiiten zu kränken, bringt den Löwen zu Vernunft und Reue.

Groſse Klageszene um die Gefallenen. Ibn Saad schickt deren Kleider, Waffen, Köpfe etc., um den Jammer noch zu erhöhen.

Nun ist alles für den Höhepunkt, Husseins Ende, genügend vorbereitet. Schamir giebt ihm den letzten Dolchstoſs.

Neue Trauerszenen der hinterbliebenen Frauen. Die Geister der Erschlagenen erscheinen ihnen zum Troste.

Eroberung des Lagers (25). Die Frauen werden gemiſshandelt. Über die Toten wird eine genaue Liste angefertigt, der kleinen Leiche des jungen Alî wird noch nachträglich der Kopf abgeschnitten.

Nach späterer Legende war Hussein mit einer persischen Königstochter, Schechrbânû, vermählt. Diese entflieht nach Persien.

Husseins treuloser Kameltreiber versucht vergeblich, den Leichnam seines Herrn zu berauben. — Suleimân, der Häuptling eines Beduinenstammes, der noch rechtzeitig zu Husseins Rettung gekommen zu sein glaubt, trifft in Wirklichkeit zu spät ein.

Der apokryphe König Malik Kâdî von Persien bricht mit einem grofsen Heere nach Kerbelâ auf, wohin ihn Hussein und seine Schwester Schechrbânû durch Briefe zu Hilfe gerufen haben. Er findet die Schwester verirrt in der Wüste. Ibn Saad liefert ihm deren Tochter Fâtime aus; damit begnügt sich der Perserkönig, der keinen Versuch macht, die anderen Frauen ebenfalls aus der Gefangenschaft zu befreien.

Diese werden nun, wie es für den gesamten Harem Husseins historisch ist, nach Damaskus geschickt (auch Fâtime mit eingeschlossen, im Gegensatz zum vorhergehenden Stücke), und zwar unter grausamer, roher Behandlung. Der Kopf Husseins wird vorangetragen.

In Damaskus behandelt sie der Chalife Jezîd ebenfalls unwürdig und treibt mit den abgeschnittenen Köpfen seinen Spott. Grausige, neronische Szenen. Ein europäischer Gesandter rettet durch seine Fürbitte mit Mühe Husseins noch übrigen Sohn Zein el-Âbidîn vor der Hinrichtung.

Das nächste (31.) Stück ist eine Dublette des vorhergehenden. Der europäische Gesandte hat Hussein einst in Medina gesehen und ist über Jezîds Handlungsweise empört. Er tritt energisch für die mifshandelten Frauen und Kinder ein und bekennt sich schliefslich als Schiiten, worauf ihn der Chalife hinrichten läfst.

Jezîds Tochter erbarmt sich der Frauen, sie erbittet von ihrem Vater Husseins Kopf für sie. Rukaija, Husseins Tochter, stirbt, als sie das teure Haupt wiedersieht.

Jezîd bereut sein Thun und bittet Zein el-Âbidîn, das Geschehene zu verzeihen, da das Schicksal alles so gewollt habe. Husseins Sohn weist die naive Zumutung schroff zurück, aber er ist doch froh, als der Chalif sie alle ehrenvoll nach Medina zurückgeleiten läfst.

In Medina findet Zein el-Âbidîn bei den Einwohnern eine sehr freundliche Aufnahme. Er wird dem Chalifen gefährlich, so dafs dieser Schamir aussendet, ihn und die Seinen wieder gefangen nach Damaskus zurückzubringen. Zeinab stirbt vorher, wie sie betend erfleht hatte.

Eine junge Christin kommt auf einer Reise nach Kerbelâ und beschliefst, an diesem Orte, der sie durch seine landschaftliche Schönheit fesselt, zu rasten. Als der Karawanenführer die Zeltpflöcke in den Boden eintreiben läfst, fliefst aus den Löchern Blut heraus. Sie verliert trotzdem die Fassung nicht, sondern legt sich zum Schlafe nieder. Im Traume erscheint ihr Jesus und gebietet ihr, zum Islâm überzutreten. In einem weiteren Traume sieht sie dann die Engel Michael und Gabriel, die der Leiche Husseins im Namen Gottes vier wertvolle Verheifsungen verkünden: Wer in seiner Grabkirche etwas im Gebete erbitte, solle erhört werden; die wahren Propheten (Imâme) sollen nur seines Geschlechtes sein; die Erde seines Begräbnisplatzes werde alle Krankheiten heilen; allen Besuchern seines Grabes solle das Paradies beschieden sein. Husseins Leiche will nun tausendmal von neuem geköpft werden, wenn Gott dafür den Anhängern Muhammeds am jüngsten Tage ihre Sünden vergeben wolle, was Gabriel im Namen Gottes zugesteht. Dann erscheint noch Muhammed selbst und Husseins Bruder Hassan. Die junge Christin durchstreift am andern Morgen das Gefilde und findet die Leichen der Märtyrer. Da erscheint ihr Fâtime und bekehrt sie.

Eine weitere Bekehrungsgeschichte. Der christliche König Kania (?) hat Schiiten, welche das Erinnerungsfest an Hussein im Muharram feierten, mit Gefängnis bestraft. Hussein läfst ihn dafür durch Höllengeister quälen, bis er um Gnade fleht und sich zum Islâm bekehrt.

Das letzte Stück bringt eine Darstellung der Auferstehung und des Weltgerichts. Hussein erscheint als mächtigerer Fürsprecher wie selbst Muhammed — vgl. schon Nr. 3 oben (wie ja auch im Katholizismus sich Bestrebungen finden, Maria über Christus zu stellen). Die Schiiten kommen sämtlich in das Paradies, wenn sie während ihres Lebens nur eine Thräne um Hussein vergossen, ihm in irgend einer Weise beigestanden, die Pilgerfahrt nach seinem Grabe gemacht, um ihn getrauert oder — Trauerverse auf ihn geschrieben haben.

Das ist der von Sir Lewis Pelly mitgeteilte Zyklus. Fünfzehn weitere Stücke, die er noch besafs, hat ihr Übersetzer

Wollaston dabei zurückgestellt. Auch Graf Gobineau hatte u. a. ein hier nicht vorkommendes Stück «Das Spiel mit der Erde», eine Episode aus Husseins Kindheit, kurz im Auszug veröffentlicht, und ebenso finden sich in Chodzkos Théâtre persan (Paris 1878) hier fehlende, wie «Der Garten der Fâtime». Der Tod des jüngeren Alî (des Bruders von Alî Akbar) wird in Pellys Sammlung nur kurz gestreift (z. B. in Nr. 21 und oben in Nr. 25), er könnte ebensogut wie andere Episoden ausführlich und selbständig behandelt worden sein. Der Einfügung weiterer Stoffe ist keine Schranke gesetzt; wie die Phantasie dabei waltet, kann man an dem oben skizzierten drittletzten Stücke von der Bekehrung der jungen Christin beobachten. Auch Timur (Tamerlan) erscheint einmal als Rächer Husseins, insofern ihn ein Dichter in einem Stücke bei seiner späteren Eroberung Syriens dort noch Nachkommen Schamirs antreffen und zur Sühne des von ihrem Ahnen vergossenen Blutes hinrichten läſst.

Die einzelnen Stücke gehen nun im wesentlichen auf eine schon ziemlich alte Tradition zurück, die auch bereits kleine, feine Züge enthielt. Aber die dramatische Zusammenfassung der einzelnen Charaktere kommt auf Rechnung der meist anonymen Dichter. Eine ganze Reihe Szenen sind mit entschiedenem Geschick und Verständnis für Bühnenwirkung verfaſst. Talent für dramatische Charakterisierung verrät sich in der Ausmalung von Simeons spöttischer Niedertracht in der Josefsepisode, in Hurrs und Husseins Zusammentreffen (oben Nr. 13) u. a.; Abû Bekr sieht trotz seines Sieges über Alî doch ahnend schon die göttliche Vergeltung voraus, die ihn einst treffen wird u. dgl. m. In ganz handlungsbaren Szenen bemüht sich der Dichter nach Kräften, einen lebendigen Dialog zu schaffen, was ihm auch zumeist gelingt. Alles ist aber stets auf stärkste Nerven berechnet. Der jämmerliche Tod der kleinen unschuldigen Söhne Muslims, die auf offener Bühne abgeschlachtet werden, sowie zahlreiche andere, geradezu gräſsliche Szenen in der Weise von Shakespeares Titus Andronicus stellen hohe Anforderungen an den Zuschauer. Bei dem leicht erregbaren Morgenländer kann es dann wohl passieren, daſs die Mörder und Feinde der Heiligen vom Publikum gelegentlich als mehr denn bloſse Schauspieler genommen und selbst erschlagen werden. Solchen Märtyrern wäre aber das Paradies der sofortige Lohn. Die schiitischen Helden erscheinen im ganzen mehr duldend als heldenhaft, trotzdem sie sämtlich Ausbünde von Mut und Tapferkeit sind. Das liegt einmal daran, dafs sie durch ihren Tod zu Sühnopfern für die Sünden ihrer Anhänger werden, also eine geistliche Rolle zu spielen haben. Diese religiöse Färbung hält ihrer sonstigen ritterlichen, kriegerischen Natur stark Widerpart. Sodann wissen sie ihr Ende bis auf alle Einzelheiten schon im voraus, was ihre Aktionsfähigkeit lähmen mufs, wennschon es andererseits ihren Charakter gerade hervorragend hebt.

Dafs diese Aufführungen, deren äufsere Ausstattung übrigens die denkbar primitivste ist, ein sehr geeignetes Mittel sind, den schiitischen Fanatismus dauernd wach zu halten, läfst sich nicht leugnen. Sunniten bleiben ihnen fern, auch wenn ihnen nicht gleich von vornherein der Zutritt verwehrt wird. In ihrer ganzen Feierlichkeit werden die Ta'zijes alljährlich in Persien und Indien durchgeführt. Die Vornehmen lassen die Stücke unentgeltlich für das Volk aufführen. Beträchtlich abgeschwächter spielt sich das Perserfest in Konstantinopel ab, das dort am 10. Muharram, dem Todestage Husseins, begangen wird. Nur ein Umzug findet statt, keine Aufführungen, aber dieser Umzug ist so charakteristisch und pafst derartig in den Rahmen der Dramen hinein, dafs eine kurze Schilderung als Ergänzung dieser selbst am Platze scheint. Ich habe das Schauspiel im Mai 1899 in der folgenden Weise mit angesehen. In Persien wird übrigens auch dieser Umzug noch realistischer als in Konstantinopel ausgeführt.

In Stambul ist der geräumige Hof des grofsen persischen Walide-Hans der Schauplatz der Feier, welcher der persische Gesandte mit einer geladenen Gesellschaft beiwohnt. Abends um 6 Uhr zieht der Festzug in den Hof ein. Ein Musikkorps von Trommlern und Pfeifern, Trauerfahnen, eine Doppelreihe von Ampeln tragenden Männern und Knaben, ein Pferd, auf dessen Rücken zwei blutbespritzte, schneeweifse Tauben (Symbole der Seelen der erschlagenen Märtyrer) an den Füfsen festgebunden sind und ängstlich die Flügel schlagen, in einer Kamelssänfte ein zum Zeichen der Trauer Asche ausstreuendes Kind, Husseins Rofs mit den Waffen seines Reiters eröffnen den Zug. Nun folgen Büfsergruppen. Die erste schlägt sich taktmäfsig mit Geifseln aus geflochtenen Eisenketten abwechselnd über die rechte und linke Schulter den bloſsen Rücken, die zweite mit wuchtig ausholender rechter Hand die linke entblöſste Brust. Der laute Schall, zu dem sich die gleichzeitig niederklatschenden Hände vereinigen, geht dem Hörer durch Mark und Bein. Doch sind nicht alle gleich energisch in ihrer Selbstpeinigung, eine ganze Anzahl schreiten im Zuge mit einher und machen die Zeremonie nur symbolisch mit, d. h. sie berühren mit der Rechten jedesmal nur sanft die linke Brust, die sie gar nicht entblöſst haben. Die dritte und Hauptgruppe ist in lange, weiſse Gewänder gehüllt, die kahlen Schädel alle frisch rasiert. Sie halten lange, scharf geschliffene, vorn gekrümmte Säbel in den Händen, die sie unter dem fortwährenden Rufe «Hussein! Hassan!» (wie auch die Geiſsler und Handschläger) taktmäſsig schwingen.

Inzwischen ist es dämmerig geworden und der Hof durch Pechfackeln und Transparente vollständig erleuchtet. Die Säbelträger, «die Märtyrer» des heutigen Tages, machen nun von ihrer Waffe Gebrauch. Sie lassen die erhobenen Säbel auf ihre Köpfe niederfallen, nicht senkrecht, sondern mehr flach, und nach kurzer Zeit sind sie von Blut überströmt. Um die Wildesten zu zügeln, gehen Männer im Zuge, die mit erhobenen Stöcken ihnen in die Säbel fallen und so die Wucht zu starker Schläge mildern. Das Ganze sieht sich grausig an: Im Fackellicht das rieselnde rote Blut auf den weiſsen Kitteln, die blutüberflossenen Gesichter, die in Strähnen zusammengeklebten Bärte, das immer wilder und heiserer klingende unaufhörliche Hussein! Hassan!-Rufen — alles zusammen vereinigt sich zu einem schaurigen Eindruck. Die Musik wird allmählich immer lauter, die «Märtyrer» geraten in eine gewisse Raserei hinein, viele weinen laut. Gut, daſs man als Zuschauer durch einen Kordon türkischer Soldaten von ihnen getrennt ist; denn mancher von ihnen ist gewiſs seiner Sinne nicht mehr völlig mächtig und möchte wohl im Glaubensfanatismus seinen Säbel leicht einmal auf einen Ketzer zücken. Indes der «Franke» (der Europäer) braucht nichts zu befürchten. Er wäre bei einem etwaigen Ausbruche der Glaubenswut sicherer als die anwesenden Türken, die ja als Sunniten Feinde der Heiligen von Kerbelâ sind. Und die Türken dulden höchst tolerant in ihrer eignen Hauptstadt das Fest, das im Grunde ein Protest der Schîa gegen die Sunna ist, sogar einige ihrer Mullas schreiten als Deputierte in dem Zuge mit.

Jetzt wird von den Fahnenträgern ein Kind zu Rofs hereingeleitet, das Husseins kleinsten erschlagenen Alî darstellt. Dieser Augenblick, der den Höhepunkt des Ganzen bezeichnet, bildet zugleich die Schlufsszene. Weiter möchte man die Erregung auch kaum gesteigert sehen. In Indien hat das Herumführen der Kinder Husseins durch die Strafsen, ja schon seines Rosses, streng verboten werden müssen, weil dabei Ausschreitungen gegen die Sunniten vorgekommen sind. Auch unter den viel harmloseren Verhältnissen in Stambul löst sich nunmehr der Zug auf und verläfst gruppenweise, ohne Ordnung, den Hof. Noch eine letzte starke Wirkung empfindet man, wenn man jetzt in dem engen Thorwege des Ausgangs steht. Dicht an die Wand geprefst, sieht man den blutüberströmten «Märtyrern» beim Vorüberziehen Auge in Auge. Man möchte am liebsten in die Mauer hinein, um nicht von den blutigen Gestalten gestreift zu werden. Die einen schreiten schnell mit den erhobenen Säbeln vorbei, andere müssen geführt, ihre Säbel getragen werden. Einer setzt sich am Wege nieder, um sich ein wenig zu erholen, einem anderen steckt ein mitleidiger Landsmann ein Stück Zucker in den Mund, ihn zu letzen. Dazwischen drängen sich die Pferde hindurch, die Tauben auf dem einen flattern ängstlich in die Höhe und suchen vergeblich sich ihrer Fesseln zu entledigen. Alles nur unregelmäfsig, bisweilen grell, bisweilen undeutlich durch vorüberhuschende Fackeln erleuchtet. Diese Szene ist so grotesk, dafs man sie nicht lebendig genug schildern kann; trotz allen Grauens wendet sich das Auge nicht einen Augenblick von ihr ab, gierig, jeden einzelnen Zug hastig festzuhalten. Die etwa fünf Minuten in dem Thorweg dünken den Beschauer wohl eine Viertelstunde; denn behaglich ist die Situation nicht. Doch nun sind auch die letzten vorbei. Das Gewühl verliert sich mehr und mehr, und man tappt durch die Abenddämmerung nach dem Goldenen Horn hinunter. Die Erinnerung an das Perserfest ist jedenfalls bei uns eine nachhaltige, um wie viel mehr bei Schiiten, welche die dargestellten Vorgänge mit ihrem Herzen mitfühlen.

Neuerdings sind durch Übersetzungen in Reclams Universalbibliothek sowie Professor Wahrmunds zwei persische «Lustspiele» in Deutschland bekannt geworden. Aber weder der «Vezier von Lenkoran» (Reclam Nr. 3064) noch «Monsieur Jourdain, der Pariser Botaniker, im Qarabâg» (Wien 1889) sind ursprüngliche persische Schöpfungen, sondern vielmehr nur aus dem âzerbâidschanischen Türkisch in das Persische übersetzt worden.

ACHTES KAPITEL.

Die Prosa.

Die neupersische Prosa können wir hier nicht in ihrer ganzen Ausdehnung behandeln. Das würde nur für berufsmäſsige Orientalisten Interesse haben. Wir greifen hier bloſs den Teil der prosaischen Litteratur heraus, der sich enger an die Poesie anschlieſst, und charakterisieren ihn in einigen wenigen Strichen.

Der hochgeschätzte Schreibgriffel äuſserte seine Macht ja am stärksten in der Poesie. Dieses Bewuſstsein war weit verbreitet; wir hatten dafür schon oben S. 65/6 Beispiele und führen hier noch einen Vers des alten Dichters Scherîf aus dessen moral-philosophischem Gedichte «Die Ruhe des Menschen» (bald nach Firdausî) an:

«Obschon dem Griffel Schwertesschärfe fehlt,
Weicht doch vor seinem Stich das Schwert voll Sorgen.
Der Griffel öffnet dir die Thür der Welt,
Viel Fähigkeiten sind in ihm verborgen.»

Das klingt in den ersten Zeilen an die häufige Klage abendländischer Soldaten an, daſs die Feder der Diplomaten verderbe, was der Säbel gut gemacht habe; durch die letzten mag man sich an den etwas schärfer ausgedrückten Gedanken Michelangelos erinnert fühlen:

«Sì come nella penna e nell' inchiostro
È l'alto e'l basso e'l mediocre stile»,

als wenn, wie Falconet gespottet hat, in Voltaires Tintenfaſs die Henriade gesteckt hätte (Justi, Michelangelo S. 384). Es ist daher dem persischen Geschmacke wohl entsprechend, daſs auch der Prosaschriftsteller gern Verse in seinen Text einstreut. Diese Verbindung haben wir in Saadîs «Rosengarten» kennen gelernt. In gleicher Weise hat Nachschabî das alte Sindbâdnâme behandelt und in sein «Papageienbuch» (1330) aufgenommen. Doch ist das hier zu Grunde liegende Prinzip ein anderes als im

Gulistân, insofern nämlich eine Anzahl von Erzählungen in einen gemeinsamen äufseren Rahmen eingefügt werden, in der Art, wie in «1001 Nacht» Scheherzâde alle Geschichten erzählt. Das berümteste aller derartigen Werke ist W âïz Kâschifîs († 1504/5) Neubearbeitung von «Kalîla und Dimna» unter dem Titel «Die Lichter des Kanopus», aus dem wir eine Übersetzungsprobe mitteilen. Der Stil hat aber auch hier noch nicht die höchste Geziertheit erreicht, die finden wir erst später etwa bei Mîrzâ Mechdî Chân. Ursprünglich war die neupersische Prosa ganz schlicht und einfach gewesen, wie die ältesten Schriften, Muwaffaks «Buch der pharmakologischen Grundsätze», ein anomymer Korânkommentar der Cambridger Universitätsbibliothek und Bal'amîs persische Übersetzung des Tabarî (963 n. Chr.) zeigen. Arabische Worte finden sich allerdings auch schon in diesen Werken, aber der Stil war echt persisch einfach und gefällig. Im Laufe der Zeit ward die Prosa aber immer mehr und mehr von rhetorischem Floskelwesen durchsetzt — die arabisch schreibenden Historiker unter Machmûd von Ghazna, Utbî und Thaâlibî, haben mit ihrem Zierstil starken Einflufs ausgeübt — bis in neuester Zeit der schmählich ermordete Schâh Nâçireddîn die ungekünstelte Redeweise des täglichen Lebens litteraturfähig gemacht hat. Seine «Tagebücher» über Reisen in Persien, durch die Provinzen Mâzanderân, Chûzistân, Chorâsân, nach Kerbelâ, sowie in Europa (in den Jahren 1873, 1879 und 1889) haben ein Beispiel auch für andere Werke gegeben. Das sich als Übersetzung ausgebende deutsche «Reisetagebuch des Nasreddin Schah» (Leipzig 1874) ist übrigens apokryph.

In dem folgenden Abschnitte aus den «Lichtern des Kanopus» sind die arabischen Vokabeln in der Übersetzung durch Fremdworte wiedergegeben worden. Wären wir bei den vorhergehenden Übertragungen aus der Poesie ebenso verfahren, so würden diese natürlich auch einen ähnlich buntscheckigen Eindruck machen, doch würde dieser zu übertrieben sein, da die Poesie von vornherein bewufst kunstvoll auftrat. Die Übernahme der poetischen Rhetorik in die Prosa war dagegen erst etwas sekundäres.

«Eines Tages sah eine fliegende Krähe ein Rebhuhn auf der *Surface* der Erde einherstolzieren, das durch seinen anmutigen und zierlichen Gang das Herz der es *Regardierenden chassierte* (d. i. hier «zu seiner Jagdbeute machte»; das Rebhuhn gilt dem Perser als ein Typus eleganter Bewegungen).

Ein *fois* naht'st du dich mir und raubt'st mein Herze mir,
Komm noch ein *fois,* daſs ich auch 's Leben gebe dir.

Der Krähe gefiel der Gang des Rebhuhns und sie *étonnierte* sich über die *Symmetrie* der *Mouvements,* sowie über die Flinkheit und Behendigkeit. Der Wunsch, auch auf diese *Manière* gehen zu können, befiel ihr Herz, und ein *Désir,* mit der gleichen Zierlichkeit einherzustolzieren, *découvrierte* sich im *Fond* ihres Herzens. Sie band sich zum *Service* des Rebhuhns den Gürtel der *Domesticität* um, *abandonierte* Schlaf und Essen und *conzentrierte* sich auf ihr Vorhaben, indem sie fortwährend den *Tracen* des Rebhuhns nachging und seinen *Charme observierte.*

O Rebhuhn! Voller *Charme* kommst du daher, doch ach!
Ich hinke unbeholfen deinen *Tracen* nach.

Eines Tages sagte das Rebhuhn: »Du schwarzbackiges Teufelsgesicht! Ich sehe, daſs du fortwährend um mich herum scharwenzelst und meine *Mouvements* und *Posituren* be*spionierst.* Was ist dein *Motif* dafür?« Die Krähe sagte: »O feingesittetes, freundlich lächelndes Rebhuhn!

Dein Gang hat mir mein Herz geraubt, nun renne ich
Dir klagend nach, ob wieder es gewönne ich.

Wisse, daſs mir ein *Désir,* wie du zu gehen, in den Kopf gestiegen ist. Ich folge daher *temporär* deinen *Tracen,* um deinen Gang zu lernen und den Fuſs der *Gloire* auf den Scheitel meiner Genossen zu setzen.« Das Rebhuhn brach in ein *Rire* aus und sagte: »*Hélas! hélas!*

Wer bist denn du, und wer bin ich?

Mein Gang ist eine *physische Qualität* und ebenso ist der deine eine solche. *Essentielle Qualitäten* kann man aber durch keinen *Modus obliterieren* und die *Nezessitäten* der *Natur* auch durch *Obstination* nicht *changieren.* Mein Gang hat eine bestimmte *Modalität,* und dein Gehen hat eine andere *Modalität.*

Des Weges *Différence* hängt am Woher? Wohin?

Gieb also deine *Phantasterei* auf und laſs die Hand von deinem Vorhaben.

Laſs ab! Der Bogen paſst zu deinem Arme nicht.«

Die Krähe gab die *Réponse:* »*Le commencement oblige.* Da ich einmal in die Sache *immergiert* bin, so werde ich sie trotz aller Rederei nicht aufgeben und meinen Fuſs nicht von dem eingeschlagenen Wege zurückziehen, bis ich mein *But* erreicht habe.

Im Schiffe der *Patience* wir stechen jetzt in See,
Nun gilt es: Perlen finden oder Todesweh.«

Die Ärmste lief also *temporär* in der *Suite* des Rebhuhns, ohne dessen Gang erlernen zu können. Sie vergaſs sogar ihren eigenen und vermochte auf keine *Manière* in seiner *Récuperation* zu *reussieren.*«

Dieser Stil ist im Original elegant. In der Übersetzung klingt er uns heute karrikiert, aber Friedrich der Groſse hätte kaum Anstoſs an ihm genommen. In völligen Bombast und Schwulst verfällt erst die spätere Zeit, die alles auf die alleräuſserste Spitze treibt. Interessant ist es übrigens, daſs von Indien, dem Heimatlande dieser Erzählungen aus, ein Einspruch gegen Kâschifîs Verkünstelung, der auch den Inhalt der ursprünglich schlichten Fabeln nicht geschont hatte, erhoben ward. Kaiser Akbar veranlaſste seinen berühmten Groſsvezier Abul Fazl zu einer neuen Bearbeitung (1588). Abul Fazl ist zweifelsohne der gröſste Stilist des groſsmoghulischen Indiens. Während aber sein Stil sonst an einer nicht erfreulichen starken Maniriertheit leidet («Akbarbuch», «Staatshandbuch von Akbars Reich»), hat er diese im «Prüfstein der Weisheit», wie er seine Redaktion «Kalîlas und Dimnas» genannt hat, vermieden, wenn man nach dem Stücke, das de Sacy mitgeteilt hat (der König und die Lerche, sowie die Kraniche des alias Ibykus), auf das Ganze schlieſsen darf. Kâschifîs Prunkwerke hat Abul Fazl keine dauernde Konkurrenz machen können: jenes ist im Morgen- und Abendlande häufig herausgegeben und übersetzt, dieses nicht einmal im Orient lithographiert worden, doch hat es in hindustanischer Übertragung eine Auferstehung gefeiert.

Mîrza Muhammed Mechdî Chân, der Geschichtschreiber Nâdir Schâhs, hat den Zierstil wohl auf die Spitze getrieben. In seiner «Geschichte Nâdirs» schildert er die Schlacht zwischen seinem Helden und dem Herrscher Indiens bei Pânîpat (1739), die damals das Schicksal des Krieges entschied, mit den folgenden Worten (ich lasse hier die arabischen Worte unbezeichnet, dem Leser wird es schon ohnedem bei dieser Redeweise grauen):

«Nachdem zuerst die Plänkler beider Parteien kampfsuchenden Kreiseln gleich Getümmel zu erregen unternommen hatten, öffneten die gerüsteten Streiter und die blutdürstigen Helden die Hand zum Gebrauche der Kriegswerkzeuge. Köpfe von Helden rollten unter den Pferdefüſsen herum wie Bälle in der Krümme des Schlägels, und Häupter von Stolzen tauchten gleich Blasen in einem Meere Blutes unter. Jeder reisige Zünder, der gelöst ward, beförderte schleunigst einen Reiter vom Rosse des Daseins zu Boden herab, und jeder Drache von Kanone, der seinen feuerspeienden Rachen aufthat, löschte mit seiner Zunge Lebenslichtsfunken aus. Kurz, von Beginn des Mittags war 4—5 Stunden lang die Glut des Krieges und das Feuer des Stechens und Schlagens mit Säbel und Speer der Beherzten in Thätigkeit, Köpfe zu zerstreuen und Gegner niederzustrecken, bis das Glück sein Gesicht vom Heere der Inder abkehrte, und diese sich alle zugleich zur Flucht wandten» (P. Horn, Das Heer- und Kriegswesen der Grofsmoghuls, 1894, S. 3).

Aus diesen vielen Worten erfahren wir als einzig Thatsächliches, dafs die Schlacht 4—5 Stunden von Mittag an gedauert habe.

Einen gröfseren Gegensatz zu dieser Phrasendrechselei als die Schreibweise Schâh Nâçireddîns kann man sich kaum vorstellen. Hier wird jede Geziertheit vermieden, alles wird so einfach wie möglich und natürlich ausgedrückt. Keine bildlichen Umschreibungen, sondern die nüchternste, völlig klare, unmifsverständlichste Schilderung der Dinge. Um moderne persische Konversation zu lernen, giebt es kein besseres litterarisches Hilfsmittel als die Lektüre der Reisetagebücher des Schâhs. Sein Beispiel hat natürlich weitergewirkt, der Stil der Prosa hat sich unter seiner Regierung aufserordentlich vereinfacht. Bücher wie Rizâkuli Châns wertvolle Dichteranthologie «Die Sammlung der Beredten», des Çanî-eddaule Muhammed Hassan Chân Geschichtswerke «Der Nâçirische Ordner» oder «Der Spiegel der Städte» weisen einen sehr einfachen Stil auf, wenn sie als gelehrte Werke auch nicht so direkt die Sprache des täglichen Lebens anwenden wie des Schâhs Tagebücher. Die europäischen Namen giebt der Schâh meist in französischer Form, wie er auch sonst nicht selten französische Worte, der einzigen fremden Sprache, die er verstand, anwendet. Wir teilen als Probe einige Abschnitte aus der dritten Reise vom Jahre 1889 mit (lithographiert 1891 zu Teherân), die in Europa wenig bekannt geworden ist (die erste und zweite sind in das Englische und Russische übersetzt worden).

«Um vier Uhr nachmittags sollten wir nach Berlin abreisen (von Frankfurt a. O.). Ich zog Galakleidung an, legte das gelbe deutsche Ordensband (des schwarzen Adlerordens) um die Brust und den Säbel an, dann gingen wir zum Zuge (franz. train). Von hier bis Berlin sind es zwei Stunden Wegs. Wir fuhren, bis wir an Berlin herankamen. Ich hatte Berlin schon auf den zwei früheren Reisen gesehen, die Lage des Bahnhofs (franz. gare) der Eisenbahn war mir aber nicht mehr genau in der Erinnerung, da ich mir vorstellte, er liege gleich dem Bahnhofe von Moskau und Petersburg am Anfange der Stadt, und man müsse da aussteigen und in einer Kutsche («Kalesche») in die Stadt hinein fahren. Hier ist dies jedoch nicht so, dic Eisenbahn geht ein Stück weit mitten in die Stadt hinein. Hohe, grofse Gebäude lagen zu beiden Seiten der Eisenbahn, und zwar ist die Eisenbahn viel höher als die Häuser und Strafsen der Stadt, so dafs man Häuser und Wege unter sich sah. Der Zug fuhr auf diese Weise eine Zeit lang schnell durch die Stadt; wir kamen an Gebäuden, Häusern, Bahnhöfen vorüber, bis der Zug schliefslich langsam fuhr und in einem hohen, grofsen Bahnhofe stillstand. Se. Maj. der deutsche Kaiser (Imperator) Guillaume II., der ein Sohn Frédéric III. und Enkel Guillaumes des Grofsen und von seiten seiner Mutter ein Enkel Ihrer Maj. der Königin von England sind, waren auf dem Bahnhofe anwesend und standen zum feierlichen Empfang da. Wir stiegen aus, reichten einander die Hand und machten Bekanntschaft. Die sämtlichen Prinzen der kaiserlichen Familie waren (ebenfalls) zugegen, bis auf den jüngeren Bruder Sr. Maj., den Prinzen Henri, der Admiral (franz. amiral) ist und augenblicklich in der Ostsee (franz. Baltique) weilt. Allen reichten wir die Hand und machten uns bekannt. Fürst (franz. prince) Bismarck hatte wegen Krankheit und Unwohlseins nicht zum Empfang erscheinen können, er ist in Varzin; aber sein ältester Sohn Comte Herbert Bismarck, der in Gesicht und Gestalt dem Fürsten Bismarck aufserordentlich ähnlich sieht und deutscher Minister (so) des Auswärtigen ist, war da. Desgleichen waren der Kriegsminister, die Marschälle, Generäle und hohen Offiziere sämtlich erschienen. Se. Maj. der Kaiser stellte sie alle vor, und wir reichten ihnen die Hand. Eine Abteilung Soldaten nebst Musikkorps war in der üblichen Weise zum offiziellen Empfang aufgestellt. Ich schritt mit Sr. Maj. dem Kaiser die Front der Soldaten bis zum Ende ab, dann gingen wir wieder zurück. Hierauf stieg ich mit Sr. Maj. dem Kaiser in einen offenen Wagen («Droschke») und wir fuhren nach dem Schlofs Bellevue, das seitlich von der Stadt in einem grofsen Parke liegt. Die Entfernung dieses Schlosses von der Stadt ist ungefähr die gleiche wie vom Königsgarten bei Teherân bis zur Stadt. Zu beiden Seiten der Strafse hatten sich eine grofse Menge Frauen und Männer von den Einwohnern der Stadt aufgestellt; auch die auf die Strafse hinausgehenden Balkons der Häuser und Gebäude waren voll Frauen und Männer, alle in schönen, sauberen Kleidern und meistenteils auch mit hübschen Gesichtern und Figuren. Auf dem ganzen Wege vom Bahnhofe bis zum Schlofs Bellevue, der ungefähr einen Färsach (6 km) lang ist, stand die Menge Rücken an Rücken, schrie unaufhörlich Hurra, schwenkte die Taschentücher und bezeugte lebhaft ihre Freude. Ich grüfste die Leute an der einen, Se. Majesät der Kaiser die an der anderen Seite. Seine Majestät der Kaiser sind sehr hübsch, jung, freundlich und zuvorkommend; aufser der deutschen Sprache, die ihre Muttersprache ist, verstehen sie auch noch einige andere Sprachen, vor allem sprechen sie sehr gut Russisch, Englisch und Französisch. Auf dem Wege vom Bahnhof nach dem Schlosse zeigten mir der Kaiser hohe Gebäude und grofse Häuser, wie Kasernen, Gesandtschaften, Ministerien u. dergl. und erklärten sie mir. Wir gelangten bis zum Rande der Stadt, wo der Park beginnt; am Ende dieses Parkes liegt Schlofs Bellevue. Dort vernahm man eine

Salve von 30—40 Kanonenschüssen, die man uns zu Ehren im Parke abgab. Der Park ist sehr ausgedehnt und anmutig; er enthält eine Menge alter Bäume, unter den Bäumen sind lauter grüne und liebliche Wiesen. Eigentlich war es ein grofser Wald, der anfänglich ganz aufserhalb der Stadt gelegen hat, und wie mir Se. Maj. der Kaiser versicherten, hat man früher Raubtiere in ihm gejagt. Jetzt hat man aus dem Walde einen Park gemacht und mitten hindurch eine Allee angelegt, welche ein Spazierweg der Bewohner der Stadt ist. Sie ist ganz reizend. An den Seiten ist der weite Park ebenfalls angebaut und mit Häusern besetzt. Schloss Bellevue liegt an dem einen Ende. Im Parke waren eine Masse Frauen und Männer, die Hurra riefen und ihrer Freude Ausdruck gaben. Wir fuhren weiter, bis wir zum Schlosse gelangten. Vor dem Schlosse war eine Abteilung Soldaten aufgestellt, die Musik spielte ein persisches Stück (eine persische Nationalhymne? wie die türkische Hamidije?), die Truppen erwiesen die üblichen Ehren. Mit Sr. Maj. dem Kaiser schritt ich die Front der Soldaten ab, dann kehrten wir um und gingen in das Schlofs hinein. Se. Maj. der Kaiser kamen selbst mit, zeigten uns unser Schlafzimmer und kehrten dann nach ihrem Schlosse, das den Namen Salle blanche oder »Weifses Schlofs« führt, zurück. Auf unseren beiden früheren Reisen waren wir in Berlin im Stadtschlosse, eben der Salle blanche, abgestiegen. In diesem Schlosse ist (aber) die Luft besser als in dem Stadtschlosse. Dieses Schlofs ist für die alten preufsischen Könige erbaut worden. Vorzüglich der Park mit seiner Allee, den Bäumen, Wiesen und Rosenanlagen ist uns zum Spazierengehen sehr angenehm. Der Vorplatz vor dem Schlosse ist auch ziemlich ausgedehnt, der Garten ist umzäunt und mit hübschen Rosenanlagen versehen. Auch hat er eine hübsche Fontaine, aus der das Wasser fein wie Dampf herauskommt. Unser gesamtes Gefolge hat hier Unterkunft gefunden. Das Schlofs hat zwei Stockwerke, das obere dient uns zur Wohnung, das untere dem Emîn essultân (Minister des Auswärtigen) und dem übrigen Gefolge.

Nach dem Aufbruche Sr. Maj. des Kaisers ruhte ich ein wenig. Darauf stieg ich mit dem Gastführer (persische Bezeichnung für den befohlenen persönlichen Adjutanten) General Grolman in einen Wagen und wir fuhren zum Gegenbesuche bei Sr. Maj. dem Kaiser in die Stadt. General Grolman war, wie ich schon früher erwähnt habe, vor 30 Jahren als Attaché militaire der preufsischen Gesandtschaft von seiten des verstorbenen Guillaume I. nach Persien gekommen und mit dem Gesandten zum Besuche des Throns Dschemschîds (der Ruinen von Persepolis) nach Schîrâz gereist. Der Gesandte starb dort und liegt in Schîrâz begraben. General Grolman war der Schwestersohn des Gesandten, der Minutoli hiefs, und ist gegenwärtig ein bedeutender General und unser Gastführer. Auf der Fahrt zum Gegenbesuche bei Sr. Maj. dem Kaiser begleiteten uns also der gastführende General und Mîrzâ Rîzâ Chân, unser bevollmächtigter Gesandter in Berlin. Vom Schlofs Bellevue bis zum Stadtschlosse, der

Residenz Sr. Maj. des Kaisers, ist es eine Stunde Wegs. Vor dem Thore des Schlosses des Kaisers stehen Schildwachen. Als wir angelangt waren, stiegen wir die Treppen hinauf. Wir passierten mehrere Zimmer, Se. Maj. der Kaiser waren im Empfangszimmer. Wir setzten uns und unterhielten uns eine Zeit lang mit ihnen; dann erhoben wir uns wieder, stiegen in die Kutsche und fuhren in unser Quartier. In den Parkalleen standen wie bei der Hinfahrt so auch bei der Rückkehr eine Menge Menschen, riefen Hurra und gaben ihrem Vergnügen Ausdruck. Nach der Rückkehr afsen wir zu Abend. Nach dem Essen traten wir auf den Balkon, der auf den Park hinter dem Schlosse hinausgeht und setzten uns. Am Ende des Parks geht eine Eisenbahn vorbei, die man vom Balkon aus sehen kann. Sie geht über Brücken aus Eisen und Holz. Unausgesetzt fahren Züge hin und her. Diese Züge dienen für den Verkehr in der Stadt, so dafs man mit ihnen aus einem Viertel in das andere gelangen kann. In jedem Stadtviertel ist ein Bahnhof. Die Leute, die in ein anderes Stadtviertel wollen, gehen auf ihren Bahnhof, setzen sich in den Zug und fahren fort. Solange wir safsen, waren fortwährend Züge, die mit Lichtern hin- und herfuhren, immer gab es etwas zu sehen. Unausgesetzt schallte auch der Lärm von der Bewegung der Züge herüber, und es ist augenscheinlich, dafs er nie aufhört. Die Beamten und Arbeiter der Eisenbahn wechseln von zwei zu zwei Stunden, anders wäre es unmöglich; ohne Ablösung würden sie es nicht aushalten können.

Ein anderes merkwürdiges Schauspiel in Berlin bietet die Anlage der Telegraphendrähte, die höchst erstaunlich ist. Da sind nicht etwa nur ein, zwei oder zehn Drähte. Oben auf hohen Gebäuden hat man starke eiserne Pfähle errichtet und in diese an den Seiten eine Anzahl Stangen und Stäbe eingelassen. Überall sind einem Spinnennetze gleich zahlreiche Drähte gezogen, dem Menschen, der sie zählen wollte, würde es vor den Augen flimmern. Nachdem wir eine Weile die Stadt betrachtet hatten, stiegen wir schliefslich vom Balkon herab und legten uns schlafen.»

Am anderen Tage fährt der Schâh nach Potsdam. Nach ausführlicher Schilderung seiner Fahrt und des Schlosses berichtet er:

«Zeremonieenmeister führten uns zu dem Zimmer Ihrer Maj. der Kaiserin (franz. impératrice). Aufser der Kaiserin und unserem (Berliner) Gesandten Mîrzâ Rizâ Chân, der bei uns war, war niemand weiter (von meinem Gefolge) zugegen. Ihre Maj. die Kaiserin und ich gaben uns die Hand, begrüfsten uns und machten Bekanntschaft. Die vier Söhne Sr. Maj. des Kaisers im Alter von 8, 7, 5 und 4 Jahren standen neben Ihrer Maj. der Kaiserin, alle vier in Matrosenanzüge gekleidet. Es waren sehr schöne Knaben. Die Amme (so! mit Übertragung persischer Verhältnisse, wo die Amme auch im späteren Leben als eine Respektsperson gilt) und zwei oder drei vornehme Damen waren noch im

Zimmer der Kaiserin. Ihre Maj. die Kaiserin sind sehr unterhaltend, freundlich und liebenswürdig. Wir setzten uns auf Stühle und unterhielten uns ein Weilchen; darauf gingen wir hinaus, spazierten durch eine Halle aus kostbaren Steinen und kamen dann in ein für uns bestimmtes Zimmer. Dort setzten wir uns. In diesem Augenblicke kamen Se. Maj. der Kaiser, wir standen auf und reichten ihm die Hand. Sie sagten: ‘Der Sohn Ihrer Maj. der Königin von England sind angekommen, ich habe sie (ihn) hierher mitgebracht. Jetzt warten auch die Prinzessinnen, dafs Ihr zu ihnen kommt. Ich werde sie vorstellen.’ Wir erhoben uns und gingen mit Sr. Maj. dem Kaiser nach dem Zimmer, in dem wir zuerst die Kaiserin gesehen hatten. Ziemlich weit von diesem lag das Zimmer der Prinzessinnen. Auch der Sohn Ihrer Maj. der Königin (von England) standen da. Wir reichten den Prinzessinnen die Hand und machten allgemein Bekanntschaft. Auch dem Sohne Ihrer Maj. der Königin reichten wir die Hand und machten Bekanntschaft. Der Duc d'Édimbourg haben auch einen kleinen Sohn von ihnen (sich) mitgebracht. Die Gemahlin des Prinzen, die eine Tochter des verstorbenen Kaisers Alexander II. von Rufsland ist, war zur Hochzeit der Tochter des Königs von Griechenland nach Petersburg gereist. Darauf reichten wir Ihrer Maj. der Kaiserin den Arm und gingen zuerst hinaus, Se. Maj. der Kaiser, der einer der Prinzessinnen den Arm gereicht hatten, folgten uns, und darauf die übrigen Herrschaften und Prinzessinnen. Wir schritten so an der Spitze des Zugs von Zimmer zu Zimmer, bis wir aus dem letzten Zimmer durch eine Thür in den Garten hinaustraten.»

Der Schâh wohnt nun der Konfirmation der Kriegerwaisen und darauf der Parade des Lehrinfanteriebataillons bei; beide Feierlichkeiten beschreibt er ausführlich.

Ein Besuch im Aquarium.

«Die Beschreibung des Aquariums haben wir in den beiden früheren Reisetagebüchern gegeben, es ist daher hier kein Anlafs zu neuer Beschreibung. Ich sah jedoch zwei wunderbare Dinge dort, die ich aufschreiben will. Einmal einen seltsamen Affen, sehr grofs und stark, von einer Affenart, die Schimpanse (Chimpanzé) heifst und in den Wäldern Afrikas vorkommt. Er war ganz schrecklich anzusehen. Fast eine Viertelstunde standen wir und betrachteten ihn. Er hat auch eine seltsame Stimme, höchst greulich und schrecklich, so dafs, wer ihn im Walde hört, arge Furcht bekommt. Doch ist er sehr feige, d. h. sein Herr hat ihn furchtsam gemacht; denn sowie dieser nur die Peitsche hochhebt, flieht der Affe voller Angst. Es war auch ein kleiner Affe da, mit dem der grofse Affe Freundschaft hielt und spielte. Er spielte ihm gegenüber die Mutter — der grofse Affe ist nämlich ein Weibchen, wäre er ein Männchen, so würde er noch viel schrecklicher und gröfser sein. Er packte den kleinen Affen überall, wohin dieser sich flüchtete und spielte mit ihm, als wäre er von Wolle.

Dabei that er ihm recht weh. An einem dicken Pfahle, den man eigens für ihn aufgestellt hatte und der sehr hoch war, kletterte er schnell und flink in die Höhe und wieder herunter. Kurz, es ist ein seltsames Tier. Es waren noch zwei andere Schimpansenaffen da, aber nicht von dieser Gröſse. Ihr Gesicht war weiſs, doch waren sie nicht so schön. Die schwarze Art ist die geschätztere. Der Schimpansen Augen leuchteten von weitem wie Blitze. Der Kopf des Tieres ist groſs und dem des Menschen ähnlich. Wuchs, Leib, Hände und Füſse haben ebenfalls mit dem Menschen Ähnlichkeit, die Arme sind aber kräftiger und der Rücken dick, wie bei einem Neger. Eine andere Merkwürdigkeit ist eine Schlange, so dick wie ein Pappelbaum, zehn Jahre alt und etwa zehn Ellen lang. Sie war höchst sehenswert. Die Schlange war lebendig und hatte sich um sich selbst geringelt. So oft ihr Wärter herankam, wollte sie ihn anfallen. Die Schlange besitzt kein Gift, hat aber soviel Kraft, daſs sie sich um einen Tiger, den sie im Walde sieht, ringelt, ihn zusammenpreſst und zermalmt. Die thatsächliche Kraft dieser Schlangenart entspricht ihrem Aussehen.»

Der Schâh in der Jagdausstellung zu Cassel.

«Heute sollen wir in die Jagdexposition gehen, in der alle Arten Jagdgeräte und Jagdtiere ausgestellt sind. Im Parke der Stadt Cassel, der die Karlsau heiſst, ist eine ausgedehnte Orangerie, in die man den Winter über die Orangenbaumkübel stellt, während man sie im Sommer herausbringt und überall in den Gärten und Parkalleen aufstellt. In der Orangerie veranstaltet man zur Sommerszeit, wo sie leer ist, eine Exposition. Die diesjährige ist nun eine Jagdexposition, d. h. aus allen Provinzen und Ländern Deutschlands haben alle Prinzen, Adligen und Vornehmen, die berühmte Jäger sind, ihre Jagdstücke, alte oder neue, Felle, Köpfe, Geweihe, ganze Leiber der von ihnen erjagten Tiere, die man wie lebend hergerichtet hat, geschickt. Da sieht man zahllose Geweihe von Hirschen, Rehen, Büffeln, Gemsen u. a., Köpfe von Wild aller Sorten, verschiedene Bärenfelle, wunderbare und merkwürdige Vögel, wie Fasanen und andere seltene Vögel, alle hergerichtet. Ferner hat man Arten von Raubvögeln, wie Falken, Geier u. dgl. ausgestellt, sowie Jagdgeräte und -Werkzeuge, wie Pfeile, Bogen, Schleudern, Gewehre mit Zündschnuren und Feuersteinen, Hinterlader u. dgl. Es war höchst sehenswert. Nach dem Frühstück setzte ich mich also mit dem General Grolman, dem Gastführer (s. oben S. 218), in einen Wagen und wir fuhren zur Exposition. Einige Personen unseres Gefolges begleiteten uns. Dort erwarteten uns der Protektor der Exposition, Comte Altenkirchen und Comte Eulenburg, der Gouverneur von Cassel, und empfingen uns. Sie erklärten uns die einzelnen Teile der Exposition, wir machten einen Rundgang. Es waren eine Menge hübscher Frauen da, die uns umringten. Wir verlangten eine Feuerschloſsflinte, um sie zu versuchen. Die Frauen scharf ansehend und auf sie zugehend, spannten wir den Hahn; die erschreckten Frauen liefen weg und schrieen. Es gab ein Gelächter und war spaſshaft. Darauf besahen wir die Jagdgeräte, die man von allen Orten und aus allen Provinzen zusammengebracht und je nach ihren Besitzern abteilungsweise ausgestellt hatte. Es waren auch viele wertvolle Tapeten mit Bildern (Gobelins?) da, welche gegenwärtig lebende Künstler angefertigt hatten, und die sich alle auf die Jagd bezogen. Wir kauften vier dieser Tapeten für 500 Tumans (nominell wären dies 5000 Franken). Hierauf besuchten wir das Fischhaus, das sich dicht bei der Orangerie befindet. Dort sahen wir in gläsernen Bassins groſse, kleine, gelbe und weiſse Fische von verschiedenen Gestalten. Man nimmt Fischeier und setzt sie in die verschiedenen Wasserbassins. Wenn sie groſsgezogen sind, verkauft man sie. In der That ist das Aufziehen der Fische eine Kunst.»

Der Schâh besieht sich zum Schluſs noch eine Ausstellung von Momentphotographieen und fährt dann nach Hause.

Memoiren sind sonst in der neupersischen Litteratur nicht häufig, als ein älteres Produkt dieses Genres seien die Denkwürdigkeiten des Schâhs Tachmâsp I. (1515—1576) genannt (übersetzt von P. Horn, Straſsburg 1891). Die Prosa umfaſst neben der Belletristik natürlich auch sämtliche Gebiete der Wissenschaft. Doch wäre es zwecklos, einzelne Namen zu nennen, da eine Erschöpfung des Gegenstandes hier unmöglich und auch nicht beabsichtigt ist.

Von deutschen Übersetzungen neupersischer Prosawerke seien hier noch genannt:

Abû Mançûr Muwaffak, Buch der pharmakologischen Grundsätze, übersetzt von Abdul Chalig Achundow (einem Perser) in «Historische Studien aus dem pharmakolog. Institute der kaiserl. Universität Dorpat, herausgeg. von R. Kobert», Band III, Halle 1893, S. 137—481 (auch separat); Nachschabî, Die sieben weisen Meister (die achte Nacht), übersetzt von Brockhaus, Leipzig 1843; Fattâhî († 1488), Über Glauben und Islâm, übersetzt von Ethé, Leipzig 1868; desselben «Schönheit und Herz», übersetzt von Dvořák in den Sitzungsber. der k. k. Wiener Akad. d. Wissensch. Band 118, Wien 1889; aus den «Lichtern des Kanopus» einige Abschnitte von Ethé in dessen «Morgenländische Studien», Leipzig 1870, S. 147—166. Peipers mir nicht bekannte «Stimmen aus dem Morgenlande» (Hirschberg 1850) sollen ebenfalls Übersetzungen einiger Prosastücke von Naçîreddîn aus Tûs, Wâïz Kâschifî u. a. enthalten.

Index.

Abaka 172.
Abbâs der Grofse 66, 195.
Abbâs aus Merw 47.
Abbasiden 47.
Abdul-Malik Içâmî 193.
Abû Abdallâh 70.
Abû Alî 77.
Abû Çâlich 78.
Abû Hafç 48.
Abû Michdschân 154.
Abû Naçr 71, 81.
Abû Saîd VI, 148 ff., 150, 155.
Abû Sâlik 48, 50.
Abû Sçhukûr 68, 82.
Abû Zarrâa 65.
Abul Abbâs 78.
Abul Fardsch Sagzî 194.
Abul Fazl 66, 215.
Abul Hassan 71.
Abul Maânî 49.
Abul Mâdschid 144.
Achämeniden 2, 34 ff.
Achlî 54, 123, 189.
Achmed aus Tebrîz 192.
Achundow 222.
Adab-Litteratur 38, 46.
Afghânistân, Emîr von VI.
Åfrîngân 41.
Åghâdschî 79.
Ahuramazda 2, 8 Anm. 5, 14.
Akbar 66, 215.
Alexanderbuch 185 ff.
Alexander der Grofse 4.
Allitteration 59.
Alter, vom Berge 151, 157.
Am'ak 53.
Ançârî 70.
Anthologieen 48/9.
Araber, arabisch 45 ff., 79, 83, 113.
aramäisch 35 ff.
Ardeschîr 4, 24, 38, 43, 44.
Ârifî 189.
Artâ Wîrâf 37, 43.
Arûdî 51/2, 66.
Asadî 56, 69, 73, 74, 79, 80, 112, 113/4.
Ascha 8 Anm. 3.
Aschi 13.
Asdschadî 64, 80.
Assassinen 151, 157.
Auhadî 176.
Aumânî 194.
Avicenna (s. Ibn Sînâ) 155.
Awesta 1 ff.
Awesta, kleines 5.
Azrakî 67, 134.

Bâbâ Tâhir 144.
Bacher 160, 175, 189.
Bachtijârî 114.
Baidâwî 46.
Bâjezîd, Scheich 148.
Bal'amî 213.
Banise, die asiatische 62.
Bânû Guschâspnâme 112.
Bârbed 47, 65.
Bartholomae 33.
Bechrâm Gôr 47, 177, 184.
Bechrâmî 81.
Bedreddîn aus Dschâdschirm 53.
Behâ-eddîn Âmilî 189.
Beit 47.
Belâdhorî 46.
Berchoux 129.
Bettel- und Garteteufel 127.
Bettina 136.
Biographieen, der Dichter 73.
Binâjî 192.

Bîrûnî 46.
Bismarck 52.
Bistâmî 148.
Blumauer 139.
Bobertag 61.
Boccaccio 179.
Bodenstedt 69, 75, 77, 115, 121/2, 147, 155/6.
Bostân 96, 169 ff.
Briefmuster 38.
Brillat-Savarin 128.
Brockhaus 222.
Browne 46, 116, 147.
Brugsch 127.
Brunhild 112.
Büchmann 120.
Büchner 158.
Bujiden 108, 109, 114.
Bundehesch 14, 37, 39, 40.
Bunyan 159.
Burckhardt 119.
Burzônâme 112.
Bushâk 54, 127, 128 ff., 133, 144.
Buzurgmichr 37.

Çaffariden 48, 79.
Çâghirî 125.
Çâïb 127.
Carlyle 133.
Chabbâz 77/8.
Chaffâf 56.
Châkânî 194, 200, 201.
Chezy 189.
Chodhâinâme 44, 46, 81/2, 85.
Chodzko 208.
Chosrau und Schîrîn 177.
Chosrowânî 78, 81.
Chronogramm 139 ff.
Chronostich 141.
Chwâdschû 188.
Claudius, Matthias 68.
Consentius 119.

Dakîkî 68, 81, 82 ff.
Darmesteter 78.
Dâtistân-i dênîk 37.
Daumer 122.
Dêbâdschî 133.
Derwisch 118, 146.
Desaugiers 129.
Dialektdichter 144.
Dichkân 86 Anm.
Dichterecke (auf dem Surchâber Friedhofe) 194.
Dichterkönig 66.
Dichterpseudonym 71 ff.
Dînawarî 46.
Dîwân 48, 71.
Don Juan 184.
Dorn 175.
Dschâmî 50, 53 Anm. 1, 55, 116, 123 ff., 136, 141, 143, 159, 176, 181, 188, 189 ff.
Dschârdschnâme 113.
Dschelâleddîn Rûmî 55, 136, 161 ff.
Dschemâleddîn aus Abher 194.
Dschemâleddîn Kâschî 172.
Dschemâleddîn Rustuk 144.
Dschemâlî 188.
Dschingizchân 191/2.
Dschûlâhe 144.
Dvořák 222.

Elegie 70.
Emîr Chosrau 60, 188, 191.
Emîr Schâhî 116, 123/4, 134.
Enwerî 55, 56, 63, 195 ff.
Epik 83, 112 ff., 131, 139 (komische), 193 (religiöse).
Erdmann, von 123, 185, 189.
Erzählungen, in Versen 68, 82.
Esel, dreibeiniger 37.
Ethé VII, 47, 69, 74, 75/6, 78, 81, 110, 113, 145 ff., 156 ff., 177, 189, 194, 222.

Fachreddîn aus Gurgân 43, 179 ff.
Farruchî 64, 69, 80.
Fattâhî 222.
Faust 186.
Fazl 134.
Feizî 128.
Ferhâd und Schîrîn 71.
Ferîdeddîn Attâr 132, 158 ff., 161, 164, 172.

Fetch Alî Schâh 66, 135.
Firdausî 20, 55, 57 ff., 63, 65, 68, 81 ff., 192.
Fîrûz-i Maschrikî 48, 50, 57.
Fitzgerald 155.
Frauen 134 ff.
Friedrich d. Grofse 36, 214.
Friedrich Wilhelm IV., König 136.
Frühlingsgarten 55, 136.
Fünfer 188.

Gâthâs (Jasna 28—34, 43—51, 53) 2 ff., 5 ff., 8 ff., 24.
Geiger 19.
Geldner 33.
Georg III., König 113.
George, Stefan 59.
Ghazel 70, 119, 195.
Ghazna 79, 114.
Ghazzâlî 46.
Ghizârî 194.
Gibb V/VI, 59.
Gobineau 208.
Goethe VI, 47, 55, 114, 117, 120, 172.
Görres 95.
Gozzi 184.
Graf 123, 175, 181, 201.
Grillparzer 25.
Grimm (Wörterbuch) 49.
Grisebach 153.
Gröber IX.
Grofsmoghul 128.
Grün, Anast. 173.
Gulistân 169 ff., 212.

Hâfiz 55, 114 ff., 123, 130, 144, 152, 174.
Hamerling 77, 176.
Hamîdeddîn ibn Am'ak 133.
Hammer, von 49, 55, 117, 122, 176, 189.
Hamza 46.
Handschriften 49, 114, 193.
Hänzäle 48, 50, 57, 126.
Harsdörffer 54.
Hartmann 190.
Hassan aç-Çabbâch 151.
Hâtifî 112, 147, 188, 192.
Heiligenlegende 193, 201 ff.
Helmolt 79.
Hilâlî 145, 189.
Hildebrand IX, 90.
Homer 58, 73, 90.
Horn 216, 222 u. ö.
Huart 134.
Hunde 115/6.
Huris 120.

Ibn Chatîb 134.
Ibn Jemîn 122/3.
Ibn Kutaiba 46.
Ibn Mokaffa 44, 46.
Ibn Sînâ 46, 150.
Ilias 85.
Imâmî 194.
Immermann 129.
Improvisation 66 ff.
Irâkî 176.
Iskendernâme 112.
Ismaîl, Schâh 192/3.

Jackson IX.
Jacob IX.
Jasna 4, 14, 20 ff., 39, 41, 42.
Jaschts 5, 13, 16/7, 18, 23 ff., 30/1, 39, 40, 41, 42.
Jean Paul 90.
Jemînî 81.
Jonas (Fisch des) 110.
Jordan 108.
Justi 44.
Jûsuf und Zuleichâ 108 ff., 136, 177, 178, 180, 189 ff.
Juvenal 137.

Kâ'anî 91, 127.
Kâbûs 55.
Kâfî Karâdschî 144.
Kaiçarnâme 113.
Kâlidâsa 116.
Kalîla und Dimna 73, 82, 213.
Kârî 54, 127, 130 ff., 138, 144.
Kâsim-i Anwâr 176.
Kâsimî 192.

Kasside 69 ff., 74, 196 ff.
Kâtibî 54, 188, 189.
Katrân 114.
Kégl, von 127.
Keilinschriften 34 ff.
Keller 132.
Kemâl Ismaîl 59 Anm., 67.
Kerschâspnâme 112, 114.
Kesrawî 44.
Kisâjî (arab. Grammatiker) 46.
Kisâjî (Dichter) 57, 77, 119, 176.
Kit'ä 70.
Klangmalerei 58 ff.
Knabenliebe 78, 120.
Königsbeit 70.
Königsbücher 193.
Korân 120.
Korkud 136.
Kriemhild 90.
Kulzum Nene 135.
Kuka 144.

Langbein 139.
Lehren, gute 51 ff., 90.
Leilâ und Madschnûn 178, 181 ff.
Lenore (Bürgers) 53.
Lied, hohes 116.
Litaneien 14 ff.
Logogryph 141.
Lohenstein, von 61.
Luftschiffahrt, des Kei Kâôs 87.
Lustgarten 136, 169 ff.
Lustspiele 211/2.
Lyrik 82/3, 114 ff.

Maarûfî 68.
Machmûd Chân 135.
Machmûd-i Warrâk 48, 50, 85 ff.
Machmûd Schebisterî 147, 164, 176.
Machmûd von Ghazna 56, 66, 79 ff., 142, 193, 195.
Magier 75.
Majestät 23 ff.
Mamûn 47.
Mandschîk, Scheich 134.
Marguérite von Navarra 134.
Marinismus 61.
Martial 134.
Mas'ûd ibn Saad 168, 194.
Mas'ûdî aus Merw 110.
Max von Bayern, König 66.
Maulawîderwische 162.
Mäthnäwî 70, 165, 176.
Meddach 92.
Meder 3, 34.
Mehistî 60, 134, 135, 136.
Merzbân 144.
Meyer, Gustav 152.
Meyer, K. F. 132.
Meyer, Leo 53 Anm. 1.
Meyer, Rich. M. 58.
Michelangelo 212.
Miçrâ 47.
Midchat, Achmed 91/2, 129.
Mikosch 136.
Minne 181.
Minochired 37, 39, 42, 43, 80.
Minôtschichrî 64, 81, 154.
Mîr Nazmî 49.
Mîrzâ Mechdî Chân 213, 215 ff.
Mirza Schaffy 53, 115, 121, 122.
Mittelaxe 129.
Mobed 86.
Mohl 95.
Mongolen 171.
Muçâhib 133.
Muhammed Aççâr 161, 189.
Muhammed Hassan Chân 216.
Muizzî 64, 200.
Müller, Aug. 172.
Müller, Wilh. 64.
Munâzara 113.
Muntaçir 79, 81.
Mutakârib 68, 69, 82, 96, 112, 180.
Mutanabbî 80.
Muwaffak 213, 222.
Mystik 116, 117/8, 145 ff.

Nachschabî 212, 222.
Nâçireddîn, Schâh 91, 195, 213, 216 ff.
Naçîreddîn aus Tûs 46, 222.
Nâçir-i Chosrau 156 ff., 163.
Naçr II. 66.
Nask 4.

Nesselmann 122, 159.
Neuplatonismus 165.
Nibelungen 25, 90.
Nicholson 165.
Nihâjat ul-'Arab 113.
Nizâm el-Mulk 151.
Nizâmî 55, 136, 147, 160 ff., 181 ff.
Nöldeke 44, 73.
Nûrdschehân 134.

Odatis 177.
Olearius 170, 175.
Omar Chajjâm 46, 69, 74/5, 77, 78, 117, 118, 147, 151 ff.
Ôschnar 37.
Ovid 59.

Pâdischâhnâme 113.
Pantheismus 163.
Parasit 129.
Parodie 128 ff.
Pârsen 2.
Passionsspiele, Oberammergauer 202.
Pechlewî 35 ff., 43/4.
Peiper 222.
Pelly 202.
Perserfest in Stambul 209 ff.
Pikanterieen 90, 120, 134, 171.
Pindar 114.
Pindâr 114, 144.
Pizzi VII, VIII/IX, 95, 159, 180.
Platen, von 96.
Polymeter 129.

Rambouillet, Hôtel 61.
Rätsel 38, 139, 141 ff.
Râzî 46.
Reclam 211.
Refrain 17.
Reim 43/4, 195.
Reimchroniken 193.
Reimwörterbücher 48 ff., 114.
Reuter 129.
Rhetorik 51.
Rizâkuli Chân 79, 127, 152, 216.
Rosen 166, 168.
Rosen, von 44.
Rosengarten 136, 212.
Rosenzweig-Schwannau, von 121, 122, 124/6, 130, 167, 190/1.
Rotwelsch 35.
Rubâî 47, 59, 70, 151.
Rückert 64, 74, 82, 83, 95, 96/7, 101 ff., 122, 126, 146, 159, 166 ff., 185, 189.
Rückert-Pertsch 54, 144.
Rûdakî 56, 64, 65, 73 ff., 77, 81, 82, 119.

Saadî 55, 64, 96, 116, 130, 131, 136, 144, 156, 168 ff.
Sachrî 144.
Sacy, de 215.
Saddar 37, 39, 42, 43.
Salemann 35, 44.
Samaniden 67, 79, 84/5.
Sâmnâme 112.
Sanâjî 158.
Sandschar 66, 134, 200.
Sandschar aus Kâschân 177.
Saphir 67.
Sassaniden 35.
Satire 70; 65, 85, 97 ff. (Firdausîs).
Schachspiel 138.
Schack, Graf von 94, 95, 96, 97 ff., 104 ff., 156, 181, 190.
Schâhanschâhnâme 113.
Schâhnâme 81 ff., 110, 112 ff., 130, 146, 184, 188, 191 ff.
Schâjek 54, 127, 133, 138.
Schahîd, Abul Hassan 69.
Schaupp-Horn 95.
Schefer IX.
Scheibânî 127/8.
Schems aus Sandschâb 194.
Schems-i Fachrî 49.
Schemseddîn aus Tebrîz 160/1, 165.
Scherîf 212.
Schiller 53, 184.
schinden (einen Gedanken) 55.
Schlechta-Wssehrd, von 56, 110 ff., 123, 175, 176.
Schröder, von 63.
Schuldbuch der Seele 10.
Schwänke 139.

Seelenwanderung 163.
Sefewiden 193, 201.
Seldschuken 114, 194.
Selghuriden 168.
Selîm I. 115, 123.
Selmân 54, 122/3.
Serbedâre 123/4.
Shakespeare 208.
Sîbawaihi 46.
Sieben Hauptdichter 55.
Sindbâd 74, 212.
Sonett 119.
Sonnenuntergänge 92 ff.
Sôzenî 133.
Stornell 151.
Stryangaeus 177.
Sufi 118, 132, 146 ff.
Sufismus 116.
Surûrî 141.

Tabarî 46, 213.
Tachmâsp, Schâh 193, 222.
Tâhiriden 48.
Târîch 139 ff.
Tausend und eine Nacht 120, 213.
Ta'zije 202 ff.
Tenzone 113.
Testament, Altes 24, 60.
Thaâlibî 110, 213.
Tholuck 96, 159, 164, 167/8, 176.
Thonnelier 135.
Tieck 60.
Tigri 152.
Timur (Tamerlan) 191, 208.
Timurnâme 112.
Tolstoi 128.
Trichter, Nürnberger 52.
Trinkkomment 75.
Tughan Schâh 67.
Turandot 184.
Turkân Chatun 134.
türkische Litteratur V ff.
- Schriftsteller 91/2.
- Sprache 79.

Ubeid Zâkânî 137 ff.
Umâra 56, 78.
Unçurî 66, 80, 177.
Urfî 128.
Utbî 213.

Vambéry 135.
Vendidâd 4, 5, 16 ff., 31 ff., 40, 41, 42.
Vergleiche 39 ff., 90 ff.
Victoria, Königin von England 113.
Vîspered 4.

Wahl 122.
Wahrmund 211.
Wâïz Kâschifî 213 ff., 222.
Wâmik und Adhrâ 80, 177, 178.
Watwât 200.
Wein 74 ff., 120, 150.
Wein, Weib, Gesang 74.
Weifsbach und Bang 44.
West IX.
Wettstreitgedicht 113.
Wickerhauser 125/6.
Wiederholungen 15 ff., 54 ff.
Windelband VI.
Wîs und Râmîn 43, 179 ff.
Wollaston 208.
Wortspiele 59, 63.

Zamachscharî 46.
Zarêrbuch 19, 38, 43, 44.
Zariadres 177.
Zarinaea 177.
Zehîreddîn aus Fârjâb 194.
Zend 2.
Zendawesta 2.
Zerduschtbuch 44.
Zigler, von 62.
Zola 91.
Zoroaster 2, 5 ff., 13.
Zoroastrier 74/5, 80/1, 84.
Zote 133 ff.
Zulâlî 188, 189.
Zulfikâr, Scheich 54, 123.

Pierer'sche Hofbuchdruckerei Stephan Geibel & Co. in Altenburg.

Zeitfracht Medien GmbH
Ferdinand-Jühlke-Straße 7
99095 Erfurt, Deutschland
produktsicherheit@kolibri360.de